全国导游基础知识

主编　李玥瑾
副主编　李　爽　张隽姝　马守佳　王　楠

哈爾濱工業大學出版社

内容简介

本书对全国导游基础知识体系进行了重新设计，全面、生动地介绍了我国自然及人文旅游资源的概况，共有七个项目：中国旅游业发展概况；中国历史文化纵览；中国古代建筑赏析；中国古典园林品鉴；中国饮食文化漫谈；中国风物特产探寻；中国旅游景观揽胜。本书定位明确、特色突出，适合职业院校相关专业教学，也可作为广大旅游从业人员的学习资料。

图书在版编目(CIP)数据

全国导游基础知识/李玥瑾主编. —哈尔滨：哈尔滨工业大学出版社，2023.7（2024.4 重印）

ISBN 978-7-5767-0945-2

Ⅰ.①全… Ⅱ.①李… Ⅲ.①导游-资格考试-教材 Ⅳ.①F590.63

中国版本图书馆 CIP 数据核字(2023)第 159723 号

QUANGUO DAOYOU JICHU ZHISHI

HITPYWGZS@163.COM

艳|文|工|作|室 13936171227

策划编辑 李艳文 范业婷

责任编辑 李佳莹 孙 迪

出版发行 哈尔滨工业大学出版社

社　　址 哈尔滨市南岗区复华四道街 10 号 邮编 150006

传　　真 0451-86414749

网　　址 http://hitpress.hit.edu.cn

印　　刷 哈尔滨艺德印刷有限责任公司

开　　本 787 毫米×1 092 毫米 1/16 印张 15.75 字数 312 千字

版　　次 2023 年 7 月第 1 版 2024 年 4 月第 2 次印刷

书　　号 ISBN 978-7-5767-0945-2

定　　价 88.00 元

前　言

旅游业作为文化创意产业的核心支柱产业，在国际交往、商务活动、文化交流、拉动内需、促进经济发展、丰富社会生活、构建和谐社会、弘扬中华文化等方面发挥着越来越大的作用，已成为我国服务经济发展的主要产业，在我国经济发展中占有举足轻重的地位。旅游服务业以其强劲发展势头已成为全球经济中具有活力的绿色朝阳产业。

旅游文化知识是培养导游员深厚的文化底蕴和人文素养的基础，是导游员整体知识架构体系的重点，也是获得导游员资格证的必修课程。随着我国旅游业的迅速发展，国家对旅游从业人员的知识和技能水平以及相关的职业教育和职业培训提出了更高的要求。为了更好地适应全国高等职业院校旅游服务与管理专业的教学要求，我们编写了本书。本书整合了中国古代历史、建筑、园林、风物特产等多方面的旅游知识，并根据导游员的实际岗位工作过程需要进行模拟契合。相对于其他同类教材，本书具有以下特点：

(1)编写人员均为一线教师，且在理论教学外均从事旅游一线服务工作，有着丰富的理论和实践教学经验。

(2)创新教材编写模式，采用“任务驱动”的编写思路，每一专题文化均设置了学习任务书，从任务提示、任务先行到相关知识的学习，再到任务解决，对导游涉及的旅游文化知识进行了全面详细的介绍和讲解，具有一定的深度和广度，内容丰富实用，方便学生理解、应用和自学。

(3)通过“案例解读”“重要知识”“技能训练”等板块设置扩充学习资源，拓展学生的知识面，提高学生的学习兴趣。

本书由黑龙江建筑职业技术学院李玥瑾担任主编，负责全书的设计、统稿和定稿工作。具体编写分工如下：李玥瑾编写《博古通今——中国历史文化纵览》《鬼斧神工——中国旅游景观览胜》；李爽编写《融于自然——中国古典园林品鉴》；李玥瑾、李爽共同编写《日新月异——中国旅游业发展概况》；马守佳、张隽殊共同编写《舌尖中国——中国饮食文化漫谈》；王楠、张隽殊共同编写《巧夺天工——中国古代建筑赏析》;马守佳、王楠共同编写《人间风物——中国风物特产探寻》。李玥瑾、张隽殊负责全书的统稿、定稿。同时对参与本教材校对、审核的工作人员也一并致谢。

由于水平有限,书中瑕疵在所难免,恳请各位专家学者、广大读者及时提出宝贵意见和建议,使之不断完善和提高。

编　者

2023 年 6 月

目　录

项目一　日新月异——中国旅游业发展概况

知识目标

1. 了解中国旅游业发展概况。
2. 熟悉中国旅游日和世界旅游组织。
3. 熟悉现阶段中国旅游热点与旅游新业态等相关知识。

技能目标

能够凭借已获得知识对中国旅游业的发展趋势进行分析与介绍。

项目任务

任务 1　中国旅游业发展历程
任务 2　旅游日与世界旅游组织
任务 3　旅游热点概述
任务 4　旅游新业态简介

▶项目 一

日新月异——中国旅游业发展概况

学习任务书

班级：	姓名：	指导教师：	
项目名称	“中国旅游业产业发展高峰论坛”情境模拟	模拟地点	×××
工作内容	中国旅游业发展相关内容研讨	工作对象	某论坛与会人员
工作任务	介绍中国旅游业发展历程，解读旅游热点、旅游新业态	工作方法	情境模拟
项目背景及描述	某专家组组织“中国旅游业产业发展高峰论坛”，论坛涉及内容：中国旅游业发展历程回顾；聚焦旅游热点、旅游新业态；中国旅游业发展前景展望等		
项目咨询重点	中国旅游业的发展经历了哪些阶段？现阶段出现了哪些旅游热点与旅游新业态？旅游新业态与旅游业发展之间的关系如何		
项目分解目标	要求项目参与者将中国旅游业发展概况知识运用到模拟中，能够利用已获得知识完成任务中相关主题的介绍与讲解，能够规范、自然、熟练地完成相关任务		

旅游是人类社会生产力发展到一定阶段产生的社会现象，也是社会经济和文化发展的产物。随着经济的发展和社会的进步，旅游业已经成为发展较快的产业之一。旅游业的发展不仅能够满足人们日益增长的美好生活需要，同时又直接、间接地促进国民经济有关部门的发展，如推动商业、餐饮服务业、旅馆业、民航、铁路、公路、邮电、日用轻工业、工艺美术业、园林等的发展。旅游业在国民经济中的重要地位日益凸显。

下面就请结合“学习任务书”，完成本项目的学习吧！

任务1　中国旅游业发展历程

任务提示　本任务将引领你一览中国旅游业发展历程。

任务先行　中国旅游业在中华人民共和国成立以前、成立初期和改革开放以后都经历了哪些发展？

案例解读

陈光甫与中国第一家旅行社

清末民初，我国旅游业为少数洋商所垄断，在上海登陆的有英国的通济隆、美国的运通和日本的国际观光局等，但他们服务的对象只限于外国人和白领华人。陈光甫留美多年，又酷爱旅游，他之所以决心创办中国第一家旅行社，据原上海银行天津分行经理资耀华（新中国成立后曾任上海银行总经理）口述："上海银行办的中国旅行社是我国第一家。陈光甫创办中国旅行社的动机，开始时还不是作为一种业务，而是对抗洋人，为国争气。"

1923 年 8 月，经当时交通部批准，上海商业储蓄银行总经理陈光甫在其银行内创办了旅行部，负责办理旅游业务，这是第一家由中国人经营的旅行社。旅行社于 1924 年春组织了第一批出国赴日本旅行的观樱花团。

随着业务的发展，到 1927 年 6 月，该旅行部从银行中分离出来，正式成立了以"发扬国光，服务行旅"为主旨的中国旅行社。1936 年即盈利 60 万元。正如金融史专家、上海市金融学会副会长洪葭管先生所说的，陈光甫最终成功创造奇迹的最重要一条，就是他提出了服务社会的理念。

从成立直至 1954 年结束在内地的业务，中国旅行社以其近 30 年的旅程，为后人留下了服务社会的宝贵理念和丰富经验，值得后人借鉴与仿效。

资料来源：https://mp.weixin.qq.com/s/CT_sW-0VRnWiSUqc5CHZ6w（有删改）

点评

中国人的旅行史，也是一部时代发展史，从不知道什么是旅游，到周边游、国内游、东南亚游、欧洲游、南北极游……旅行越来越成为中国人不能舍弃的一种生活方式，中国游客也成为世界热门旅行地的常客，这是时代的巨变，也是中国人民幸福指数攀升的体现。

重要知识

旅游的艾斯特(AIEST)定义

旅游是非定居者的旅行和暂时逗留而引起的现象与关系的总和。这些人不会长期定居,并且不牵涉任何赚钱活动。

旅游业是当今世界上发展最快的产业之一,对人类社会生活的影响巨大,已经成为人们物质文化生活的一种延伸。旅游是社会经济发展的产物。特别是 20 世纪 60 年代开始,旅游业已成为世界上发展势头最为强劲并且持久不衰的产业,被誉为 20 世纪的“经济巨人”。中国的旅游业从无到有,从小到大不断发展演变,走出了一条中国特色的旅游业发展之路。

一、中华人民共和国成立前的中国旅游业

旅游在中国历史悠久,但是旅游真正作为一个行业则出现在 20 世纪 20 年代,其重要标志是旅行社的产生,即 1927 年在上海商业储蓄银行旅行部基础上成立的中国旅行社。自此,旅游作为一种营利的业务进行经营。

20 世纪 20 年代,虽然中国仍处于半殖民地半封建社会,但在交通(航空、铁路、公路、水运)、住宿(中西式旅馆、招商客栈、公寓等)设施上也进行了一些建设,客观上为当时旅游业的发展提供了一定的便利。英国的通济隆旅行社和美国的运通公司看到了这一商机,先后进入中国,总揽了当时的旅游业务。它们不仅为来华外国人办理旅游事宜,而且代办中国人出国和国内旅行的相关事宜。这种情况触动了当时上海商业储蓄银行总经理陈光甫先生,于是他在该银行下创办了旅行部,并于 1927 年成立了中国旅行社。

中国旅行社明确的任务是“导客以应办之事,助人以必需之便,如舟车舱之代订,旅舍卧铺之预订,团体旅行之计划,调查游览之人手,以致轮船进出之日期,火车往来时间,在为旅客所急需者”(《旅行杂志》1927 年春季号)。该社虽然在开办初期遇到了一些困难,但经过不懈的努力,其业务取得了较快发展,先后在华北、华东和华南的 15 个城市设立了分社,并在纽约、伦敦和河内等地设立了分社。除中国旅行社外,当时中国还先后组建了一些类似的旅游组织,如铁路游历经理处、公路旅游服务社、现代旅行社等。虽然中国旅游业在 20 世纪 20 年代就有了开端,但囿于当时的历史条件,不仅出游的人少,而且旅行社的规模也不大,对当时的社会贡献很小。

二、中华人民共和国成立初期的中国旅游业

1949 年,中华人民共和国的成立为我国旅游业的发展提供了制度保障,国家对发展旅游也很重视,但由于帝国主义的封锁和国内人民生活水平低下,旅游业的发展主要以接待为主,即接待国际友好人士和海外华侨及其眷属。

为适应海外侨胞、外籍华人归国探亲访友的需要,1949—1956 年,福建、广东及其他一些地方率先组建了华侨服务社,并于 1957 年成立了华侨旅行服务社总社。至 1963 年,华侨服务社已遍及全国各省。鉴于华侨中有许多人已加入所在国国籍,成为外籍华人,他们到中国旅游探亲及港澳同胞回内地探亲旅游,都不宜用华侨服务社的名义接待,1974 年经国务院批准,成立了中国旅行社,与华侨旅行服务社总社合署办公。

中华人民共和国成立初期,苏联、东欧诸国的专家和一些国际友好协会的来华人员日益增多,为适应国际交往的需要,于 1954 年 4 月 15 日成立了中国国际旅行社,性质为国有企业,并在上海、天津、沈阳、南京、杭州、广州、南宁、汉口、哈尔滨、安东、满洲里、大连 12 个城市设立了分社。其任务是"作为统一招待外宾食、住、行事务的管理机构,承办政府各单位及群众团体有关外宾事务招待等事项,并发售国际联运火车、飞机客票"。1960 年,该社性质改为事业单位,由国家差额补贴。1955—1964 年,该社接待的外宾和旅游者一直徘徊在 1 000 ~ 3 000 人。

为了加强对全国旅游工作的领导和管理,1964 年经全国人大常委会批准,成立了中国旅行游览事业管理局,并与中国国际旅行社合署办公。其主要任务是:负责对外国自费旅游者的管理工作;领导各有关地区的国际旅行社和直属服务机构的业务;组织我国公民出国旅行;负责有关对外联络工作和宣传工作。自此,我国旅游业开始了有计划、有组织的发展。1978 年,我国共接待境外游客 180.9 万人次,实现旅游外汇收入 2.62 亿美元。

这个时期,我国旅游业虽然有了一定的发展,有了全国性的旅游接待专门机构和管理机构,接待的人数也呈增长趋势,但是这些接待工作都是作为政治任务来完成的,并非作为旅游业务来经营;而且接待机构在性质上属事业单位,而不是自主经营的企业。

三、改革开放后的中国旅游业

自 1978 年改革开放起,40 余年来中国旅游业取得了持续、快速的发展,从产业演进角度看,大致可分为四个阶段。

1. 旅游业由事业向产业转变阶段(1979—1991 年)

1981 年,我国召开了第一次全国旅游工作会议,同年,国务院发布《关于加强

旅游工作的决定》,明确指出:“旅游事业是一项综合性的经济事业,是国民经济的一个组成部分。”为适应旅游经济事业的发展,国家对旅游管理体制进行了重大改革:一是1982年将中国旅行游览事业管理总局改为国家旅游局,直属国务院领导,统管全国旅游事业;二是各省市相继成立旅游局,负责管理各地的旅游事业;三是成立了由17个部门组成的旅游工作领导小组,研究和协调全国旅游事业的发展。

1985年,国务院批转的国家旅游局《关于当前旅游体制改革几个问题的报告》提出,旅游管理体制实行“政企分开,统一领导,分级管理,分散经营,统一对外”的原则,按照这一原则,旅游业加快了改革步伐,逐步实现四个转变:一是从过去主要搞旅游接待转变为开发、建设旅游资源与接待并举;二是从只抓国际旅游,转变为国际、国内旅游一起抓;三是以国家投资为主建设旅游基础设施转变为国家、地方、部门、集体、个人一起上,自力更生与利用外资一起上;四是旅游经营单位(旅行社、旅游饭店、旅游汽车和游船公司等)由事业单位转为企业。这一年,旅游业被列入国家经济和社会发展计划之中。

在这个阶段,国内旅游开始起步,出境旅游以出国探亲游、边境游为主要类型进行试点试行。至1991年,我国境内旅游者人数为3.33亿人次,旅游总收入达到351亿元人民币,其中入境旅游者人数3 334.98万人次,旅游创汇28.45亿美元,分别比1978年增长18.4倍和10.8倍,初步具有了以创汇为主的经济产业特征。

2. 旅游产业加快成长阶段(1992—1997年)

在我国“八五”(1991—1995年)计划中,旅游业被正式定为产业。1992年,国家做出了《关于加快发展第三产业的决定》,明确了旅游业是第三产业的重点。1993年,国务院转发国家旅游局《关于积极发展国内旅游业的意见》,提出国内旅游要坚持“搞活市场、正确引导、加强管理、提高质量”的方针,将国内旅游纳入国民经济和社会发展计划。

1997年,香港回归,国家旅游局召开了出境旅游工作会议,正式批准开展中国公民出境旅游业务,推动了内地与香港双向市场的起步发展,使我国旅游业呈现出国内游、出境游和入境游同步发展的新格局。

在这一阶段,三大旅游市场发展相继活跃。1997年,我国国内旅游人数已达6.44亿人次,旅游收入2 112.7亿元;入境旅游人数5 758.8万人次,创汇120.74亿美元;出境旅游人数532.4万人次,旅游支出101.66亿美元。

3. 旅游业由经济增长点向新兴产业、国民经济重要产业转型阶段(1998—2008年)

为了扩大内需,激活市场,加快向国民经济重要产业转型,国家采取了一系列措施:一是在全国经济工作会议上明确提出旅游业为国民经济新的增长点;二是开始实行春节、五一、十一3个连续7天的黄金周假期制度(1999—2007年,2008年五一黄金周被取消);三是启动了"中国优秀城市"的评定;四是推动旅游发展方式从传统粗放型、数量型向集约型、创新型转变;五是将发展旅游业的重任由创造就业向就业、旅游扶贫转变;六是推进旅游业的发展由政府主导向政府、企业、社会共同参与的多主体、多类型、全方位转变。

在这个阶段,我国旅游业对城镇化建设、乡村脱贫致富、生态保护、实现美丽中国等起着重大作用。

4. 旅游业由一般性产业向战略性支柱产业转变阶段(2009—2017年)

2009年,我国旅游业进入转型升级阶段。国务院《关于加快发展旅游业的意见》提出,把旅游业培育成为国民经济的战略性支柱产业和人民群众更加满意的现代服务业,成为我国旅游业转型升级的重要标志。同年,颁布并实施《旅行社条例》。

2011年3月30日,国务院常务会议通过决议,自2011年起,每年5月19日为"中国旅游日"。以《徐霞客游记》首篇《游天台山日记》开篇之日(5月19日)定名为中国旅游日。(该节日起源于2001年5月19日,浙江宁海人麻绍勤以宁海徐霞客旅游俱乐部的名义,向社会发出设立"中国旅游日"的倡议)

2013年,国务院发布《国民旅游休闲纲要(2013—2020年)》,显示了旅游业对国民经济及国民生活的重要性。《中华人民共和国旅游法》和《国民休闲纲要》的出台体现旅游业对国民经济的作用"增强凸显",同时也是旅游业对国民生活重要性"深度显现"。

2013年4月25日第十二届全国人民代表大会常务委员会第二次会议通过《中华人民共和国旅游法》,10月1日正式实施,标志着旅游业进入了全面依法兴旅、依法治旅的新阶段。这也是我国首部旅游法,宣告我国建立了比较完整的旅游法律体系。

2015年,旅游业全面融入国家战略体系,成为国民经济战略性支柱产业,旅游现代治理体系初步建立。2015全国旅游大会在江西南昌召开,提出了我国旅游业发展要实施"515战略",即紧紧围绕"文明、有序、安全、便利、富民强国"5大目标,推出旅游10大行动,开展52项举措,推进旅游业转型升级、提质增效,加快旅游业现代化、信息化、国际化进程。

2016年,《"十三五"旅游业发展规划》首次被列入国家重点专项规划,旅游规划被列入国家重点专项发展规划,属史上首次。

2017年,全国乡村旅游人数25亿人次,旅游消费规模超过1.4万亿元。全国旅游总收入突破5万亿,国内旅游人次突破50亿,是1993年的12倍。政府工作报告中提出"大力发展全域旅游",全域旅游上升为国家战略。

5. 文旅融合下的旅游产业高质量发展(2018 年至今)

2018 年,《中共中央国务院关于实施乡村振兴战略的意见》正式发布,乡村旅游作为实现乡村振兴战略的重要领域写入中央一号文件。国务院办公厅印发了《国务院办公厅关于促进全域旅游发展的指导意见》,发展全域旅游,将一定区域作为完整旅游目的地,以旅游业为优势产业,统一规划布局、优化公共服务、推进产业融合、加强综合管理、实施系统营销,有利于不断提升旅游业现代化、集约化、品质化、国际化水平,更好满足旅游消费需求。按照中共中央 2018 年 3 月印发的《深化党和国家机构改革方案》,组建文化和旅游部,作为国务院组成部门。不再保留文化部、国家旅游局。2018 年 4 月 8 日,文化和旅游部正式挂牌。

2019 年,国务院办公厅印发《关于进一步激发文化和旅游消费潜力的意见》,为推动全国居民文化和旅游消费规模保持快速增长态势,对经济增长的带动作用持续增强提供政策支持。顺应人民群众文化和旅游消费提质转型升级新趋势,深化文化和旅游领域供给侧结构性改革。

2020 年,旅游业发展面临有史以来的寒冬,国内旅游业开年即遭受重创,中国旅游市场经历了团队旅游活动全面停滞、有序复工、国内旅游全面复业等三个阶段。

总之,经过百年来的努力,我国旅游业正在经历前所未有的历史性转变:①从粗放型旅游发展向比较集约型旅游发展转变;②从小众旅游向大众旅游转变;③从景点旅游向全域旅游转变;④从观光旅游向观光休闲旅游并重转变;⑤从浅层次旅游向深层次旅游转变;⑥从事业方向向产业方向转变;⑦从被动跟从国际规则向积极主动开展旅游国际合作和旅游外交转变;⑧从旅游大国向旅游强国转变。

当前,中国特色社会主义进入了新时代,经济发展也进入了新时代,其主要特征是我国经济已由高速增长阶段转向高质量发展阶段。旅游业作为国民经济战略性支柱产业,无论从国家宏观发展要求角度,还是从自身发展需要角度,都到了从高速旅游增长转向优质旅游发展的阶段。在这个阶段,要解决的主要问题是使旅游成为更加安全的旅游、更加文明的旅游、更加便利的旅游、更加快乐的旅游。我国旅游业虽然达到一定规模,但普遍存在文化挖掘力弱、产品同质化严重、创新意识淡、发展方式粗放等问题。因此,必须以发展优质旅游来持续增加旅游的有效供给和高质量供给,从而以更平衡、更充分的发展满足新时代人民旅游的需求。

案例解读

透过“冰墩墩”感受文化中国

《“我必须有一个!”吉祥物商品受到争抢》《从领奖台到观众看台,冬奥会吉祥物“冰墩墩”无处不在》……英国路透社、美国有线电视新闻网等外媒近日不约而同报道北京冬奥会吉祥物“冰墩墩”的走红。“冰墩墩”不仅在国内引爆购买热潮，导致“一墩难求”，也打动了世界各国民众的心，成为海外朋友关注冬奥、感知中国的最新纽带。

“冰墩墩”以体现中国美学的造型设计赢得人心，展现的也是中国文化的独特魅力。不仅是冬奥会吉祥物“冰墩墩”“雪容融”，整个北京冬奥会在诸多场合展现出的中国文化风采，都给海内外观众留下深刻印象。从开幕式上诗画交融的二十四节气倒计时、充满中国美学意趣的“黄河之水天上来”等场景，到冬奥会会徽、奖牌、场馆等系列设计，无不体现出中国文化的深厚底蕴和拥抱时代的创新精神。民族的就是世界的，中国文化的雅致与亲和，在润物无声中呈现在世界面前。

可爱的“冰墩墩”，是可爱中国的一个缩影。通过冬奥会，世界各国愈发感受到一个传统与现代水乳交融的中国，一个自立自强同时又热情拥抱世界的中国，一个更加坚定自信、从容大气的中国。

资料来源：https://mp.weixin.qq.com/s/F-06LZp7s9U2TYjM7BWOEg(有删减)

案例解读

用好工业遗产 点亮城市空间

随着北京冬奥会的临近，首钢园作为北京冬奥组委所在地和冬奥会滑雪大跳台比赛场地，频繁进入人们的视野。首钢园位于北京市石景山区，曾经是北京最大的工业企业首都钢铁公司的厂址，这次冬奥会将让人们近距离看到首钢园作为工业遗产的“华丽转身”。旧有的筒仓、料仓和工业厂房经过改造再利用，重新焕发生机，粗犷震撼的工业风格与充满力量感的冰雪运动完美结合，带来非同一般的观感和体验。

近年来，在创造性转化、创新性发展中，工业遗产保护利用的生动实践令人关注。废旧的工厂悄然变成文创园、科技园等新兴产业发展的集聚区；大型厂房以及工厂里纵横的管廊，以独特的工业美学氛围受到摄影发烧友的追捧；工业建筑改造成为国际设计周、时装周的秀场，成为文化活动、产品发布、影视节目拍摄经常选择的时尚艺术区和网红“打卡地”；一些工业遗产还变身城市文化公园、城市开放空间，满足人们的休闲娱乐需求，焕发新的生机活力。

将工业资源转变为文化资源、旅游资源，可以讲好中国工业文化的故事。无论是具有年代感的厂房建筑，还是水塔、冷却塔、高炉、焦炉、铁路等大型设施，抑或是带有浓厚行业特色的工业景观，都具有独特的吸引力。人们或是为了怀旧，或是出于好奇，在这些保护改造后的工业遗产间流连驻足。漫步工业遗迹、感受昔日“中国制造”的历史，成为越来越受欢迎的旅游体验。

资料来源：https://mp.weixin.qq.com/s/uEfs0Z2T6XXLtyyhRajz0A(有删减)

每日一练 自己试着和同学一起交流，总结旅游的概念及本质属性。

任务小结 完成本任务后，请进行自我测试：你是否已掌握旅游活动的概念和特点？

任务2 旅游日与世界旅游组织

任务提示 本任务将引领你认知中国旅游日和世界旅游日及重要的世界旅游组织。

任务先行 中国旅游日是哪一天？世界旅游日是哪一天？重要的世界旅游组织有哪些？

案例解读

世界旅游日

9月27日是世界旅游日，是由世界旅游组织确定的旅游工作者和旅游者的节日。

1979年9月，世界旅游组织第三次代表大会正式确定9月27日为世界旅游日。选择这一天的原因是1970年9月27日国际官方旅游组织联盟在墨西哥城的特别代表大会上通过了将要成立的世界旅游组织的章程，所以值得纪念。这一天又恰好是北半球旅游旺季刚过去，而南半球旅游季节又刚到来之际，即这正是世界各国人民度假的好时节。从1980年起，有关国家每年都组织一系列庆祝活动，如发行邮票，举办明信片展览，推出新旅游路线，开辟新旅游点等。确定世界旅游日的意义在于：发展国际、国内旅游，促进各国文化、艺术、经济、贸易的交流，增进各国人民的相互了解，推动社会进步。世界旅游组织每年都提出宣传口号，世界各国旅游组织根据宣传口号和要求开展活动。中国也于1983年正式成为世界旅游组织成员。

资料来源：https://mp.weixin.qq.com/s/zW0-1hzswKWPt2MtQQQIRw（有删改）

点评

新冠疫情对社会和经济造成了一定的影响。旅游业的重新启动将有助于推动经济复苏和增长，广泛、公平地分配由此带来的益处至关重要。有鉴于此，2022年世界旅游日庆祝活动在印度尼西亚举行，主题为“重新思考旅游业”；2023年世界旅游日庆祝活动将在沙特阿拉伯举行，主题为“旅游促进绿色发展”。

一、旅游日

1. 中国旅游日

中国旅游日(China Tourism Day)是在2011年3月30日的国务院常务会议上通过的决议确定的,时间为每年的5月19日。它虽是一个非法定的节假日,但每年的这一天,我国各地都要举行隆重的旅游节庆活动。该节日起源于2001年5月19日,浙江宁海人麻绍勤以宁海徐霞客旅游俱乐部的名义向社会发出设立“中国旅游日”的倡议,建议将《徐霞客游记》首篇《游天台山日记》开篇之日(5月19日)定为中国旅游日。

案例解读

中国旅游日标志的寓意

中国旅游日
China Tourism Day

中国旅游日标志的主体创意造型来源于甲骨文的“旅”字及传统的印鉴艺术。甲骨文“旅”字的变形与方形的印鉴外轮廓,突显了中国传统文化与现代旅游发展“根”与“植”的关系,为“中国旅游日”注入了更加鲜明的文化色彩,在延续传承了中国传统文化精髓的同时,创造了新的视觉意象,符合现代人日益发展的审美需求,体现了社会文明的不断进步。变形的“旅”字形象地描绘出一幅欣欣向荣的旅游场景:一面旗帜引领下的一队游人正秩序井然、兴致勃勃地游走于美妙的旅途中。这有着强烈的具象化意义和象征,突显了“中国旅游日”的主旨与核心,引导鼓励民众积极参与旅游,体现了“中国旅游日”的号召力、影响力。同时,变形的甲骨文“旅”字暗含了“5.19”这组数字,进一步强调了“中国旅游日”的日期,让“中国旅游日”更加深入人心。

蓝绿颜色的运用,不仅色彩鲜明,视觉冲击力强,而且渐变的过渡处理让两个主体色彩自然融合,和谐大气。蓝色代表天空,绿色代表自然,象征着中国旅游蓬勃发展的朝气和生命力,以及中国旅游所倡导的绿色、环保、和谐、文明发展的主旨和理念。同时,变形的“旅”字演化的游人们行走在蓝天绿地中,也体现了中国人自古追求的天人合一、人与自然和谐共生的人生境界,在注重环保与和谐的今天,显得尤为珍贵。标注字体上采用了中国传统隶书的“中国旅游日”及英文

Arial 体“China Tourism Day”的中英文双语对照，在突显“中国旅游日”源于中国传统文化内涵的同时，也彰显了中国旅游的国际化视野与现代发展理念。

整个标志造型稳重，创意巧妙，色彩明快，旅游主题鲜明，日期深刻，具有浓厚的文化韵味和鲜明的感召力。

资料来源：https://www.diyifanwen.com/fanwen/qitajieri/3474429.html（节选）

2. 世界旅游日

世界旅游日（United Nations World Tourism Day）为每年的9月27日，是由世界旅游组织确定的旅游工作者和旅游者的节日。1971年，世界旅游组织的前身国际官方旅游组织联盟应非洲官方旅游组织的建议，拟设立“世界旅游日”。1979年9月27日，世界旅游组织第三次代表大会正式确定9月27日为世界旅游日，1980年开始实行。设立世界旅游日，意义在于纪念世界旅游组织成立章程的通过，引起公众对旅游事业的重视，促进旅游的宣传工作和各国在旅游方面的交流与合作。1980年起，世界旅游组织的各成员应围绕该组织制定的当年世界旅游日主题开展纪念活动，如发行纪念邮票、开辟旅游新线路等。

二、世界旅游组织

1. 世界旅游组织概况

世界旅游组织（United Nations World Tourism Organization，UNWTO）是全球唯一的政府间国际旅游组织，该组织2003年11月成为联合国的专门机构。现有159个正式成员国和6个准成员。总部设在西班牙马德里。

该组织的宗旨是促进和发展旅游事业，使之有利于经济发展、国家间相互了解、和平与繁荣。其主要工作是收集和分析旅游数据，定期向成员国提供统计资料、研究报告，制定国际性旅游公约、宣言、规则、范本和研究全球旅游政策。

我国于1983年加入该组织。2003年11月，该组织的第15届全体大会在北京召开。此后，该组织的高级官员（包括秘书长）多次应邀来我国出席有关旅游庆祝活动，2016年5月该组织与我国在北京联合举办了首届世界旅游发展大会。

此外，我国还与该组织开展了若干技术合作项目，如聘请该组织的国际专家与制订西藏、云南、贵州、四川的中、长期旅游发展规划，资助建立天津中国旅游管理干部学院等。

2. 太平洋亚洲旅游协会

太平洋亚洲旅游协会（Pacific Asia Travel Association，PATA）成立于1951年1月。它是一个民间性、行业性、地区性、非政府间的国际旅游组织，过去的总部设在美国旧金山。1986年更名为亚太旅游协会，现总部设在泰国曼谷，下设两个分部，一个设在菲律宾的马尼拉，分管该组织中东亚地区事务；另一个设在澳大利亚的悉尼，分管南太平洋地区事务。

该组织的宗旨是：发展、促进和便利世界其他地区的游客前来太平洋地区各国旅游以及太平洋地区各国居民在本地区内开展国际旅游。

该组织的成员范围较广，既有国家旅游组织和本地区各国的各种旅游协会，也有旅游企业和与旅游相关的组织团体。

我国于 1993 年 3 月正式加入该组织，成为其官方会员。此外，北京市旅游发展委员会、上海市旅游局、广州市旅游局和中国国际航空公司、中国国际旅行社总社等 15 个单位也分别加入该组织，成为其联系官方会员、航空公司会员或企业会员。

3. 世界旅行社协会联合会

世界旅行社协会联合会（United Federation of Travel Agents' Associations, UFTAA），1966 年在罗马成立，总部设在比利时的布鲁塞尔。它是世界上最大的非政府间国际旅游组织之一，其正式成员是世界各国的旅行社协会，每个国家只能有一个全国性的旅行社协会代表该国参加。

该组织的宗旨是：对国家级的旅游协会以及其他旅游局、旅行社联合会或旅游联盟，给予职业上的指导和技术上的援助，尽一切努力联合、巩固和发展这些组织，团结和加强各国全国性旅行社协会和组织，协助解决会员在专业问题上可能发生的纠纷；在国际上代表旅行社行业同有关的各种旅游组织和企业（运输业、旅馆业和官方机构等）建立联系，进行合作；确保旅行社业务在经济、法律和社会领域里最大限度的得到协调、赢得信誉、受到保护和发展；向会员提供必要的物质上、业务上、技术上的指导和帮助，使其在世界旅游业中占有适当的地位。

自 1974 年以来，该组织就一直同我国保持友好交往。1995 年 8 月 1 日，中国旅游协会正式加入该组织及其所属亚太地区联盟（UAPA）。

4. 世界旅游城市联合会

世界旅游城市联合会（World Fourism Cities Federation，WTCF）成立于 2012 年 9 月 15 日。它是旅游领域的一个非政府、非营利国际组织，也是首个总部落户中国、落户北京的国际性旅游组织，是全球第一个以城市为主体的国际旅游组织。

世界旅游城市联合会以“旅游让城市生活更美好”为宗旨，是世界旅游城市互利共赢合作发展的平台。该会致力于推动会员城市间的交流合作，共享旅游业发展经验，探讨城市旅游发展问题，加强旅游市场合作开发，提升旅游业发展水平，促进世界旅游城市经济社会协调发展。

该组织在联合会成立大会上公布了《北京宣言》，宣言提出：“城市是人类文明的结晶，旅游是和平与友谊的使者。城市是旅游的首要目的地，又是重要的客源地。”宣言明确，世界旅游城市联合会将致力于实践“旅游让城市生活更美好”的核心理念。大会发布了世界旅游城市评价体系，在成员国间讨论确定评价体系的可行性，最后依据该评价体系在城市之间进行旅游服务等多项指标的排名。

5. 世界旅游联盟

世界旅游联盟成立于2017年，是中国发起成立的第一个全球性、综合性、非政府世界旅游组织。五年多来，联盟会员从最初89个，增至如今222个，其中境外会员119个，覆盖五大洲、41个国家和地区。它以“旅游让世界和生活更美好”为宗旨，以旅游促进和平、旅游促进发展、旅游促进减贫为使命，以互信互尊、互利共赢为原则，加强全球旅游业界的国际交流，促进共识、分享经验、深化合作，推动全球旅游业可持续、包容性发展。

该组织的主要工作是：①为会员提供交流平台，促进会员间业务合作和经验分享；②与一些重要国际组织沟通合作；③研究全球旅游发展趋势，收集、分析、发布旅游数据；④提供规划、制定服务、行业咨询和业务培训；⑤召开联盟年会、峰会和博览会，开展旅游市场宣传推介，促进资源共享，跨界跨业合作；⑥为政府和企业发展旅游业提供咨询。该组织的主要机构包括大会、理事会和秘书处。大会是该组织的最高权力机构，由全体会员组成；理事会是会员大会的执行机构；秘书处是该组织的日常行政管理机构。该组织总部设在杭州，其工作语言为汉语、英语、法语、俄语、阿拉伯语和西班牙语。

6. 国际山地旅游联盟

国际山地旅游联盟（International Mountain Tourism Alliance，IMTA），是世界上第一个以山地旅游为主题的国际旅游组织，于2017年8月15日在贵州省黔西南布依族苗族自治州兴义市成立，总部设在贵州省省会贵阳市，北京设有联络处。

该联盟的宗旨是：保护山地资源、传承山地文明、促进山地经济、造福山地民众，致力于山地旅游资源的保护与利用，促进旅游业的国际交往和业务合作，总结推广发展山地旅游的成功经验，促进山地经济、文化和社会繁荣，推动山地和生态旅游可持续发展。

案例解读

全球旅游市场复苏势头强劲

为期3天的2023柏林国际旅游交易会近日在德国柏林会展中心落幕，吸引了来自160多个国家和地区的约5 500家展商参展。柏林国际旅游交易会是全球规模最大的旅游业综合性展会之一，本届展会主题是“为改变而开放”，代表了旅游行业对复苏前景的期许。

世界旅游及旅行理事会总裁朱莉娅·辛普森表示:“当前全球旅游市场复苏势头强劲,有些地区甚至已经超过2019年前水平。”柏林展览公司董事总经理德克·霍夫曼表示:“旅游业表现出了强大韧性,我们对未来充满信心。”

特色展示吸引更多游客

展会上,众多旅游行业服务与供应商向观众集中展示了各具特色的旅游景点和文化特色,与现场观众近距离交流互动。

从巴伐利亚州的啤酒节到黑森州的森林游,德国各联邦州旅游部门展示了今年各自主推的特色旅游线路。德国旅游协会主席诺伯特·菲比希预计,2023年德国旅游业销售额有望达到2019年前的水平。

在今年展会主宾国格鲁吉亚的展示区,传统民间舞者在乐器伴奏下翩翩起舞,吸引不少观众驻足观看。格鲁吉亚经济和可持续发展部副部长玛丽亚姆·克里维什维利表示,去年格鲁吉亚旅游业销售额从33亿美元增加到35亿美元。未来3年内,格鲁吉亚计划将住宿床位从目前的5.8万张增加到9万张。

在卡塔尔航空公司展位,巨大的电子屏幕播放着卡塔尔的旅游风光片。在一旁的模拟头等舱里,观众仿佛置身于大型客机机舱内,身临其境体验高品质服务。卡塔尔航空首席执行官阿克巴尔表示,2022年卡塔尔接待了140万国际游客,今年卡塔尔航空将增加更多目的地和航班,预计到2024年3月将服务扩展到174个目的地。

在埃及展位上,埃及旅游和文物部部长伊萨介绍,希望通过增加航线、床位数量以及提供更好的旅游体验吸引更多游客。他预计今年到访埃及的游客人数将创历史新高。

根据联合国世界旅游组织不久前发布的《2023年全球旅游业晴雨表》,2022年全球国际游客抵达人数是2021年的两倍,达到9亿人次,恢复到2019年前水平的63%,2023年全球国际游客抵达人数可能恢复到2019年前水平的80%~95%。世界旅游及旅行理事会预测,未来世界旅游业年均增长率有望达到5.8%。

行业技术创新备受关注

交易会期间还举办了近200场系列论坛活动,旅游行业技术创新备受关注。

展会上,元宇宙和区块链相关旅游产品吸引了很多年轻人体验。他们有的戴着VR眼镜徜徉在虚拟景观世界,有的握着游戏手柄操纵着大屏幕里的过山车。英国欧睿国际咨询公司的卡洛琳娜·布列纳认为,元宇宙应用于旅游业潜力巨大。旅游目的地的选择和提前体验可能成为继游戏之后第二大广泛使用的元宇宙场景。许多酒店和航空公司已经在研究元宇宙应用。

与会各方积极探讨旅游业数字化转型及其应用。德国米特韦达应用科技大学区块链能力中心的亚历山大·克瑙尔教授介绍,区块链技术在旅游行业的应用会越来越广。他举例说,采用区块链技术,可以帮助用户定位滑板车,游客还可以购买基于区块链的旅行保险,在火车晚点时获得相关补偿。

联合国世界旅游组织在论坛上发布的报告显示,旅游业温室气体排放量约占全球总排放量的8%。为支持旅游行业积极应对气候变化,世界旅游组织鼓励旅游从业者根据各自行业特点开发碳足迹测量方法和仪器等,实现更多减排,推动旅游业绿色发展。

各方看好中国旅游市场

众多参展商和与会专家学者纷纷表示看好中国旅游市场,期待中国旅游业加快复苏步伐,助力世界旅游业实现更好发展。

在携程集团展位,来自各国的客户络绎不绝。“客户问得最多的就是,中国游客有什么新的需求,我们需要提前准备些什么?”携程集团高级副总裁陈瑞亮向记者介绍,目前出境游呈快速复苏态势。今年以来,携程集团的国内机票酒店预订已超过2019年同期,出境游预订同比增长超过300%。

上海锦江旅游控股有限公司副总裁王铮对记者表示,在为期3天的展会上,许多国外展商都表现出对中国旅游市场的浓厚兴趣,并达成多项合作意向,为锦江旅游进一步拓展国际市场奠定基础。

为全球航旅商家提供机票供销服务一体解决方案的北京由你飞飞科技有限公司总裁刘栋对记者表示,2019—2022年之间公司的商务销售一直采用线上沟通。这次在展会上不仅感受到上下游伙伴对专业服务的迫切需求,更感受到全行业对数字化转型的热情拥抱。展会期间,公司不仅接待了约80家航旅客户,也和众多航空公司进行了洽谈。相信未来随着中国国际航旅业务的快速复苏,公司将迎来更好的发展机遇。

欧洲旅游委员会主席路易斯·阿劳霍预计,从2023年第二季度开始,会有越来越多中国游客前往欧洲旅游,“这非常令人期待”。朱莉娅·辛普森对中国调整出入境政策表示欢迎,“2019年前,中国出境游旅客消费占世界旅游总收入的15%。中国旅游市场的复苏对全球旅游业都是一个好消息。”

欧洲旅游行业协会主席汤姆·詹金斯说,中国是国际旅游市场的最大客源国。从2010年到2019年,中国游客数量增长350%,为全球旅游业做出巨大贡献。他预计今年中国出境游客数量将逐步增长。

世界旅游城市联合会秘书长杨烁在展会论坛上表示,中国优化疫情防控措施,将给世界旅游市场注入强劲动力,促进全球旅游市场加速复苏。

资料来源：https://www.360kuai.com/pc/91489c53155ea364e? cota=3&kuai_so=1&refer_scene=so_3&sign=360_da20e874

每日一练 和同学一起归纳近十年来中国旅游日与世界旅游日的活动主题。

任务小结 完成本任务后，请进行自我测试：通过中国旅游日和世界旅游日活动主题的变化，分析中国和世界旅游业的发展趋势。

任务3 旅游热点概述

任务提示 本任务将引领你了解近年来中国旅游业的热点关键词。

任务先行 了解全域旅游、厕所革命、旅游扶贫、文旅融合。

案例解读

聚焦旅游新趋势，解读热点关键词！

全域旅游如火如荼

发展全域旅游，将一定区域作为完整旅游目的地，以旅游业为优势产业，统一规划布局、优化公共服务、推进产业融合、加强综合管理、实施系统营销，有利于不断提升旅游业现代化、集约化、品质化、国际化水平，更好满足旅游消费需求。全域旅游是解决中国旅游业发展不平衡不充分矛盾、推进旅游业高质量发展的重要战略选择。

中国高度重视全域旅游工作，倡导实施《全域旅游发展规划》。全域旅游正在构建起旅游发展的全新格局、地方发展的宏伟蓝图、人民生活的美好愿景，也为全球旅游业发展可供借鉴的治理模式、发展方案和增长智慧。

厕所革命纵深推进

厕所是人类文明的重要窗口，是旅游过程中必不可少的基本要素，是一个国家和地区文明程度的重要体现。习近平总书记高度重视厕所革命，提出了明确的工作要求。近年来，中国先后制定并实施了《全国旅游厕所建设管理三年行动计划(2015—2017)》和新三年行动计划。

近几年，探索出很多富于创造性的成功经验，以商建厕、以商养厕、以商管厕、政企合作、委托管养、企业认养、开放共享等厕所建设、管理和运营新模式亮点纷呈，以厕所革命为抓手，走出了一条促进城乡服务提升、引领旅居环境变革、引导社会文明进步的路子。

旅游扶贫积极作为

旅游扶贫是物质、精神双扶贫。中国走出了一条具有中国扶贫特色和旅游产业特点的旅游扶贫路子，“上下联动、内外协调、融合共推”的旅游扶贫工作机制日趋完善。甘肃天祝藏族自治县天堂村大力实施“民宿体验、乡村饮食、休闲度假”，乡村旅游已成为我国农民就业增收、农村经济发展、贫困人口脱贫的主战场和中坚力量。

国家乡村旅游监测中心数据显示，设在全国25个省(区、市)的101个扶贫监测点(建档立卡贫困村)通过乡村旅游脱贫人数为4 796人，占脱贫人数的30.4%，通过乡村旅游，使得监测点贫困人口人均增收1 123元。

资料来源：https://mp.weixin.qq.com/s/NcARRmuf7qemgCMm56nSAQ(有删改)

点评

全域旅游如火如荼、厕所革命纵深推进、旅游扶贫积极作为、文旅融合势头喜人、生态旅游渐成大势是当今中国旅游的关键词。站在崭新的历史节点上，中国改革的脚步不会停滞，中国开放的大门只会越开越大。更加开放的中国，更加开放的中国文旅，必将以更加开放的姿态拥抱世界。

一、厕所革命

1. 厕所革命的由来

2015年4月1日，习近平总书记专门就厕所革命和文明旅游做出重要批示，要求我们从小处着眼，从实处着手，不断提升旅游品质；要发扬钉钉子精神，采取有针对性的措施，一件接着一件抓，抓一件成一件，积小胜为大胜，推动我国旅游业迈上新台阶。同年7月16日，习总书记在吉林省延边朝鲜族自治州调研时，了解到一些村民还在使用传统的旱厕。他指出，随着农业现代化步伐加快，新农村建设也要不断推进，要来场“厕所革命”，让农村群众用上卫生的厕所。

2. 旅游业厕所革命的提出及建设方略

2022年11月15日，文化和旅游部根据《文化和旅游部公共服务司关于开展“2022全国旅游厕所建设与管理优秀案例征集展示活动”的通知》，经各省推荐和专家评议，确定了“2022全国旅游厕所建设与管理优秀案例”50家景区上榜。我国旅游厕所革命工作重心逐渐从“有没有”向“好不好”转变，从“建好”向“管好、用好”转变。

案例解读

中国为什么要进行“厕所革命”?

时针拨回到1932年。

面对内外交困、积贫积弱的中国,上海《东方杂志》策划了一次征求“新年的梦想”活动,向各界人士发出征稿函,鲁迅、林语堂、胡适等140余位国人,发表了244个“梦想”。

其中,暨南大学教授周谷城的话,最为简短有力:“我梦想中的未来中国首要之条件便是:人人有机会坐在抽水马桶上大便。”

穿越80多年的历史岁月,透过这句略显不雅的话语,我们仍能清晰感受到一种炙热的情感和迫切的愿景。厕所,也浓缩成一个度量文明的鲜明符号。

当今的中国,抽水马桶已经成为大多数家庭的“标配”。城市公厕建设水平不断升级,中国正在集中力量啃下“农村厕改”这块“硬骨头”。

《农村人居环境整治三年行动方案》在十九届中央全面深化改革领导小组第一次会议上通过,在这场由习近平总书记主持的会议上,“厕所革命”上升至国家层面。

厕所是文明的尺度,也是国家发展的注脚。回望新中国70年壮阔征程,厕所映射着国人卫生习惯的改变,影响着亿万群众的出行,关系着美丽乡村建设的全局。“厕所革命”所承载的意义,要比人们想象中的更宽广。

资料来源:http://politics.people.com.cn/n1/2019/0919/c429373-31362516.html(有删改)

二、全域旅游

1. 全域旅游的概念及发展概况

全域旅游是指在一定区域内,以旅游业为优势产业,通过对区域内经济社会资源,尤其是旅游资源、相关产业、生态环境、公共服务、体制机制、政策法规、文明素质等进行全方位、系统化的优化提升,实现区域资源有机整合、产业融合发展、社会共建共享,以旅游业带动和促进经济社会协调发展的一种新的区域协调发展理念和模式。

2016年7月,习近平总书记在宁夏考察时指出:“发展全域旅游,路子是对的,要坚持走下去。”2018年,时任国务院总理李克强在政府工作报告中明确提出“创建全域旅游示范区”。国务院办公厅印发了《关于促进全域旅游发展的指导意见》。《人民日报》盘点“全域旅游”为党的十八大以来党中央治国理政100个新名词之一。各地以全域旅游为主线推进旅游供给侧结构性改革,截止到2020

年，国家全域旅游示范区达168个。各地迸发出发展全域旅游的不竭动力，纷纷将全域旅游作为党委政府“一把手”工程、“牛鼻子”工程，既为旅游业转型升级挖掘了潜力，也为其他产业发展提供了动能，为整个经济结构调整注入了活力。

2. 全域旅游要实现九大转变

推进全域旅游是我国新阶段旅游发展战略的再定位，是一场具有深远意义的变革。从景点旅游模式走向全域旅游模式，具体要实现九大转变。

一是从单一景点景区建设和管理向综合目的地统筹发展转变。破除景点景区内外的体制壁垒和管理围墙，实行多规合一，实行公共服务一体化，旅游监管全覆盖，实现产品营销与目的地推广的有效结合。旅游基础设施和公共服务建设从景点景区拓展到全域。

二是从门票经济向产业经济转变。实行分类改革，公益性景区要实行低价或免费开放，市场性投资开发的景点景区门票价格也要限高，遏制景点景区门票价格上涨过快势头，打击乱涨价和价格欺诈行为，从旅游过度依赖门票收入的阶段走出来。

三是从导游必须由旅行社委派的封闭式管理体制向导游依法自由有序流动的开放式管理转变。实现导游执业的法制化和市场化。

四是从粗放低效旅游向精细高效旅游转变。加大供给侧结构性改革，增加有效供给，引导旅游需求，实现旅游供求的积极平衡。

五是从封闭的旅游自循环向开放的“旅游+”融合发展方式转变。加大旅游与农业、林业、工业、商贸、金融、文化、体育、医药等产业的融合力度，形成综合新产能。

六是从旅游企业单打独享向社会共建共享转变。充分调动各方发展旅游的积极性，以旅游为导向整合资源，强化企业社会责任，推动建立旅游发展共建共享机制。

七是从景点景区围墙内的“民团式”治安管理、社会管理向全域旅游依法治理转变。旅游、公安、工商、物价、交通等部门各司其职。

八是从部门行为向党政统筹推进转变，形成综合产业综合抓的局面。

九是从仅是景点景区接待国际游客和狭窄的国际合作向全域接待国际游客，全方位、多层次国际交流合作转变。最终实现从小旅游格局向大旅游格局转变。这是区域发展走向成熟的标志，是旅游业提质增效和可持续发展的客观要求，也是世界旅游发展的共同规律和大趋势，代表着现代旅游发展的新方向。

3. 全域旅游在国家层面的政策支持

2018年国务院办公厅发布了《关于促进全域旅游发展的指导意见》，要求发展全域旅游要落实好八个方面重点任务。一是推进融合发展，创新产品供给。做好“旅游+”，推动旅游与城镇化、工业化以及商贸业、农业、林业、水利等融合发展。二是加强旅游服务，提升满意指数。以标准化提升服务品质，以品牌化提升满意度，推进服务智能化。三是加强基础配套，提升公共服务。扎实推进“厕所革命”，构建畅达便捷交通网络。四是加强环境保护，推进共建共享。推进全域环境整治，大力推进旅游扶贫和旅游富民。五是实施系统营销，塑造品牌形象。把营销工作纳入全域旅游发展大局，坚持以需求为导向，实施品牌战略。六是加强规划工作、实施科学发展。将旅游发展作为重要内容纳入经济社会发展规划和城乡建设等相关规划中，完善旅游规划体系。七是创新体制机制，完善治理体系。推进旅游管理体制改革，加强旅游综合执法，创新旅游协调参与机制。八是强化政策支持，认真组织实施。进一步加强财政金融、用海用地、人才保障和专业支持，优化全域旅游发展政策环境。

三、旅游扶贫

旅游扶贫即通过开发贫困地区丰富的旅游资源，兴办旅游经济实体，使旅游业形成区域支柱产业，实现贫困地区居民和地方财政双脱贫致富。从我国旅游促进扶贫的发展历程和实践成果看，旅游促进扶贫主要有五种方式：一是直接参与旅游经营；二是在乡村旅游经营户中参与接待服务，取得农业收入之外的其他劳务收入；三是出售自家农副土特产品获得收入；四是通过参加乡村旅游合作社和土地流转获得租金；五是通过资金、人力、土地参与乡村旅游经营获得入股分红。

四、文旅融合发展趋势

文化是旅游的灵魂，旅游是文化的载体。作为国家大力扶持的产业发展新模式，文化、旅游两大产业的融合发展，对促进国民经济的转型升级有着重大意义，将迎来良好机遇。

一是政策体制机遇。文化和旅游部的组建与运行，不仅在行政机构上实现文化与旅游的结合，也将进一步推动原有产业边界的消融，原本相对独立和分割的产业必将形成聚合，迎来相互之间深度融合的大好机遇。

二是市场发展机遇。“十四五”时期也是旅游市场面临较大变化的时期，首先是消费水平产生较大变化，2018 年中国人均 GDP 约为 9 768 美元，达到世界银行划分的上中等收入经济体水平，“十四五”期末，即使按照 6% 左右的增长，中国人均 GDP 也会进入世界银行划分的高收入经济体 12 000 多美元的门槛，跨过“中等收入陷阱”，从中等收入经济体晋级为高收入经济体，其对旅游业带来的深刻影响和变化需要进行深入分析。其次是消费结构产生新的变化，一方面，我国“老龄化”进程加速，养老养生产品需求持续升温，另一方面全面放开“二孩”政策后，第一批“二孩”家庭将进入消费期，对旅游产品、旅游服务都提出了新的要求，需要我们及时跟进、及时提升。最后是随着90后成为消费主力，对于旅游产品开发、旅游营销、旅游服务都提出新的课题，需要认真加以研究。

三是业态融合机遇。“旅游+”“文化+”战略的实施将进一步推动文旅产业突破传统行业的限制，与新型工业化、城镇化、信息化和农业现代化紧密结合，不断催生新业态、新产品。除了文旅小镇、美丽乡村等新业态外，回归健康生活、回归体验互动、回归文化创意的康养旅游、主题公园、文化旅游综合体等产品将迎来新的发展机遇。

文旅产业融合发展背后更深刻的含义是人们需求层次的提升，是经济发展到一定阶段后的社会变革，需要全行业、全产业、全领域一起在新时代背景下，开创文旅产业融合发展的新局面。

案例解读

2023年全国两会文旅“热词”前瞻

关键词一：文旅融合

党的二十大报告明确提出，坚持以文塑旅、以旅彰文，推进文化和旅游深度融合发展。在各地政府工作报告中，文旅融合也成为热频词。其中，浙江明确把文旅深度融合工程列入事关全局、牵一发而动全身的“十大工程”；江苏指出，坚持以文塑旅、以旅彰文，创新开展小剧场建设、乡村旅游、非遗旅游、红色旅游、全域旅游等文旅融合实践，推动文物和文化遗产在有效保护中更加活起来，加快建设世界重要旅游目的地，打造独具魅力的江苏文化旅游体验等。

关键词二：和美乡村

党的二十大报告提出“全面推进乡村振兴”，强调“建设宜居宜业和美乡村”，为新时代新征程全面推进乡村振兴、加快农业农村现代化指明前进方向。天津市在政府工作报告中提到：扎实推动乡村产业、人才、文化、生态、组织全面振兴，不断提升农业农村现代化水平，建设宜居宜业和美乡村。

关键词三：乡村旅游

吉林省政府工作报告提到大力发展冰雪旅游、生态旅游和乡村旅游，促进消费升级提质扩容。精心打造一批串点成链的精品乡村旅游点，叫响吉林“醉美乡村”旅游品牌。

关键词四：红色旅游

红色文化是上海城市最鲜亮的底色，如何让红色文化凝聚起提升城市软实力的感召力和精神动力，释放出上海文旅的影响力和魅力？为此，上海市政协委员、上海浦东索思美文化艺术研究院院长赵锁平建议，积极探索红色文化更富创意的打开方式，加快以数字化探索红色文化的时代潮流；加快培养一批新时代红色文化国际传播的人才队伍，提升上海国际传播的话语权和影响力。

资料来源：https://www.163.com/dy/article/HUUBS08P0538J4LT.html

每日一练 你和同学们是否还关注过其他的旅游业热点关键词。

任务小结 完成本任务后，请进行自我测试：通过对旅游业热点关键词的关注与梳理，试着分析未来三年旅游行业所呈现出的发展趋势。

任务4 旅游新业态简介

任务提示 本任务将引领你熟悉近年中国旅游新业态。

任务先行 了解智慧旅游、在线旅游（OTA）、乡村旅游、红色旅游、研学旅游、康养旅游。

案例解读

发展夜经济 激发文化和旅游消费潜力

24小时书店、博物馆夜游、灯光秀……近几年，夜经济风靡一时，已经成为衡量一个城市经济活力的重要标志。大力发展夜间文化和旅游经济，既能让传统的文化和旅游资源焕发新活力，也能创造出新的旅游吸引点和文化旅游产品，进一步激发文化和旅游消费潜力，更好地满足人民日益增长的美好生活需要。

为进一步激发文化和旅游市场消费潜力，2021年，文化和旅游部开展第一批国家级夜间文化和旅游消费集聚区建设工作，依托各地现有发展情况良好、文化和旅游业态集聚度高、夜间消费市场活跃的街区、文体商旅综合体、旅游景区、省级及以上文化产业示范园区商业区域等，分批次遴选、建设200家以上符合文化和旅游发展方向、文化内涵丰富、地域特色突出、文化和旅游消费规模较大、消费质量和水平较高、具有典型示范和引领带动作用的国家级夜间文化和旅游消费集聚区。

夜间文化和旅游消费集聚区既是现代城市的重要消费业态构成，也是推动文旅与商业、科技、贸易等各方面深度融合的具体体现。以集聚区的形式推动夜经济繁荣，有利于提升经济发展、推动产业繁荣、刺激市场消费、扩大区域知名度、助力文旅市场振兴，并能更好地满足人民群众对日益增长的美好生活需要。黑龙江省哈尔滨市整合夜间文旅资源，以百年老街中央大街为依托，打造了集美食街、商业街、演艺街、休闲街、观赏街、体验街、非遗街等十大文旅项目于一体的夜间文化和旅游消费集聚区，成为“网红”地标和夜市品牌，每年营业收入几十亿元，带火了哈尔滨市的旅游市场。

随着文和友、茶颜悦色等"网红"品牌的兴起，湖南长沙这座城市的"网红"气质陡增，加上灯光秀等"文化+科技"内容的赋能，长沙夜生活的文化特质更加凸显。五一商圈、黄兴路口、太平老街通宵火热，夜晚的长沙街头亮如白昼、人流如织，夜经济一再延时，变成了"深夜经济"，24 小时书店、24 小时餐厅、24 小时便利店也日渐增多，展现出了文化和旅游消费的巨大活力。

"早期的夜经济主要以商业消费为主，但是，单一的逛商业街、泡酒吧、吃吃喝喝并不能满足人民群众对高质量旅游的需求。"……成新湘建议，将夜间消费市场活跃的街区与艺术街区、剧场、博物馆、美术馆、文化娱乐场所等融合打造，进一步丰富夜经济的文旅业态，提升夜经济的文化内涵，提高夜经济消费质量水平，从而有效扩大旅游消费规模。

资料来源：https://mp.weixin.qq.com/s/qNHmoMI3MpWUWoa0U-kEOQ（有删减）

点评

随着经济社会的发展和人民生活水平的不断提高，提供高品质的文化旅游服务和产品，进一步激发文化和旅游市场消费潜力，更好满足人民日益增长的美好生活需要，成为各地文旅部门工作的重要内容。

近年来，我国旅游业发展迅猛，旅游新业态也不断涌现，本节撷取其中影响较大的几种加以简要介绍，包括智慧旅游、在线旅游、乡村旅游、红色旅游、研学旅游、康养旅游等。

一、智慧旅游

1. 智慧旅游的概念

智慧旅游，也叫智能旅游，就是利用云计算、物联网等新技术，通过互联网/移动互联网，借助便携的终端上网设备，主动感知旅游资源、旅游经济、旅游活动、旅游者等方面的信息，及时发布，让人们能够及时了解这些信息，及时安排和调整工作与旅游计划，从而达到对各类旅游信息的智能感知、方便利用的效果。智慧旅游的建设与发展最终将体现在旅游体验、旅游管理、旅游服务和旅游营销的四个层面。

2. 智慧旅游的主要功能

从使用者的角度出发，智慧旅游主要包括导航、导游、导览和导购（简称"四导"）四个基本功能。①导航，将基于位置的服务（LBS）加入旅游信息中，让旅游者随时知道自己的位置。②导游，在确定位置的同时，在网页上和地图上主动显示周边的旅游信息，包括景点、酒店、餐馆、娱乐、车站、活动地点、旅游团友等的位置和大概信息。③导览,相当于一个自助导游员。④导购,可以直接在线预订(客房/票务)。

二、在线旅游

在线旅游是旅游电子商务行业的专业词语,指“旅游消费者通过网络向旅游服务提供商预订旅游产品或服务,并通过网上支付或者线下付费,即各旅游主体可以通过网络进行产品营销或产品销售”。

在线旅行社(OTA)是销售线下旅游服务的中介,行业具备“低频次、高单价”的特点。OTA 企业为消费者提供了便利,为商家提供了客源,提升了产业链整体运营效率。OTA 企业解决了消费者预订机票、酒店或者旅游门票分散耗时以及信息不对称的痛点,为使用者提供了比价、预订、在线支付等一站式服务,同时满足了商家提升上座率或入住率的需求。OTA 企业优化了顾客的使用体验、降低了商家单独揽客成本,提升了预订环节的整体效率,完善了旅游产业的价值传递流程。

三、乡村旅游

乡村旅游是以具有乡村性的自然和人文客体为旅游吸引物,依托农村区域的自然环境、优美景观、特色建筑和文化习俗等资源,在传统农村休闲游和农业体验游的基础上,拓展开发会务度假、休闲娱乐等项目的新兴旅游方式。乡村旅游的概念包含两个方面,一是发生在乡村地区,二是以乡村性作为旅游吸引物,二者缺一不可。

我国是农业大国,乡村旅游产生及发展对于解决“三农”问题起到了不可忽视的推动作用。乡村旅游作为连接城市和乡村的纽带,对于促进社会资源和文明成果在城乡之间的共享,对于逐步缩小地区间经济发展差异和城乡差别,对于推动欠发达、开发不足的乡村地区经济、社会、环境和文化的可持续发展,对于加快实现社会主义新农村建设及城乡统筹发展等都具有重要的意义。

乡村旅游的兴起和市场规模的扩大,离不开相关政策的持续深化和推进。2018 年 10 月,国家发展和改革委员会等 13 个部门联合印发《促进乡村旅游发展提质升级行动方案(2018 年—2020 年)》,提出“鼓励引导社会资本参与乡村旅游发展建设”,加大对乡村旅游发展的配套政策支持。2018 年 12 月,文化和旅游部、国家发展和改革委员会等 17 部门联合发布《关于促进乡村旅游可持续发展的指导意见》,确定主要目标为到 2022 年实现乡村旅游服务质量和水平全面提升,基本形成布局合理、类型多样、功能完善、特色突出的乡村旅游发展格局。2019 年,文化和旅游部办公厅、国家发展和改革委员会办公厅联合印发了《关于开展全国乡村旅游重点村名录建设工作的通知》,启动了全国乡村旅游重点村名录建设工作,在全国遴选一批符合文化和旅游发展方向、资源开发和产品建设水平高、具有典型示范和带动引领作用的乡村(含行政村和自然村)。

案例解读

乡村旅游衔接推进乡村振兴

随着国家高位推动乡村振兴相关政策的不断落实推进,旅游在其中发挥的作用愈发明显。发展乡村旅游,是实现乡村产业兴旺繁荣的重要途径。习近平总书记强调:“发展乡村旅游不要搞大拆大建,要因地制宜、因势利导,把传统村落改造好、保护好。”发展乡村旅游,有利于人与自然和谐共处,把绿水青山变成金山银山,让人民群众“看得见山、望得见水、记得住乡愁”。

发展乡村旅游,可有效治理农村脏乱差环境,破解“千村一面”“空心化”等问题。发展乡村旅游,可形成井然有序的社会秩序,解决因为外出打工而导致的留守儿童教育、留守夫妻交流、留守老人养老等问题。发展乡村旅游,是增加农民收入的重要途径,为农村居民迈向生活富裕、富足打下了坚实基础。乡村旅游是“产业兴旺、生态宜居、乡风文明、治理有效、生活富裕”新画卷的一道靓丽色彩。

资料来源:https://mp.weixin.qq.com/s/pzVAHG8M73AOzPbFtg0UZA(有删减)

四、红色旅游

红色旅游是指以 1921 年中国共产党成立以后的革命纪念地、纪念物及其所承载的革命精神为吸引物,组织接待旅游者进行参观游览,实现学习革命精神,接受革命传统教育和振奋精神、放松身心、增加阅历的旅游活动。红色旅游是把红色人文景观和绿色自然景观结合起来,把革命传统教育与促进旅游产业发展结合起来的一种新型的主题旅游形式。其打造的红色旅游线路和经典景区,既可以观光赏景,也可以了解革命历史,增长革命斗争知识,学习革命斗争精神,培育新的时代精神,并使之成为一种文化。

发展红色旅游,对于加强革命传统教育,增强全国人民特别是青少年的爱国情感,弘扬和培育民族精神,带动革命老区经济社会协调发展,具有重要的现实意义和深远的历史意义。

案例解读

2021 年红色旅游 TOP10

2021 年是中国共产党建党一百周年,红色旅游掀起新热潮,参观红色遗址、接受革命传统教育已经成为市民和游客常态化的生活方式。

中国旅游研究院和马蜂窝自由行大数据联合实验室于近日共同发布《中国红色旅游消费大数据报告(2021)》。报告指出,2021 年传统红色旅游城市红色旅游发展势头稳健，红色资源吸引人、美好生活留住人趋势更加明显。北京、南京、上海、长沙、重庆、西安、保定、青岛、延安、嘉兴这十座城市，凭借着丰富的红色革命资源，组成了人气最高的红色旅游热门城市TOP10。

随着红色旅游持续升温，各地红色旅游景区和爱国主义教育基地纷纷推出系列活动，“红色+研学”成为暑期旅游市场热门。据报告显示，2021热度高的“红色+研学”博物馆分别是中国国家博物馆、中国人民革命军事博物馆、九一八历史博物馆、西安半坡遗址博物馆、德国监狱旧址博物馆、旅顺日俄监狱旧址博物馆、辛亥革命博物馆、大沽口炮台遗址博物馆、青岛军事博物馆、井冈山革命博物馆等。

随着全国红色旅游资源开发力度加大，越来越多的年轻人真真切切地开始体验“红色之旅”，在整体红色之旅人群中，80后、90后占比80%，人数依然庞大。值得注意的是，90后、00后的“Z世代”人群总数已经占比51%以上，相较于2019年增长了2个百分比，年轻群体参与红色旅游比例显著提升，红色旅游正呈现越来越年轻化趋势。

资料来源：https://www.xinlvtuan.cn/article/116154.htm（有改动）

五、研学旅游

据区域特色、学生年龄特点和各学科教学内容需要，组织学生通过集体旅行、集中食宿的方式走出校园，在与平常不同的生活中拓展视野、丰富知识，加深与自然和文化的亲近感，增加对集体生活方式和社会公共道德的体验。

2012年以来，教育部在全国选取了8个省（区、市）开展研学旅行试点工作，同时选定了12个地区为全国中小学生“研学旅行”实验区。在“研学旅行”试点实验阶段，各地各单位开展了各具特色的“研学旅行”活动。2013年2月国务院办公厅印发的《国民旅游休闲纲要（2013—2020年）》明确提出要“逐步推行中小学生研学旅行”，“鼓励学校组织学生进行寓教于游的课外实践活动，健全学校旅游责任保险制度”。2014年8月《关于促进旅游业改革发展的若干意见》中首次明确了“研学旅行”要纳入中小学生日常教育范畴。2014年7月《中小学学生赴境外研学旅行活动指南（试行）》发布，对举办者安排活动的教学主题、内容安排、合作机构选择、合同订立、行程安排、行前培训、安全保障等内容提出指导意见。2016年12月教育部等11部门《关于推进中小学生研学旅行的意见》发布，确定中小学生研学旅行是由教育部门和学校有计划地组织安排，通过集体旅行、集中食宿方式开展的研究性学习和旅行体验相结合的校外教育活动，是学校教育和校外教育衔接的创新形式，是教育教学的重要内容，是综合实践育人的有效途径。

六、康养旅游

随着旅游业的快速发展,新的旅游方式不断涌现,康养旅游作为一种新型业态被国家相关部门纳入我国旅游发展战略,从而进入规范化的发展道路。康养旅游的目的就是放松身心,释放压力,追求快乐,增进游客的幸福感。康养旅游作为旅游的新业态、新模式,满足了消费者对健康养生的多元化需求,成为未来旅游行业发展的潮流。

国外的康养旅游起源于健康旅游(Health Tourism)。目前,德国、美国等发达国家的康养旅游产业发展较为成熟,已经形成市场规模;同时,欧美国家也是康养旅游最大的客源输出地区。受惠于独特的自然资源、神秘的东方文化、蓬勃发展的医疗保健技术,以及更低的成本,一些东南亚国家、日本、韩国等亚洲国家成为举世闻名的康养旅游度假目的地。

从国内康养旅游来看,20 世纪 90 年代,部分房地产企业利用海南丰富的旅游资源,并借鉴国外的概念,解决海南房地产市场供大于求、大量闲置的局面,旅游地产应运而生。2003 年非典期间,海南省就打出了"健康岛""生态岛"的品牌形象,康养旅游在海南开始生根萌芽。

进入 21 世纪,伴随着经济的发展,城镇化过程中城市人口快速聚集及经济高速增长的同时,一系列城市与环境问题的矛盾逐渐凸显出来。在快节奏、高压力工作和生活环境下,疾病、亚健康等问题不断唤醒着城市对休闲康养度假的需求。此外,从幼儿到青少年再到中老年等各个年龄阶层的人群,都存在不同程度、不同类型的康养需求。此外,伴随着大众旅游时代下新的旅游方式和业态的不断产生,消费诉求普遍升级,越来越多的拥有购买力的消费者愿意花更多的钱去购买优质、独特的旅游消费体验。在这种大背景下,医疗、养老、养生元素成为市场热点。

每日一练 试着和同学一起交流,归纳总结我国旅游业还出现了哪些新业态。

任务小结 完成本任务后,请进行自我测试:你是否已明确这些旅游新业态的概念和功能?

项目小结

本项目包含四个学习任务,围绕中国旅游业发展历程、中国旅游日和世界旅游日、旅游热点、旅游新业态等内容展开讲解,具体讲述了旅游的概念及发展历程;厕所革命、全域旅游、旅游扶贫和文旅融合的发展趋势;智慧旅游、在线旅游、乡村旅游、红色旅游等新业态。通过针对性的对点案例、思悟案例、每日一练、拓展链接等介绍，帮助学生学习、领悟和牢固掌握中国旅游业发展的系列基础知识，并把所学知识灵活应用到将来的实际工作中去，达到提升职业素养和增强岗位胜任能力的目的。

技能训练

1. 单项技能操作训练

中国旅游业发展经过了哪几个阶段？

2. 综合技能操作训练

中国旅游日的标志蕴含了怎样的文化寓意？

观念应用

1. 分析题

请分析疫情对旅游业发展的影响？

2. 案例分析

据报道，近日，人民网舆情数据中心发布“2018 上半年全国省区市文旅行政部门综合影响力排行榜”。榜单中，云南省文旅行政部门除美誉度外，其他指标均低于均值，综合影响力排名倒数第 3。云南是我国文化资源和旅游资源大省，在文旅产业发展方面具有天然优势且文旅融合发展起步较早。然而，纵观云南上半年文旅产业的宣传，并未将自身优势充分发挥出来，众多优质的文化和旅游资源“待字闺中”。

近年来，随着旅游业的快速发展，各地都很注重服务水平的提升，游客的观念也在发生改变，主要体现在逐步由观光游向深度游过渡。人们不仅仅满足于饱览自然风光，还希望在旅途中感受文化的魅力。在很多年轻游客心中，旅游就是要有诗和远方。如果不注重对旅游文化的挖掘，就有可能错失发展良机。近期一些“网红城市”和“网红景点”层出不穷，不少“网红”景点本身并不是景区景点。如重庆著名的“轻轨穿楼”，这处本地市民习以为常的景物，对外地游客来说却充满吸引力。它既体现了山城独特地貌，也体现了建筑文化之美，自然环境与人民智慧实现了完美融合。一旦默默无闻的景区被赋予独特的文化标签，就会吸引大量游客前来“打卡”。文旅融合不仅需要互联网助力，还要有文旅主管部门的监管和引导，对“网红”带来的客流要有先知先觉，不断完善旅游设施，挖掘旅游资源的文化魅力。

数据显示，云南省文旅行政部门的新媒体影响力不高，部分账号处于无运营状态，如旅游行政部门的微博账号@云南旅游发布厅的最新更新时间停留在

2017 年 9 月。新媒体宣传阵地的缺位，无疑会削弱发布信息、引导民众的功能。因此，旅游发展不仅要在规范性、法治化上下功夫，严厉打击旅游市场的违法乱象，还要高度重视对旅游文化的挖掘宣传，让游客从眼睛到心灵都经受洗礼，例如云南抗战文化、爱国主义文化、民族文化等都可以与自然风光相融合。

旅游景观无论怎么险峻奇特、风光秀丽、巧夺天工，如果没有文化的加持便很难获得持续关注。因为文人骚客的讴歌赞美，以及白娘子的美丽传说，杭州西湖举世闻名，同样因为诗人张继那句"姑苏城外寒山寺，夜半钟声到客船"，苏州寒山寺成为趋之若鹜的景区，还有岳阳楼、滕王阁、黄鹤楼等，都是因为文化的力量才使旅游资源散发出永恒的魅力，成为有诗的远方。

资料来源：《中国旅游报》2018 年 8 月 24 日第 003 版

问题分析

试分析如何推动文化和旅游深度融合，谈谈自己的看法。

实训操作

结合教师讲解，学生选取任意一种旅游新业态，查阅相关资料，选取典型图片，制作 PPT，撰写讲解词，练习后进行当众介绍。

实训目标　通过搜集资料、分类整理收集到的相关资料和相关讲解，使学生加深对本项目内容的理解。

实训的组织　学生每 3 ~ 5 人为一组，针对选题进行介绍。

实训提示　教师提出材料准备的要求和讲解前注意事项。

实训的成果　各组汇报，由学生和老师共同组成现场评议小组进行点评。

项目二　博古通今——中国历史文化纵览

知识目标

1. 了解中国历史的发展历程。
2. 熟悉中国古代文化与哲学的发展精髓。
3. 掌握中国古代科学技术的典型。
4. 掌握中国古代历史文化常识。

技能目标

1. 能够运用中国古代文化知识去辨别中国古代历史、文化与哲学、科学技术和历史文化常识。

2. 能够运用已有知识进行中国古代文化导游词的简单组织及基本讲解。

项目任务

任务 1　中国历史概述
任务 2　中国古代文化与哲学
任务 3　中国古代科学技术
任务 4　中国古代历史文化常识

项目二 博古通今——中国历史文化纵览

学习任务书

班级：	姓名：	指导教师：	
项目名称	“中国国家博物馆一日游”情境模拟	模拟地点	×××
工作岗位	地陪导游、博物馆讲解员	工作对象	某市高校学生团
工作任务	导游讲解	工作方法	情境模拟
项目背景及描述	某市高校学生团到中国国家博物馆进行参观游览，模拟导游涉及内容：中国国家博物馆展览的基本陈列、专题展览、临时展览。本次参观主要围绕基本陈列中的“古代中国”展开。包括中国历史的发展历程、中国古代的文化与哲学、科学技术及历史文化常识的典型代表		
项目咨询重点	中国历史的发展阶段；中国古代文化与哲学、科学技术、中国古代历史文化常识		
项目分解目标	要求项目参与者将中国历史文化知识运用到导游讲解过程中，能够利用已获得知识完成任务中相关导游词的简单组织，能够规范、自然、熟练地进行导游讲解服务		

中国历史悠久，文化灿烂辉煌，是世界四大文明古国之一。中华民族是世界文明古国中唯一没有中断历史文化传承的民族，它所创造的科技文化为人类文明的进步做出了巨大贡献。

那么，中国历史的发展历程如何？中国有哪些璀璨的历史文化与哲学？中国古代科学技术发展如何？你了解古代的历史文化常识吗？

下面就请结合“学习任务书”，完成本项目的学习吧！

任务1　中国历史概述

任务提示　本任务将引领你赏析中国历史。

任务先行　中国历史发展分为几个阶段？每段历史的发展脉络如何？

案例解读

三皇五帝——中国历史神话中的始祖记忆

三皇五帝，是“三皇”与“五帝”的合称。原始意义上的三皇是指远古三皇（天皇氏、地皇氏、人皇氏），后增补伏羲氏等作为“三皇”。原始意义上的五帝是指远古五方上帝，后增补黄帝公孙轩辕（也称姬轩辕）等五位上古部落首领作为“五帝”。后期增补的后三皇五帝在不同著作中分别有不同的说法。

三皇：

燧人、伏羲、神农，出自《尚书大传》；

伏羲、女娲、神农，出自《春秋运斗枢》；

伏羲、祝融、神农，出自《风俗通义》；

伏羲、神农、黄帝，出自《三字经》；

有巢氏、燧人氏、知比氏，出自《庄子》《纲鉴易知录》。

五帝：

太昊、炎帝、黄帝、少昊、颛顼，出自《吕氏春秋》；

黄帝、颛顼、帝喾、尧、舜，出自《大戴礼记》；

黄帝、少昊、颛顼、帝喾、尧，出自《资治通鉴外纪》。

根据典籍记载众说纷纭，并无定论。

《史记·秦始皇本纪》说，天皇、地皇、泰皇为三皇。《太平御览》卷七十八引《春秋纬》提出天皇、地皇、人皇为三皇的另一种看法，似乎泰皇即人皇。《鹖冠子·泰鸿》：“泰皇问泰一曰：‘天、地、人事，三者孰急？’”《史记·秦始皇本纪》：“古有天皇，有地皇，有泰皇，泰皇最贵。”司马贞索隐：“按，天皇、地皇之下即云泰皇，当人皇也。而《封禅书》云‘昔者太帝使素女鼓瑟而悲’，盖三皇已前称泰皇。一云泰皇，太昊也。”在公元前221年李斯说古代有三皇，其中泰皇最贵。泰皇，较后的书称为人皇，演变为传说中的太昊伏羲。

《帝王世纪》以伏羲、神农、黄帝为三皇。《三字经》：“自羲农，至黄帝。号三皇，居上世。”《通鉴外纪》又以伏羲、神农、共工为三皇。《运斗枢》《元命苞》等书载：三皇为伏羲、神农外，还有造人的女娲。汉朝的《纬书》中称三皇为天皇、地皇、人皇，奉为三位天神。后来在道教中又将三皇分初、中、后三组：初三皇具人形；中三皇则人面蛇身或龙身；后三皇中的后天皇人首龙身，即伏羲，后地皇人首蛇身，即女娲，后人皇牛首人身，即神农。

资料来源：https://baike.so.com/doc/3272133-3447288.html

点评

“三皇五帝”的传说有力地说明了中华民族不是历史上单一的民族，而是经过了各种战争、改革、发展、同化和融合等，才成为真正意义上的中华民族。“三皇五帝”的传说基本反映了人类历史发展中的真实情况，符合当时的生产力水平。“三皇五帝”传说的记录和流传对中华民族的形成意义深远。

重要知识

中国传统文化

中国传统文化是指居住在中国地域内(具有鲜明的历史性、历时性)的中华民族及其祖先所创造的，并为中华民族世世代代所继承发展的，具有中国鲜明民族特色的文化。中国传统文化可以分为物质、制度、行为、精神(社会意识)四种形式的文化内容。

中国地域辽阔、人口众多、历史悠久，是世界四大文明古国之一(古代巴比伦、古代埃及、古代印度、古代中国)，早在距今 170 万年前，在我们脚下这片土地上，就出现了人类活动的遗迹，在之后的几千年里，中华民族的先祖们用勤劳和智慧创造了辉煌灿烂的中国文明。

一、原始社会时期

原始社会是人类的第一个社会形态，在中国，其时间大约从 170 万年前到公元前 21 世纪。我国有分布广泛、内容丰富的人类化石和文化遗址，它们证明黄河流域和长江流域都是我国远古文化的发源地。

(一)原始社会的人类活动

距今 170 万年前，在云南省元谋县生活着中国境内最早的人类——元谋人。经考古发掘，元谋人化石包括两颗古人类门齿化石和一些粗糙的石器以及用火的遗迹。距今 70 万年至 23 万年前，在北京西南周口店龙骨山上生活着北京人。经考证，北京人已经能直立行走、打制石器、使用天然火、吃熟食。北京人过着群居生活，以此抵御险恶的生活环境。北京人遗址是现今世界上保留古人类遗迹最丰富的一处遗址。距今 1.8 万年以前，周口店龙骨山山顶洞穴中生活着山顶洞人。山顶洞人在打制石器时已掌握了磨制和钻孔技术，能人工取火、缝制衣裳，并从事集体的渔猎、采集劳动等。仰韶文化是黄河流域影响最大的新石器时期文化。持续时间大约在公元前 5000 年至公元前 3000 年，分布在黄河中上游。当前，在中国已发现上千处仰韶文化的遗址，其中以半坡遗址最具代表性。陕西西安的半坡氏族、浙江余姚的河姆渡氏族，都普遍使用磨制石器，有了固定的居所，发明了弓箭，能够制作彩陶。在遗址中发掘出粟、稻、菜籽等遗物以及猪、狗、水牛等骨骼化石，并且发现了我国最早的水井，这都说明此时人类已进入农耕定居时期，有了原始的农业和畜牧业。同时，这两处遗址的发现也证明了我国是世界上最早种植水稻的国家。

在原始社会时期，人类开始以血缘关系结成集团，人类社会进入氏族社会。氏族社会分为母系氏族社会和父系氏族社会。山东大汶口文化是父系氏族公社时期的典型代表。

在我国的远古时期，还流传着许多神话传说，如"神农氏勇尝百草""盘古开天地""女娲补天""女娲造人""大禹治水""燧人氏钻木取火""仓颉造字""尧舜禅让""三皇五帝"等。

案例解读

良渚文化遗址

良渚文化代表遗址为良渚遗址，距今5 300~4 200年。良渚文化分布的中心地区在钱塘江流域和太湖流域，而遗址分布最密集的地区则在钱塘江流域的东北部、东部。该文化遗址最大特色是所出土的玉器。挖掘自墓葬中的玉器包含有璧、琮、冠形器、玉镯、柱形玉器等诸多器型。此外，良渚陶器也相当细致。

良渚文化遗址中心位于杭州市余杭区西北部瓶窑镇，核心部位于古城"反山、莫角山、汇观山，11条水坝"均在瓶窑境内。1936年发现的良渚遗址，实际上是余杭县的良渚、瓶窑、安溪三镇之间许多遗址的总称，是长江下游良渚文化的代表性遗址，1959年依照考古惯例按发现地点良渚命名为良渚文化。遗址总面积约34平方千米。良渚遗址是人类早期文化遗址之一，实证中华五千年的新石器时代文化史，申遗成功标志着中华五千年新石器时代文化史得到国际社会认可。2019年7月6日，中国良渚遗址获准列入世界遗产名录。

资料来源：https://baike. so. com/doc/1175237 - 1243146. html? from = 167993&sid = 1243146&redirect = search

二、夏、商、西周时期

（一）夏、商、西周时期的历史概况

随着金属工具的出现，生产得到了进一步发展，社会产品开始有剩余。剩余产品的出现，产生了生产资料的私有制，出现了剥削阶级和被剥削阶级，奴隶社会出现。夏、商、西周是中国历史上的奴隶社会。从公元前2070年夏朝建立到公元前771年西周灭亡，历经1 000多年。

公元前2070年,夏启建立了中国历史上第一个王朝——夏,夏朝已经有了刑罚、监狱和军队,标志着国家的形成,也是人类社会进入文明社会的重要标志。公元前1600年,黄河下游的商部落在汤的率领下起兵攻夏,夏亡。商是继夏之后建立的奴隶制国家。商在300年间多次迁都,直到公元前1300年盘庚迁殷(今河南安阳西北小屯村)才使都城稳定下来,所以商代又被人们称为殷商。周文王和周武王先后建立都城丰京和镐京(在今西安市长安区沣河西侧和东侧,并称为"丰镐"),史称西周。

(二)夏、商、周时期的社会发展情况

夏朝的"观象授时"和夏朝的历法对我国古代文明的发展都起到了重要的作用。商朝减轻赋税、发展生产,使商朝成为当时世界上最强大的奴隶制王朝。这一时期,中国以青铜为主的冶金及其相关工业得到迅速发展,工农业和天文地理的兴盛带动了运输和贸易的发展,中国出现了完善的商业。

周朝实行分封制和宗法制,井田制是重要的农业经济制度,这些是周代奴隶制初期文明高度发展的体现。

宗法制度是由氏族社会父系家长制演变而来的,是贵族按血缘关系分配国家权力,以便建立世袭统治的一种制度。其特点是宗族组织和国家组织合二为一,宗法等级和政治等级完全一致。此制度确立于夏朝,发展于商朝,完备于周朝,对我国封建社会以至更长时期,都产生了深远的影响。西周时期实行的井田制是由原始氏族公社土地公有制发展演变而来,夏、商时就已实行,被西周所继承,而且发展日渐完备。井田制为西周奴隶制文明发展奠定了物质基础。春秋时期以后,随着生产力的发展,井田制逐渐被废除,被新的封建土地私有制所代替。

夏商周时期,形成了中国最古老的一种文字——甲骨文。甲骨文是迄今为止中国已发现的古代文字中年代最早、体系较为完整的古文字。甲骨文继承了远古时期陶文的造字方法,是殷商时期王室用于占卜记事而刻在龟甲兽骨上的文字,所以又被人们称为"殷墟文字""殷契"。19世纪末,在今河南安阳西北小屯村的殷墟,甲骨文被人们发现。

三、春秋战国时期

东周分为春秋和战国两个时期。春秋是指从公元前770年到公元前476年这一时间段,是我国奴隶制社会瓦解时期。"春秋"得名于鲁国的编年史《春秋》,"战国"之名则因诸侯国之间的连年战争而得名。春秋战国时期是我国古代历史上战乱纷争的时期,出现了社会的发展变革,这一变革促进了经济、政治、军事方面的空前繁荣。

（一）春秋战国时期的历史概况

1. 春秋五霸

春秋初期，周天子大势已去，各诸侯国为了扩大自己的势力，争夺更多的土地和人口，纷纷进行变法、发展生产，争当“霸主”，先后涌现出了齐桓公、宋襄公、晋文公、秦穆公、楚庄王五位强势的“霸主”，史称春秋五霸（另说春秋五霸是齐桓公、晋文公、楚庄王、吴王阖闾、越王勾践）。南方的吴、越也参加了争霸战争，并留下了“卧薪尝胆”的故事。

2. 战国七雄

公元前475年到公元前221年，各诸侯国之间的战争接连不断，在北起长城、南达长江流域，形成了齐、楚、燕、韩、赵、魏、秦七国并立的局面，史称“战国七雄”。

七雄并立，为争夺天下，各国相继开始变法，以巩固自己的统治。著名的有魏国的李悝变法，楚国的吴起变法，秦国的商鞅变法等。其中最成功的是商鞅变法，此次变法使秦国在急剧的社会变革中经济得以发展，军力得以加强，成为战国后期实力最强的国家，为统一中国奠定了基础。

（二）春秋战国时期的社会发展

在经济方面，春秋战国时期，我国发明了生铁冶炼技术。铁器和牛耕的推广，大大提高了农业、手工业生产水平。在发展农业的同时，各国都注重兴修水利工程。秦国蜀郡守李冰修筑的都江堰、水工郑国开凿的郑国渠都是防洪灌溉工程的典范。在手工业方面，青铜的制造工艺不断创新，出现了镶嵌工艺，称“金银错”。煮盐业也兴旺起来，尤以齐、燕的海盐和魏的池盐最为有名。丝织品也十分精美。随着农业和手工业的发展，商业和城市也兴盛起来。齐国的临淄、赵国的邯郸、魏国的大梁、楚国的郢都等都是当时繁华的商业城市。在思想文化方面，出现了我国历史上第一次思想大解放。私人讲学开始盛行，个人著书立说成为风气。各种学派不断涌现，形成百家争鸣的局面。此外，春秋战国时期，民族关系方面已经初步形成民族大融合的局面。

四、秦汉时期

（一）秦汉时期的历史概况

战国后期，经过商鞅变法的秦国一跃成为七国中最强大、富足的国家，秦王嬴政于公元前221年统一六国，建立了中国历史上第一个统一的多民族的中央集权的封建国家，都城咸阳。为了加强中央集权，嬴政称皇帝，并废除传统的分封制，实行郡县制，在全国推行多项有利于统一的措施。如统一货币、统一文字、统一度量衡、统一车轨等。这些措施的颁布与实行，巩固了国家的统一，促进了各地经济、文化的交流与发展。在统一六国后，秦始皇派大将蒙恬北击匈奴，夺回河套，并修筑了西起临洮，东至辽东的万里长城。在南方征服百越，修筑了世界上最古老的人工运河——灵渠，发展农业经济。统一的秦帝国领土广袤，成为当时世界上的大国之一。

秦末，因阶级矛盾的不断激化，导致了陈胜、吴广领导的中国历史上第一次农民起义。公元前206年，刘邦攻占咸阳，秦亡。

秦亡后，刘邦与项羽之间又进行了四年的“楚汉之争”，公元前202年，刘邦战胜项羽，建立汉朝，定都长安，史称“西汉”。汉初几代统治者注重总结秦亡的教训，采取了休养生息的政策，使农业生产得到恢复与发展，出现了“文景之治”的安定局面。汉武帝在位期间，颁布“推恩令”，削弱王权，解除了诸侯王国对中央的威胁；在思想上采纳了董仲舒的建议，“罢黜百家，独尊儒术”。西汉末年，土地兼并严重，外戚王莽夺权，改国号“新”。王莽即位后，力图通过改制来维持统治，但“王莽改制”失败，阶级矛盾被激化，导致绿林、赤眉农民起义爆发，王莽政权被推翻。

公元25年，在绿林军的协助下，刘秀称帝，定都洛阳，史称东汉，刘秀即为光武帝。刘秀调整了统治政策，社会得以安定，经济得以恢复和发展，户籍人口也增加了，史称“光武中兴”。东汉后期，朝政逐渐被外戚和宦官把持，政治腐败。公元220年，曹操之子曹丕逼迫献帝让位，建立魏，东汉灭亡，中国进入了一个长期分裂的时期——三国两晋南北朝时期。

（二）两汉时期的社会发展

西汉时将铸币和盐铁买卖权从诸侯国收归中央，统一使用“五铢钱”。农业上不仅牛耕、马耕和铁农具得到普遍推广，还出现了耦耕、犁耕和播种的耧车，使农田耕作效率大大提高。汉武帝还下令修筑六辅渠、白渠并治理黄河。手工业方面，在冶铁中开始使用煤做燃料，在制铜方面，工艺水平得到提高。纺织方面出现了提花机，使锦绣、绢纱等丝织品更加精美。

外交方面，西汉张骞两次出使西域，不仅打通了与西域各国的外交，将西域的名马、苜蓿、葡萄、核桃、胡萝卜引进中国，还将中国的丝织品、铁器、冶铁凿井技术传至西域，并开通了历史上著名的丝绸之路。东汉班超也出使过西域。另外，汉代时我国已与周边的朝鲜、日本有了文化上的交流。

五、三国两晋南北朝时期

(一) 三国两晋南北朝时期的历史概况

三国两晋南北朝是我国历史上又一个纷乱时期,但同时也是民族大融合时期。220 年曹操之子曹丕称帝建魏国。221 年,刘备称帝建蜀国。222 年,孙权称帝建吴国。至此,形成了"三国鼎立"的局面。

263 年魏灭蜀。265 年司马炎夺取政权,建晋朝,定都洛阳,史称西晋。280 年晋灭吴,实现了短暂的南北统一。316 年匈奴攻入洛阳,317 年西晋灭亡,同年西晋皇族司马睿在建康(今南京)称帝,史称东晋。同期的中国北方各族先后建起了前赵、前燕、北燕、南燕等 16 个政权,史称"十六国"。420 年东晋灭亡后,南方经历了宋、齐、梁、陈四朝,因均定都建康,史称南朝。北方地区北魏统一黄河流域后又分裂为东魏、西魏,以后又分别被北齐、北周取代。历史上统称北魏、东魏、西魏、北齐、北周为北朝。北朝与南朝并存,史称南北朝。

(二) 三国两晋南北朝时期的社会发展

北魏孝文帝时期,进行了改革。官员实行俸禄制,土地实行均田制,并迁都洛阳,穿汉服,改汉姓,接受汉族先进文化。孝文帝的改革促进了北方各民族封建化的过程,同时也促进了民族间的融合。孝文帝成为中国古代杰出的少数民族政治改革家。此时,北方的小麦推广到了江南,江南的稻田中开始使用绿肥。牛耕、粪肥也在江南得以推广,江南经济开始赶超中原。手工业中灌钢法的发明,大大提高了钢的质量,使兵器和农具的制造更加廉价和耐用。丝织业在江南也快速发展起来。

六、隋唐时期

(一) 隋唐时期的历史概况

公元 581 年,杨坚建立隋朝,定都长安。公元 589 年,隋灭陈,重新统一了中国。隋文帝杨坚统治时期,改革官制、创立三省六部制、实行均田制、减轻徭役、大兴科举,使社会得以安定,经济得以复苏,史称"开皇之治"。隋文帝死后,隋炀帝杨广即位,在位期间,开运河、修驰道、筑长城,给百姓带来了沉重的负担,加上隋炀帝多次发动战争,使得隋朝的危机日益加深,各地农民纷纷起义,加速了隋朝灭亡。

隋大业十三年(617 年)七月,隋太原留守李渊举兵反隋,618 年建唐朝,定都长安。唐太宗李世民即位后,吸取隋亡的教训,调整了统治政策。如善于纳谏、完善科举、任用贤臣等,使政治清明。690 年,武则天废掉唐睿宗称帝,称帝后,社会经济持续发展,到唐玄宗李隆基统治初期,唐王朝达到了全盛时期,史称"开元盛世”。唐玄宗统治后期，因其贪恋女色，重用奸臣，致使政治腐败，最终引发了“安史之乱”。763年，历时8年的“安史之乱”平息，这场内乱使大唐由盛转衰。907年朱温废唐自立，建后梁，唐亡。

（二）隋唐时期的社会发展

隋唐是我国封建经济繁荣发展时期。隋文帝时期，在政治上，创立三省六部制，对后世产生深远的影响；在选拔官吏上，废除九品中正制，开创科举制度；在经济上，实行均田制并改定赋税，减轻农民负担，还有一项重大的举措便是制定保闾制度，加强政府对户口的控制，完善了封建社会的户籍制度，也使国家的赋税大大增加；在律法上，隋文帝命人修订刑律，编成《开皇律》，虽然《开皇律》旨在维护封建统治秩序，但其废除了前代实行的许多酷刑，也反映了文明的进步；隋代开凿大运河，以东都洛阳为中心，北至涿郡，南达余杭，成为中国南北交通的大动脉，对南北经济交流起到了巨大作用。

唐太宗即位后的一系列政策的实施，使大唐王朝社会安定、经济发展、文化繁荣、国力强盛，史称“贞观之治”。唐代以粟和水稻为主；服装以丝、麻为原料。精美的陶瓷器皿是唐人的日常用品。农业上，唐代有了曲辕犁、筒车等更为先进的农具和灌溉工具，懂得利用时令每年增添一次耕作，使粮食产量大大提高。手工业上，唐代丝织业发达，尤以宋州、亳州的绢，益州、扬州、定州的绫锦最为著名。瓷器中邢州的白瓷被人们赞誉为“类玉”“类冰”；越州的青瓷则有“类雪”“类银”的美誉。唐代发明了流光溢彩、造型美观的唐三彩。宣州和益州的纸也十分畅销。

隋唐时期，日本遣唐使来中国十几次，将中国的许多文化因素植入日本。中国的文字、城市建筑、服饰、饮食、行政制度，甚至中国的马球、足球、围棋等都传到日本。鉴真和尚6次东渡终于到了日本，传播了大唐文化和佛教。玄奘去印度取经，完成了珍贵的《大唐西域记》。中国的丝绸、瓷器、纸张通过波斯远销西方，中亚、波斯的香料、药品、珠宝传进中国。中国的造纸术、纺织术、制瓷术经大食（阿拉伯）传到非洲和欧洲。

案例解读

大唐盛世——对中国文化的影响

唐朝是中国历史上很有影响力的王朝！唐朝同样也是中国封建社会最鼎盛的时期。唐代以后中国的封建王朝就开始走向衰落了，由于唐朝的影响力，现在世界上好多的外国人都称中国人为唐人！大唐的对外交流是中国历史上最活跃的，传播了中华文化，也使中国文化深刻地影响着世界。在政治上，唐为以后的封建统治提供了政治制度的基础，唐以后的封建王朝都深受唐朝三省六部制的影响。比起以前的三公九卿制，唐开创的三省六部制更加科学。在经济上，唐后期创建了两税制，相对于之前的井田制有了很大的发展，对中国传统农耕文化有很大的影响，也为中国后世的法律制定提供了经验。唐朝经济发达，使人民生活丰富多彩，为精神文化生活提供了必要的物质基础，也为唐朝的影响力奠定了基础！

唐朝是中华民族大融合的一个重要时期。唐初期的征战增加了人口的流动，也促进了民族之间的交流。

资料来源：https://wenku.so.com/d/f6d1ca1c995cba7d7233ee7be92fdc14（有删改）

七、五代十国、辽宋夏金时期

（一）五代十国、辽宋夏金时期的历史概况

五代十国、辽宋夏金时期是中国民族融合进一步加强和封建经济继续发展时期。

从907年朱温建后梁到960年北宋建立，在黄河流域先后经历了后梁、后唐、后晋、后汉、后周的统治，合称五代。同期的山西和南方则出现了10余个割据政权（吴、前蜀、楚、吴越、闽、南汉、荆南（南平）、后蜀、南唐、北汉等），被后世统称为十国。后世将这一时期称为五代十国时期。960年，后周大将赵匡胤在陈桥驿发动兵变，“黄袍加身”称帝，建北宋，定都东京（今开封）。赵匡胤采用“杯酒释兵权”的方式来收缴兵权，解除了石守信等大将的兵权，不断扩大禁军；采用派文官管理地方等多种手段来巩固皇权。916年北方契丹人建辽，1038年西北党项族建西夏。辽、西夏与北宋长期对峙，多次发生战争。“澶渊之盟”（北宋和辽订立的盟约。盟约规定：宋每年送给辽岁币银10万两、绢20万匹）后，宋辽维持了百年和平。宋与西夏也有议和协议，西夏向宋称臣，宋每年给西夏岁币。宋中期，因官俸与军费开支不断膨胀，付给辽和西夏“岁币”沉重，中央财政入不敷出，宋神宗启用王安石进行变法。但变法触及了大官僚、大地主阶级的利益，最终失败。公元1115年，原来在辽统治下的女真族首领完颜阿骨打，自己称帝建立了金。1125年金军联合北宋灭辽。1125年金军大举南侵，1127年，北宋灭亡。同年，康王赵构在临安（今杭州）建南宋，1279年南宋灭亡。

（二）五代十国、辽宋夏金时期的社会发展

北宋虽然不是完全意义上的统一王朝，但北宋社会手工业和商业都十分昌盛，不仅有夜市、早市，还出现了娱乐贸易场所“瓦子”。为了方便交易，出现了世界上最早的纸币“交子”。北宋的定窑（白瓷）、钧窑（彩瓷）、哥窑（裂纹图案的瓷）和景德镇生产出大量名瓷，金银钢铁矿产的开采量位居世界第一。

八、元明清时期

（一）元明清时期的历史概况

1206年成吉思汗一举统一了蒙古各部落，建立“大蒙古国”，被推为“蒙古可汗”，尊称“成吉思汗”，其后不断发动大规模战争，灭西夏和金。1271年，忽必烈改国号为元，建立元朝。1272年，定都于大都（今北京）。1276年元灭南宋，统一中国。元末，因政治腐败，灾荒连年，阶级矛盾、民族矛盾不断尖锐，1351年，韩山童、刘福通利用白莲教组织农民起义，因起义军用红巾裹头，故称红巾军。红巾军起义虽以失败告终，但农民军坚持斗争13年，对瓦解和推翻元朝的统治起到了决定性的作用。朱元璋于1368年正月，在应天府（今南京）称帝，国号明，建元洪武。同年攻占大都，元朝灭亡。1644年2月，李自成率领起义军攻破北京，崇祯帝自缢，明朝灭亡。努尔哈赤以父祖遗留的十三副铠甲起兵，统一女真各部，1616年在赫图阿拉建立大金，史称后金。之后以“七大恨”誓师，开始征讨明朝。经过萨尔浒大战，明朝由盛转衰，江河日下。1636年，皇太极称帝，改国号为清。李自成起义军灭亡明朝后，被胜利冲昏了头脑导致明朝山海关守将吴三桂“冲冠一怒为红颜”，打开山海关大门引清军入关。1644年清朝统治者入主中原，取代明王朝统治中国。清朝是中国历史上最后一个封建王朝。

（二）元明清时期的社会发展

元朝的疆域比以往任何朝代都要辽阔。为加强对全国的统治，忽必烈实行行省制，对后世影响深远。西藏在元代正式成为元的一个行政区，各民族融合进一步加强。元代，棉布成为江南人的主要衣料，棉花种植范围扩大到两广、福建和长江流域，松江成为棉纺织业的中心。那里生产的“乌泥泾被”远近畅销。黄道婆把从黎族人那里学过来的先进纺织技术传授开来，并改进了纺织工具。元代，意大利旅行家马可·波罗来到中国，居住了十几年，游历了很多地方，写下了著名的《马可·波罗行纪》，激起了欧洲人对东方文化的好奇与向往。

明朝建立之后，太祖朱元璋积极恢复生产，减轻农民负担，严整吏治，使得明王朝的社会经济得到恢复和发展，史称“洪武之治”。太祖皇帝为加强皇权颁布《大明律》，规定普天之下所有官民都必须无条件地服从皇帝。1382年，朱元璋设立了锦衣卫，来专门保卫皇帝并从事秘密特务活动，这样极大地削弱了权贵的力量，而大大集中了皇权。明成祖朱棣在位期间，修成了中国历史上最大的一部类书——《永乐大典》；军事上纳安南入明朝版图，攻打鞑靼和瓦剌，安抚东北女真各部；外交上派郑和下西洋，与南洋各国交往及宣示威德并建立朝贡体制。由于这一时期明朝疆域辽阔、国力昌盛，史称“永乐盛世”。在明朝中后期，江南地区工商业经济得到快速发展。江南丝织业中心——苏州出现的“机户”与“机工”之间的雇佣关系，表明当时的社会中已出现资本主义萌芽，当时的社会已处在封建生产关系的末期。

清朝的努尔哈赤在统一女真各部过程中，创建了“兵农合一”的八旗制度，之后又创建绿营制度等军事制度。在政治上，清朝设置军机处进一步加强皇权，大兴文字狱，用以控制思想和言论。在经济上，清朝开垦荒地、移民边区及推广新作物以提高生产量，使得农业生产持续发展、耕地面积扩大。在社会稳定、经济快速发展、人口增长迅速、疆域辽阔的情况下，中国迎来了封建社会最后一个盛世——康乾盛世。清朝的闭关锁国政策，制约了社会文明的发展。1840 年英国侵略者的枪炮敲开了中国大门，中国从此陷入最为黑暗的半殖民地半封建社会之中。经过一个多世纪的抗争，1949 年中华人民共和国成立，开创了历史的新纪元。

每日一练 自己试着和同学一起交流，总结中国古代历史的发展脉络。

任务小结 完成本任务后，请进行自我测试：你是否已明确我国古代历史的发展进程及每个时期的社会发展情况？

任务 2　中国古代文化与哲学

任务提示 本任务将引领你赏析中国古代文化与哲学。

任务先行 中国古代文化有哪些特点？有哪些典型代表？

案例解读

儒家学派创始人——孔子

孔子（公元前 551—公元前 479 年），名丘，字仲尼，鲁国陬邑（今山东曲阜东南）人，春秋末期思想家、教育家。

孔子是儒家学派创始人，也是中国哲学的奠基人之一。在春秋末年宗法封建等级制度土崩瓦解、礼坏乐崩的情况下，他对礼乐文化加以反思，将其精神实质抽绎出来，建构起标志着儒学诞生的思想体系。孔子有弟子三千，其中贤人七十二。孔子曾带领部分弟子周游列国十三年，晚年修订《诗》《书》《礼》《乐》《易》《春秋》六经。去世后，其弟子及再传弟子把孔子及其弟子的言行语录和思想记录下来，整理编成《论语》。该书被奉为儒家经典。

资料来源：https://baike. so. com/doc/5346943-5582390. html（有改动）

点评

孔子是当时社会上最博学者之一，在世时就被尊奉为“天纵之圣”“天之木铎”，更被后世统治者尊为孔圣人、至圣、至圣先师、大成至圣文宣王先师。其思想对中国和世界都有深远的影响，被列为“世界十大文化名人”之首。

一、中国古代文学

中国文学分为古典文学、现代文学与当代文学。古典文学以唐宋诗词及四大名著为代表,现代文学以鲁迅小说为代表,当代文学则以具有独立思想的中国自由文学为标志。本节我们主要了解中国的古代文学。

(一)古代诗歌

诗歌是中国文学中产生最早的艺术形式之一,《诗经》是最早的一部诗歌总集,其中最早的诗篇产生于西周初年,最晚的产生于春秋中叶,分为风、雅、颂三部分。紧接着,又兴起了一种新的诗体——楚辞,楚辞是在楚国民歌的基础上加工、提炼而来。《诗经》中的《国风》和屈原的《离骚》是中国古代诗歌的两个典范,分别开创了中国文学现实主义和浪漫主义的诗歌传统。

汉代出现汉赋和乐府诗。司马相如的《子虚赋》《上林赋》,班固的《两都赋》,张衡的《二京赋》等均为汉赋中的精品。汉武帝时,设有采集各地歌谣和整理、制定乐谱的机构,名叫"乐府"。后来,人们就把这一机构收集并制谱的诗歌,称为乐府诗,或者简称乐府。《陌上桑》、《孔雀东南飞》、《木兰诗》(《木兰辞》)等,都是乐府长篇叙事诗中的瑰宝。《孔雀东南飞》与《木兰诗》合称"乐府双璧"。

到唐代,古典诗歌进入鼎盛时期,出现了李白、杜甫、白居易等世界闻名的伟大诗人。王勃因其诗流利婉畅,宏放浑厚,独具一格,人称"诗杰"。李白因其诗想象力丰富奇特,风格雄浑奔放,色彩绚丽,语言清新自然,被誉为"诗仙"。杜甫因其诗紧密结合时事,思想深厚,境界广阔,人称"诗圣"。王维不少诗歌中有浓厚佛教禅宗意味,以禅入诗,人称"诗佛"。白居易因其作诗非常刻苦,"酒狂又引诗魔发,日午悲吟到日西",人称"诗魔"。刘禹锡因其诗沉稳凝重,格调自然格律粗切,被称为"诗豪"。

词,最初起源于汉,至唐、五代时期发展成熟,大盛于两宋,被称为"宋词",成为可与唐诗并列的中国文学的另一座高峰,出现了苏轼、辛弃疾、欧阳修、柳永、李清照等一大批杰出的词作家。南宋后期,词逐渐失去了和乐能力,而出现了以胡乐结合北方民间的俚曲,配入通俗化语言而形成的新诗歌样式——散曲。散曲具有浓厚的市民文学色彩,并且具有以往诗歌中少见的诙谐和幽默,给诗坛注入一股清新的空气。散曲在元代得到迅速发展,成为中国诗歌史上最兴盛的体裁之一。宋词、元曲兴起以后,传统诗歌仍在创作,杰出的诗人有黄庭坚、陆游等。宋、元、明、清各代都留下大量诗作,而且各具特色,但总的成就都没有超过唐代。

(二)小说

小说是以刻画人物形象为中心,通过完整的故事情节和环境描写来反映社会生活的文学体裁。中国古代小说始于魏晋南北朝时期,至明清时期达到繁荣。

魏晋时期的志怪小说和笔记小说极有特色,代表作是干宝的《搜神记》和刘义庆的《世说新语》。唐朝产生了传奇小说,如陈鸿的《长恨歌传》、李朝威的《柳毅传》等都是这一时期的名作。明清是小说创作的高峰期。明代罗贯中的《三国演义》、施耐庵的《水浒传》、吴承恩的《西游记》和清代曹雪芹的《红楼梦》,被称为中国古典小说四大名著。明代兰陵笑笑生的《金瓶梅》是我国第一部文人创作的长篇世情小说。清代蒲松龄的《聊斋志异》是我国古代文言短篇小说的高峰。

(三)戏剧戏曲

中国戏剧起源于原始社会的民间舞蹈。中国的戏曲与希腊悲剧和喜剧、印度梵剧并称为世界三大古老的戏剧文化,经过长期的发展演变,逐步形成以京剧、越剧、黄梅戏、评剧、豫剧五大戏曲剧种为核心的中华戏曲百花苑。中国戏曲剧种繁多,据不完全统计,中国各民族地区的戏曲剧种约有 360 多种,传统剧目数以万计。比较著名的戏曲种类有昆曲、坠子戏、粤剧、淮剧、川剧、秦腔、晋剧、汉剧、河北梆子、河南越调、河南坠子、湘剧、黄梅戏、湖南花鼓戏等。

西周末年出现了专供贵族娱乐的艺人"优"。唐代宫廷专门设立"梨园"作为训练艺人的场所。宋金时期产生了"杂剧",包括各种滑稽表演和歌舞。南宋时在浙江温州产生了"南曲戏文",简称"南戏"。南戏是一种由歌、念、诵、舞等组成的综合艺术。

元代文学成就最突出的是元曲,包括杂剧和散曲两种。元曲反映了当时的社会生活,对以后中国戏剧艺术的发展产生了深远的影响。关汉卿、马致远、郑光祖、白朴合称"元曲四大家"。代表作有关汉卿的《窦娥冤》、王实甫的《西厢记》、马致远的《汉宫秋》、白朴的《墙头马上》等。

明中叶,南戏发展成为传奇戏,并出现各种不同的声腔,其中的海盐腔、余姚腔、弋阳腔和昆山腔对后世的戏曲具有深远影响。

清代,各种声腔所代表的地方文化争奇斗艳,形成了昆腔、高腔、柳子腔、梆子腔、皮黄腔等五大声腔体系。清代中叶,"四大徽班"进京后,博采众长,形成了中国戏剧的代表剧种——京剧。京剧以演历史故事为主,传统剧目有 1 300 多种,其中广为流传的有《四郎探母》《武家坡》《群英会》《空城计》《三岔口》等。抗战时期,陕甘宁边区对传统京剧进行改编,编演了《逼上梁山》《三打祝家庄》等新剧目。

案例解读

中国京剧表演艺术大师——梅兰芳

梅兰芳的爱国主义精神和气节让国人肃然起敬。

中华民族长期以来饱受欺凌,以至于"温和善良"等优秀品质几乎成了"胆小怯懦”的代名词。但就在日本全面侵华期间(1937—1945),居住在敌占区上海的梅兰芳一改往日温文尔雅的形象,蓄起了胡须,拒不为敌人登台献艺!

凭借其超凡的刚毅和勇气,梅兰芳克服了林林总总的困难。为了养家糊口,接济同行,他抵押和变卖了自己的财产,并努力依靠绘画维持生计。

梅兰芳的一生,体现了不断革新、精益求精的敬业精神,他将诸多艺术领域的创作思想融于京剧艺术舞台表演之中,使京剧旦行的唱腔、表演艺术臻于完美的境界,成为旦行中影响深远的流派。

资料来源:https://zhidao.baidu.com/question/512760147.html(有删改)

案例解读

梨　园

梨园,中国唐代训练乐工的机构。《新唐书・礼乐志》载:“玄宗既知音律,又酷爱法曲,选坐部伎子弟三百教于梨园,声有误者,帝必觉而正之,号‘皇帝梨园弟子’。”可知为玄宗时宫廷所设。梨园的主要职责是训练乐器演奏人员,与专司礼乐的太常寺和充任串演歌舞散乐的内外教坊鼎足而三。后世遂将戏曲界习称为梨园界或梨园行,戏曲演员称为梨园弟子。

梨园,原是唐代都城长安的一个地名,因唐玄宗(唐明皇)李隆基在此地教演艺人,后来就与戏曲艺术联系在一起,成为艺术组织和艺人的代名词。

“梨园”的来历,在清乾隆时的进士孙星衍于嘉庆九年(1804 年)所撰写的《吴郡老郎庙之记》中载:“余往来京师,见有老郎庙(指玄宗)之神。相传唐玄宗时,庚令公之子名光者,雅善(霓裳羽衣舞),赐姓李氏,恩养宫中教其子弟。光性嗜梨,故遍植梨树,因名曰梨园。后代奉以为乐之祖师。”现代人李尤白撰写的《梨园考论》中,考证了梨园的来历。唐中宗时期(705—710 年),梨园只不过是皇家禁苑中与枣园、桑园、桃园、樱桃园并存的一个果木园。果木园中设有离宫别殿、酒亭球场等,是供帝后、皇戚、贵臣宴饮游乐的场所。后来经唐玄宗李隆基的大力倡导,梨园的性质起了变化,由一个单纯的果木园圃,逐渐成为唐代的一座“梨园子弟”演习歌舞戏曲的梨园,是我国历史上第一座集音乐、舞蹈、戏曲的综合性“艺术学院”。李隆基自己担任了梨园的崔公(或称崖公),相当于校长(或院长)。崔公以下有编辑和乐营将(又称魁伶)两套人马。李隆基为梨园搞过创作,还经常指令当时的翰林学士或有名的文人编排节目,如诗人贺知章、李白等都曾为梨园编排过上演的节目。

李隆基、雷海青、公孙大娘等人都担任过乐营将的职务。他们不仅是才艺极高的著名艺人,又是诲人不倦的导师。诗人杜甫在他的《观公孙大娘弟子舞剑器行》一诗中,咏叹公孙大娘的舞姿豪迈奔放:“爧如羿射九日落,矫如群帝骖龙翔。

来如雷霆收震怒,罢如江海凝青光。”并在这首诗的序言中说过,有一位书法家名张旭,看了公孙大娘的剑器舞后,他的草书有了很大的长进。唐玄宗李隆基依靠这些杰出的创作人员和导演,造就了一大批表演艺术家。唐玄宗时期(712—756年),封建经济和文化的发展达到了前所未有的高度,不仅造就了一批中外闻名的文学家和诗人,在舞蹈和音乐等艺术领域里也取得了杰出的成就。在中国戏曲史上占有重要地位的“梨园”,就产生在唐代这块沃土之中。

资料来源:https://baike.so.com/doc/5573816-5788231.html(有删改)

(四)中国古代书法

1. 中国古代书法的发展历程

汉字有着悠久的历史,从汉字的发展来看,可以分为古文字时期和今文字时期,古文字时期指自甲骨文至小篆时期。殷墟甲骨文是迄今为止所发现的最古老的汉字体系。金文是铸或刻在青铜器上的古代文字。篆书是指从西周到春秋战国时代的秦国官吏使用的文字,分为大篆和小篆两种。今文字时期指从隶书到楷书时期。隶书是经过简化、草化篆书演变而来的一种书体。因秦国官吏最先使用并在秦朝时整理,故称秦隶。汉代的隶书称为“汉隶”“今隶”。“隶变”是汉字史上的一次质的飞跃。楷书是从隶书发展演变而来的,兴于汉末,盛行于魏晋,完全成熟于唐代,一直沿用到今天,是通行时间最长的标准字体。草书是隶书的草写体,起源于西汉,称为“隶草”;东汉章帝时盛行,称为“章草”。行书产生于东汉末年,由楷书变化而来,盛行于晋。

2. 中国古代书法的代表人物及代表作

战国时期秦系文字书风的石鼓文被称为“书家第一法则”。小篆的代表作为《峄山碑》《泰山刻石》,碑文为李斯所书。东汉是隶书艺术的高峰,其代表作有《礼器碑》《张迁碑》《曹全碑》《华岳庙碑》《石门颂》等。东汉之后的三国至魏晋南北朝,是隶书向楷书过渡时期。钟繇与王羲之并称为“钟王”。王献之,王羲之第七子,传世楷书作品有刻本《洛神赋》,又称“玉版十三行”。初唐有欧、虞、褚、薛四大家,都以楷书见长。欧阳询的代表作为《九成宫醴泉铭》。虞世南的代表作为《夫子庙堂碑》。褚遂良的代表作为《孟法师碑》。唐朝后期的颜真卿是“颜体”的开拓者,是中国书法史上继王羲之之后的又一位划时代人物,代表作有《多宝塔碑》《颜勤礼碑》等。王羲之的《兰亭序》被称为“天下第一行书”。宋行书代表者是苏、黄、米、蔡四大家。苏轼的代表作有《前赤壁赋》《黄州寒食诗帖》等。黄庭坚有《松风阁诗》《寒食诗跋》《经伏波神祠诗》等。米芾为书画家、书画理论家,传世有《蜀素帖》《多景楼诗》《虹县诗卷》等。蔡襄行书则以温淳婉媚的特色而著称。张旭有《草书古诗四帖》传世。怀素,创造了“狂草”,称“以狂继癫”,传世草书名作有《苦笋帖》《食鱼帖》《论书帖》《自叙帖》等。

（五）中国古代绘画

在世界画坛上，唯有中国画以国家名称命名。中国画代表着中华民族艺术创造的精神，也代表着中华民族的审美心理和审美习惯。中国画伴随着中华民族发展的整个过程，分为多种形式门类。绘画门类与风格的形成，往往受到人文地理、社会政治以及绘画所使用材料等众多因素的影响。按照绘画题材，中国画的基本画科主要分为人物、山水、界画、花鸟四大类。

在中国绘画史上，出现过不同的绘画流派及其领军画家，创作出了许多著名的绘画作品。“元四家”指黄公望、王蒙、倪瓒和吴镇。吴门画派主要代表人物如沈周、文徵明等名家，因苏州为古吴都城，故有吴门之谓。“清初四僧”，是指明末清初四个出家为僧的画家：原济（石涛）、朱耷（八大山人）、髡残（石谿）和渐江（弘仁）。清四王，是指清朝初期以王时敏为首的四位著名画家：王时敏、王鉴、王原祁和王翚。扬州八怪，是清康熙中期至乾隆末年活跃于扬州地区的一批风格相近的书画家总称，美术史上也常称其为“扬州画派”一般指金农、郑燮、黄慎、李鱓、李方膺、汪士慎、罗聘、高翔。“海上画派”代表画家有“清末海派四杰”：赵之谦、虚谷、任伯年、吴昌硕和蒲华。岭南派创始人为高剑父、高奇峰、陈树人，简称“二高一陈”。

二、中国古代哲学

（一）中国古代哲学发展概述

中国古代哲学大约萌芽于殷、周之际，成形于春秋末期，战国时期已出现百家争鸣的繁荣局面。

西周的第一个统治者是周武王，周武王病逝后，国家的统治权转到他的弟弟周公手中。周公制礼作乐，维系社会的平衡与团结，使世人关注的重心从鬼神转向人事。这种以“人”为本的思想深刻地影响着中国文化，并成为中国古代哲学的萌芽。

春秋末年的孔子开创了中国最重要的哲学门派——儒家。儒家成为官学以后，其经典著作被大力推广，其他哲学门派则多潜藏在中国文化的各个层次，有的也融合在儒家思想当中。春秋战国时期，礼崩乐坏，诸侯异政，百家异说。《汉志》所录竟达 189 家，造就了中国哲学的第一个高峰。汉代学者以“九流十家”来概括总结先秦诸子学术。九流十家具体指墨家、儒家、道家、法家、名家、杂家、农家、阴阳家、纵横家、小说家，九流则是将小说家除去。

唐宋之际，外来文化与本土文化、官方文化与民间文化碰撞，矛盾尖锐。韩愈在唐朝一片大乘佛学的思潮及社会风气中，倡导恢复中国儒家思想的传统，开启宋明时代新儒学思想发展的大方向。李翱对宋明儒学的理论方向之确立，有极大影响。北宋时期的石介、胡瑗、孙复被称为“宋初三先生”，但实际的开创者为北宋五子，即邵雍、周敦颐、张载、程颢、程颐。

明清时期的哲学在理论思维水平方面，达到了中国古代哲学发展的新高度。黄宗羲、顾炎武、王夫之、颜元、李塨、唐甄、戴震等人对程朱、陆王唯心主义，特别是“去人欲，存天理”的伦理思想的批判，是封建社会孕育的早期资本主义萌芽在哲学上的表现，预示着古代哲学的终结和新时期哲学的到来。

时至近代，“强国保种”“救亡图存”成为第一时务。中国哲人论“古今中西”，求自强图新之道，引入西学，会通中西，形成一种影响至今的不中不西、亦中亦西的新文化。

总之，中国哲学之兴衰，系于中国社会之兴衰，同时也造就了民族精神的个性与内涵。

（二）中国古代哲学知识

1. 诸子百家

诸子百家是先秦至汉初各种学术派别的总称。“诸子”，是指这一时期思想领域内反映各阶层利益的思想家及其著作，也是先秦至汉初各种政治学派的总称，属春秋后才产生的私学。关于诸子百家的划分，最早源自司马迁的父亲司马谈。他将“百家”首次划分为“阴阳、儒、墨、名、法、道”六家。后来又出现了杂家、农家、小说家、纵横家、兵家、医家。主要代表人物有孔子、孟子、墨子、荀子、老子、庄子、列子、韩非子、商鞅、申不害、许行、告子、杨子、公孙龙子、惠子、孙武、孙膑、张仪、苏秦、田骈、慎子、尹文、邹衍、吕不韦等。其中以孔子、老子、墨子为代表的三大哲学体系，形成百家争鸣的繁荣局面，为中国文化发展奠定了坚实的基础。

2. 儒家

儒家的创始人是孔子，是春秋战国时期重要的哲学学派之一。孔子一生致力于宣传推行自己的主张，共培养弟子 3 000 多人，其中比较著名的有 72 人。儒家在先秦时期和诸子地位平等，在秦始皇“焚书坑儒”时受到重创。汉武帝为维护专制统治采纳董仲舒“罢黜百家，独尊儒术”的建议，儒家遂成为历朝历代的官方学说。

“仁”是孔子学说的核心，也是儒家思想的核心。孔子主张“仁者，爱人”，其方式是“己所不欲，勿施于人”，只要做到“仁”，最终就会达到“圣人”的境界，家庭就会父慈子孝、兄友弟恭，对于国家，就实现了“仁政”。儒家强调教育的功能，认为重教化、轻刑罚是国家安定、人民富裕幸福的必由之路，主张“有教无类”“因材施教”，这些都是我国传统思想中的精华。

儒家的代表人物有孔子、孟子（尊称为“亚圣”）、荀子、董仲舒、二程（程颢、程颐）、朱熹、王阳明（王守仁）。南宋以后，理学成为占主导地位的官方学说。理学亦称“道学”，是一种糅合儒佛道学说的新儒学。朱熹是宋代理学的集大成者，朱熹的《四书章句集注》成为钦定的教科书和科举考试的标准。

3. 道家

道家是春秋战国时期重要的哲学学派之一，创始人为老子。战国时期发展成为以庄子为代表的学派，至魏晋时出现了以何晏、王弼为代表的“玄学”形式。道家思想的核心存在于《老子》一书中。老子学说以“道”为核心，认为天道无为、主张道法自然，提出无为而治、以雌守雄、以柔克刚、刚柔并济等政治、军事策略；具有朴素的辩证法思想，同时主张清静、淡泊名利、寄情山水。《老子》中不但有自然哲学、认识论，还有社会、人生、养生哲学等，他的很多思想奠定了中国传统文化思想的基础。

道家的另一位代表人物是庄子。庄子思想的特点是：玄思奇想，旷达高越，追求个性，恣肆无羁。庄子仍以“道”为宇宙本原，但给予了更具体的说明。庄子在哲学上是相对主义者，他提出“方生方死，方死方生；方可方不可，方不可方可”等。庄子以自己独有的语言发展了老子学说，他的思想有追求个性解放、批判现实的一面，也有消极的一面。庄子的学说在思想、哲学、美学史上都有非常重要的地位和价值。

4. 墨家

墨家约产生于战国时期。创始人为墨翟（墨子）。墨家的主要思想主张是：人与人之间平等地相爱（兼爱），反对侵略战争（非攻），推崇节约、反对铺张浪费（节用），重视继承前人的文化财富（明鬼），掌握自然规律（天志）等。

墨家学说代表了以手工业者为主的下层百姓利益，虽然自西汉便中断了，但它的思想总是与后世农民起义或革命的愿望相通。

5. 法家

法家是中国历史上提倡以法制为核心思想的重要哲学学派。战国末期韩非子对前人的学说加以总结、综合，集法家之大成。其范围涉及社会改革、法学、经济学、金融、货币、国际贸易、行政管理、组织理论及运筹学等。

法家是战国时期平民的政治代言人，强调“不别亲疏，不殊贵贱，一断于法”。法家思想作为一种主要派系，提出了至今仍然影响深远的以法治国的主张和观念，以及把法律视为一种有利于社会统治的强制性工具，这些体现法制建设的思想，一直被沿用至今，成为中央集权者稳定社会的主要统治手段，对现代法制的影响也很深远。法家的代表人物有李悝、商鞅、韩非。代表作有《法经》《韩非子》等。《法经》是中国历史上第一部比较系统的封建成文法典，它的制定者是战国时期著名的改革家李悝。《韩非子》的作者是韩非，系法家思想的集大成者。

6. 兵家

兵家是中国先秦、汉初研究军事理论，从事军事活动的学派，诸子百家之一。兵家的代表人物有春秋时孙武、司马穰苴，战国时孙膑、吴起、尉缭，汉初张良、韩信等。兵家主要著作有《孙子兵法》《孙膑兵法》等。兵家著作中含有丰富的朴素唯物论和辩证法思想。《孙子兵法》被誉为“世界古代第一兵书”。不但军事家，企业家、商业家也从中寻求韬略和经营管理思想。

每日一练 试着和同学一起交流，总结古代文化有哪些成就。

任务小结 完成本任务后，请进行自我测试：你是否已了解我国古代文化的发展历程及主要成就？

任务3 中国古代科学技术

任务提示 本任务将引领你赏析中国古代科学技术的发展历程。

任务先行 中国古代有哪些先进的科学技术？

案例解读

记录日食最早的国家

夏朝仲康时代记载的一次日食，是世界上现知最早的一次日食记录，所以最早记录日食的国家是中国。

夏朝太康死后，仲康继位。仲康吸取了前朝的教训，进行了全面的整顿，设立司天的职官羲和，任命胤侯执掌兵权。在这期间，某一个朔日，突然发生了一件对当时人来说惊天动地的大事：前一刻还光芒四射的太阳此刻正一点一点地消失，天色顿时由灰变暗。按照当时的天文知识和宇宙思想，一旦日食出现，则被认为是“天狗食日”，是上天给人类的警告，预示国家将有大的灾难发生，而且这是一个可能会危及帝王地位或者性命的灾难。因为帝王被认为是上天的使者，所以只有帝王亲自率领众臣到殿前设坛焚香舍钱，太阳才能被重新召回，灾难也将避免，整个过程被称为“救日”。

这个事件在古文《尚书・胤征》中，有较为详细的记载。司马迁在《史记・夏本纪》中记载：“帝仲康时，羲和湎淫，废时乱日，胤往征之，作《胤征》。”这是我国，也是世界上第一次关于日食的记载。

资料来源：马兰，和中国文化有关的600个趣味问题[M]天津：天津人民出版社，2015：240.

点评

中国古代的天文历法是世界上发展最早的国家之一，也是成就最突出的国家之一。几千年前，我国人民就已经开始进行天文观测。在我国古籍中，无论是对太阳、月亮、行星、彗星、新星、恒星，还是对日食和月食、太阳黑子、日珥、流星雨等罕见现象，都有悠久而丰富的记载。这些记载对现代天文学研究具有重要的参考价值。

中国古代的科技文化成就，一度代表了当时世界上最高水平，对人类文明和社会发展起到重要的推动作用，也曾经在很长一段时间内在世界上独领风骚。中国古代人民以自己的聪明才智，在科学技术方面取得了丰硕的成果。

一、中国古代的天文历法成就

我国古代的天文学可以追溯到公元前 2 000 多年的尧帝时代。在尧帝时期，就设立了专职的天文官专门从事“观象授时”。历经了几千年，我国的古代天文学取得了辉煌的成就。

春秋时期，中国留下了世界上公认的首次哈雷彗星的确切记录。《春秋》记载，公元前 613 年，“有星孛入于北斗”，即指哈雷彗星，这一记录比欧洲早 600 多年。另外春秋时期我国历法已经形成自己固定的系统，基本上确立 19 年 7 闰的原则，这比西方早 160 年。战国时期，世界上最早的天文学著作《甘石星经》出现，其中有丰富的天文记载，反映了那个时期人们对天文的认识。

汉武帝时，天文学家制定出中国第一部较完整的历书《太初历》，开始以正月为岁首。西汉关于太阳黑子的记录，被世界公认为是有关太阳黑子的最早记录。

东汉时，张衡从日、月、地球所处的不同位置，对月食做了最早的科学解释。另外张衡还发明制作了候风地动仪，可以遥测千里以外地震发生的方向，比欧洲早 1 700 多年。除以上的贡献外，他还制造出了重要的天文仪器——浑天仪。

唐朝最有成就的天文学家僧一行制定了《大衍历》。《大衍历》结构严谨，条理分明。《大衍历》的制定，对太阳月亮运动不均匀现象有了正确全面的了解。通过实际观测，破除了 1 000 年来流传的“寸差千里”的谬说。在计算方法上，《大衍历》创不等间距二次差内插法的公式，比《皇极历》的方法进步了很多，这是我国科学思想史上的一大进步。

北宋科学家沈括把二十四节气和十二个月统一起来，创制了“十二气历”，有利于农事安排。元初中央设立太史局编制新历法。元朝杰出天文学家郭守敬创制了简仪和高表等天文观测仪器，主持了全国范围的天文测量。郭守敬还主持编定《授时历》，一年的周期与现行公历基本相同，但问世比现行公历早 301 年。

明代徐光启等人吸收西洋历法成果编成《崇祯历书》。明代安装了中国第一架天文望远镜，名为筩，其意思为“筒”。

明代著名的律学家、历学家朱载堉认为当时的历法计算每年的长度不是十分精确，他经过仔细观测和计算，求出了计算回归年长度值的公式。在 1986 年，专家们用现代高科技的测量手段对朱载堉关于 1554 年和 1581 年这两年的计算结果进行了验证，验证发现，朱载堉计算的 1554 年的长度值与我们今天计算的长度值相比仅差 17 秒，1581 年的差 21 秒。这不能不令世人震惊，就连欧美的专家学者都啧啧称奇。他也是我国历史上第一个精确计算出北京的地理位置的人。

二、中国古代的数学成就

数学是中国古代科学中一门重要学科，其发展源远流长，成就辉煌。春秋时期，私学开始出现。最晚在春秋末年人们已经掌握了完备的十进位值制记数法，普遍使用了筹算这种先进的计算方法。人们已谙熟九九乘法表（九因歌）、整数四则运算，以及乘方、开方等较复杂运算，并可以对零、负数和分数做出表示与计算。中国的筹算还促成了印度-阿拉伯数字体系。这一时期出现了世界上最早的星表之一。测定了比较精确的回归年长度。

东汉时期《九章算术》成书，分九章介绍了许多算术命题及其解法，是当时世界上最先进的应用数学，它的出现标志着中国古代数学形成了完整的体系。《九章算术》是中国古代第一部数学专著，内容十分丰富，系统总结了战国、秦、汉时期的数学成就。同时，《九章算术》在数学上还有其独到的成就，不仅最早提到分数问题，也首先记录了盈不足等问题，《方程》章还在世界数学史上首次阐述了负数及其加减运算法则。它是当时世界上最简练有效的应用数学。后世的数学家，大都是从《九章算术》开始学习和研究数学知识的，唐宋两代更是由国家命令规定为教科书，并流传到日本和朝鲜，对其古代数学的发展产生了重大的影响。

魏晋至唐初是中国数学理论体系建立期。数学家刘徽最早主张用逻辑推理的方式来论证数学命题，其所著《九章算术注》及《海岛算经》，是我国最宝贵的数学遗产，奠定了他在中国数学史上的不朽地位。南朝数学家祖冲之在世界上第一次把圆周率数值精确到小数点后 7 位（3.141 592 6 ~ 3.141 592 7），这一成果比欧洲早了约 1 000 年，他的专著《缀术》对数学发展有杰出的贡献。唐中叶至宋元是中国数学的高潮。大科学家沈括（1031—1095）对数学有独到的贡献。在《梦溪笔谈》中首创隙积术，开高阶等差级数求和问题之先河，又提出会圆术，首次提出求弓形弧长的近似公式。

明代八股取士，思想禁锢严重，数学研究发展缓慢。明代珠算产生并得到普及，出现了一批有关珠算的著作。其最著名者为程大位的《算法统宗》（1592 年）。此书适应商业发展的需要，以珠算盘为主要计算工具，并载有珠算开方法。朱载堉首创利用珠算进行开平方，研究出了数列等式，在世界上最早解答了已知等比数列的首项、末项和项数，解决了不同进位制的小数换算，其中某些演算方法一直沿用到今天。16 世纪末，利玛窦等欧洲传教士来华，与徐光启等一起翻译《几何原本》等著作。后来，传教士们又引入了三角学、对数等西方初等数学，从此，中国数学开始了中西会通的阶段。清朝近 300 年，留下数学著作极多，都在不同程度上融会中西数学。康熙皇帝命人编纂《数理精蕴》53 卷，全面系统地介绍了当时传入的西方数学知识，对清朝数学产生了巨大影响。梅文鼎整理和阐发中国古代的历算学，同时也研究和介绍西洋科学，著有天文、历法、数学方面的书籍达 86 种，其著作《中西数学通》，几乎总括了当时世界数学的全部知识，达到当时中国数学研究的最高水平。明安图著有《割圆密率捷法》是中国用解析方法对圆周率进行研究的第一人。李善兰独立发明对数微积分，并在组合恒等式方面提出李善兰恒等式。1872 年撰《考数根法》，是中国质数论方面最早的著作。

三、中国古代的医药学成就

（一）中国古代中医药的发展及著作

1. 先秦时期

扁鹊是战国时期最著名的医生，后代把他奉为“脉学之宗”，他采用望闻问切四诊法。切脉（从脉象中诊断病情）是扁鹊的主要成就。四诊法成为我国中医的传统诊病法，2 000 多年来一直为中医所沿用。此时期中医学理论初步建立。

2. 两汉、晋时期

战国问世、西汉编定的《黄帝内经》成为我国现存最早的一部医书。它奠定了祖国医学的理论基础。东汉的《神农本草经》是中国第一部完整的药学著作。东汉末年的民间医生华佗擅长针灸和外科手术，被人誉为“神医”。他发明了“麻沸散”，成为世界上最早采用全身麻醉方法治病的医生。华佗还模仿动物，创造性地发明了医疗体操“五禽戏”。东汉末年的名医张仲景，被称为“医圣”，其代表作《伤寒杂病论》阐述了中医理论和治疗的原则，奠定了中医治疗学的基础，是后世中医的重要经典。晋太医王叔和著《脉经》，是我国现存第一部脉学专著。东晋炼丹家葛洪编著的《肘后备急方》是一部颇有实用价值的医书。

3. 隋唐时期

唐朝杰出的医学家孙思邈，以一生精力记载 5 000 多个药方，写出巨著《千金要方》，全面总结历代和当时的医药学成果，并有许多创见，在我国医药学历史上占有重要地位。人们尊称他为“药王”。唐高宗时期编修的《唐本草》，是世界上最早的、由国家颁行的药典。

案例解读

我国历史上著名的医药学家和养生学家——孙思邈

孙思邈是养生学和医学相结合的集大成者,更是中国历史上著名的寿星,寿高101岁。这给他的医术和养生方法增添了更多的神秘色彩,以至于他在道教中被奉为“真人”,在中医学界被尊为“药王”。孙思邈是京兆华原(今陕西铜川市耀州区)人,自幼聪颖好学,自谓“幼遭风冷,屡造医门,汤药之资,罄尽家产”。他18岁立志学医,“颇觉有悟,是以亲邻中外有疾厄者,多所济益”,20岁时精通诸子百家学说,善言老庄,兼好佛典。

孙思邈热爱医学,淡泊名利,拒绝入朝做官,而是一边行医,一边采药。他曾先后到过陕西的太白山、终南山,山西的太行山,河南的嵩山以及四川的峨眉山等地,广泛搜集单方、验方和药物的使用知识,在药物学研究方面,完成了他的著作《千金要方》,为后人留下了宝贵的财富。

资料来源:http://www.360doc.com/content/17/0721/09/36319167_672996544.shtml(有删改)

4. 明清时期

明朝李时珍的《本草纲目》,记载药物1 800多种,全面总结了中国16世纪以前的药物学知识与经验,成为世界上内容最丰富、考订最详尽的药物学巨著,被誉为“东方医药巨典”。明朝还在世界上最早种痘预防天花。

(二)中医诊疗方法

中医对病人进行观察和检查,收集与病人健康变化有关资料的方法叫作“诊法”。战国时期的名医扁鹊,根据民间流传的经验和自己多年的实践,总结出了诊断疾病的四种方法,即望、闻、问、切法。望诊就是看病人气色,观察病人外部的神色状态及排泄物以推断疾病。闻诊就是通过听觉和嗅觉,根据病人说话的声音和气味,作为判断病症的参考。问诊是通过询问病人或知情人,来了解病人的症状、病因等病情,作为诊断的依据。切诊就是切脉,根据病人的脉象,了解病人患病的内在情况。望、闻、问、切四种诊法,在临床时各有其独特的功用,彼此不能取代。所以在诊断疾病时,必须同时使用,才能正确地诊断疾病。

(三)中医的治疗方法和手段

大夫对病人诊断后,针对不同病人的体质特征和对疾病的反应,辨证论治,选择不同的治疗手段,包括中药、针灸、推拿、刮痧、拔罐、贴膏药、药熏、气功、食疗等。

1. 针灸

针灸由“针”和“灸”构成，是典型的“内病外治”的物理治疗手段。针灸利用金属的针或艾炷、艾条，通过经络、腧穴的作用，在人体特定的部位进行针灸或施灸，以达到治疗疾病、解除病痛的目的。针灸多用于中风偏瘫、风寒湿关节痛、感冒、头痛、失眠、牙痛、疝气等。但对虚劳、出血、急性传染病、骨折脱臼和痈疽疔疮等，则需禁忌或酌情慎用。

2. 推拿

推拿又称按摩，是一种非药物的物理疗法。医生运用推、拿、按、摩、揉、捏、点、拍等手法作用于特定的部位，以达到舒筋通络、扶伤止痛等目的。按摩对于成年人多适用于：中风偏瘫、风寒湿关节痛、呃逆、呕吐、感冒、头痛、失眠、跌打损伤、牙痛、疝气等。但对各种高烧、虚劳、肝硬化腹水、出血、急性传染病、骨折脱臼和痈疽疔疮等，则需禁忌或酌情慎用。

3. 刮痧

刮痧时利用牛角、玉石等器具，在人体皮肤的相关部位刮拭，直到刮出皮下出血凝结成像米粒样的红点为止。通过这种良性刺激，使经络穴位处充血，改善局部微循环，祛除邪气，清热除湿，消肿止痛。刮痧适用于中暑痧症、感冒、急性胃肠炎、咽喉肿痛等证。

4. 拔罐

火罐疗法，俗称拔火罐，是用一些罐状器具（主要有玻璃制、竹制、陶制三种）借燃烧或温热所产生的负压，使罐迅速吸附于局部皮肤或穴位上，以产生瘀血，达到行气、活血、止痛、祛风、消肿、散寒目的的一种疗效好、操作简单的治疗方法。拔火罐的适应证较多，效果显著的有感冒、哮喘、头痛、肌肉劳损、风寒湿痹痛、虚寒腹痛、腹泻、急慢性扭挫伤、毒蛇咬伤等。

四、中国古代的地理学成就

中国农业生产兴盛，农田水利建设发展成就较高，在此过程中，中国古代地理学研究也收获颇丰，涌现出了一批优秀的地理学家，为后世留下了优秀的地理学著作。

中国最早的地理记载是战国时代的《尚书·禹贡》和《管子·地员》，记述了全国的山川、物产、田赋等方面的重要内容，将中国版图分为九州，是中国最古老的系统区域地理著作，反映了早期人们的地理认识水平。《管子·地员》探索了中国土地的分类和山地植物的垂直带谱，是世界上最早对土地进行系统分类的作品。《山海经》是我国历史上一部非常著名的著作，主要分为《五藏山经》《海外经》《海内经》《大荒经》4 部分，其中《五藏山经》也称《山经》，是《山海经》各部分成书最早、地理意义最大的一部。全书以记述山川异物、谈祭祀神祇为主，包括民间传说中的地理知识，如山川、民族、物产、药物、祭祀、巫医等，还保留了夸父逐日、女娲补天、精卫填海、大禹治水等不少脍炙人口的远古神话传说和寓言故事。

汉代班固撰写的《汉书・地理志》是中国最早以“地理”命名的篇章，也是地理学著作中疆域地理志的开山之作。它以疆域政区为纲，根据地区特点，记述了有关山川河流、矿藏、物产、经济发展和民情风俗等内容，介绍了中外交通和交流的情况，是一部史料价值极高的古代地理文献。西晋时期，裴秀是中国古代杰出的地图学家，绘制出《禹贡地域图》，还提出了绘制地图的原则。

自魏晋南北朝开始，我国的地理知识和思想有长足的进步，在方志、沿革地理、域外地理、自然地理和地图等方面都有很大的成就。如法显的《法显传》、玄奘的《大唐西域记》，至今仍是研究中亚、印度历史地理的重要文献。而此间郦道元的《水经注》，全面而系统地介绍了水道流经地区的自然地理和经济地理等诸方面的内容，是一部历史、地理、文学价值都很高的综合性地理著作，至今仍是研究我国古代地理的重要著作。

明朝徐霞客的《徐霞客游记》，对石灰岩溶蚀地貌的观察和记述，早于欧洲约两个世纪，还记录了一些地理发现，纠正了前代地理学著作中的一些错误。明代还出现最早的世界地图《坤舆万国全图》（是郑和第七次下西洋之前绘制的，是国内现存最早的、第一幅出现美洲的世界地图）。清代康熙时，经过 30 余年的筹划、测绘工作，制成了《皇舆全览图》。这部地图“不但是亚洲当时所有的地图中最好的一幅，而且比当时所有的欧洲地图都更好、更精确”。

五、中国古代农业成就

由于农业是中国社会的经济基础，历代统治者重视农业生产，我国很早就形成了独具特色的农学体系。中国农业发展可以分为五个阶段。第一阶段为原始农业时期。这一时期农业工具以石器为主，并广泛使用木竹器、骨角器等。在我国尤以使用耒耜最具特色。第二阶段为沟洫阶段。这一时期是由原始农业到精耕细作传统农业的过渡时期，在生产工具、生产结构等方面保留了原始农业时期的某些痕迹，但精耕细作的农业技术亦已在孕育之中。由于与耒耜、耦耕、井田制密切相连的沟洫农业是这一时期农业的主要特征，故以此名之。第三阶段是精耕细作农业的成形时期。精耕细作是对中国传统农业精华的一种概括，指的是传统农业的一个综合技术体系。萌芽于夏商周时期，战国、秦汉魏晋南北朝是技术成形期，农业上的轮作制已经确立。第四阶段是精耕细作农业的扩展时期。包括隋、唐、宋、辽、夏、金、元诸代，这是我国封建地主经济制度走向成熟的时期。第五阶段是精耕细作农业持续发展时期。包括明代和鸦片战争以前的清代。为了提高土地生产率，人们通过提高耕作技术来提高单位面积产量，充分发挥土地潜力，在北方形成耕耙耱技术，在南方形成耕耙耖技术。此时玉米、地瓜、土豆、花生、烟草、番茄、向日葵、南瓜、辣椒等农作物从美洲传入。

中国古代劳动人民积累了数千年的耕作经验，留下了丰富的中国农学著作，估计有600种之多，其中《夏小正》是中国现存最早的一部农事历书。最著名的是“四大农书”——《齐民要术》《农桑辑要》《东鲁王氏农书》和《农政全书》。

《齐民要术》是北魏时期的中国杰出农学家贾思勰所著的一部综合性农书，是世界农学史上最早的专著之一，也是中国现存的最完整的农书。《齐民要术》系统地总结了6世纪以前黄河中下游地区农牧业生产经验、食品的加工与贮藏、野生植物的利用等，对中国古代农学的发展产生过重大影响，堪称一部农业巨著。

《农桑辑要》系元代官修农书，是我国现存最早的官修农书（唐代、宋代也有官修农书，但已失传）。内容以北方农业为对象，农耕与蚕桑并重。

《东鲁王氏农书》（又名《王祯农书》），元代王祯编著，概述总结了中国农业生产经验，是一部从全国范围内对整个农业进行系统研究的巨著。

《农政全书》为明代徐光启编著的中国古代优秀农学著作。《农政全书》基本上囊括了中国古代农业生产和人民生活的各个方面，而其中又贯穿着一个基本思想，即徐光启的治国治民的“农政”思想。

六、中国古代手工业成就

（一）中国古代手工业的发展历程

中国古代民间手工业是中国封建社会中由私人经营的以手工劳动及其协作为基础的各种手工业，包括农民经营的与农业紧密联系在一起的家庭手工业、城乡劳动者经营的独立的个体手工业和地主豪强及其他工商业者经营的手工作坊或工矿作场。

1. 家庭手工业的发展

家庭手工业先秦时就已存在。夏商周时期中国进入了青铜时代，青铜器的铸造冶炼技术非常高超，同时也出现了原始的瓷器。春秋战国时期铁器被广泛使用，同时还出现了炼钢技术和铸铁柔化技术。秦以后，男耕女织成为社会的基本经济结构。独立的私人手工业，大致产生于春秋时期。到战国时已有很大发展，不仅制陶、漆器、织锦、木器等越来越多的手工业开始从农业中分离出来，而且在制盐、冶铁等行业中，出现了较大规模的民营作场。汉代造纸术已被发明并且得到了重大改进。煮盐、冶铁、制陶、造车船、制漆器、酿酒等行业的生产规模和工艺技术都超过前代。西汉中期以后，由于政府盐铁专卖政策的实施，民营盐铁业曾一度衰落。至东汉和帝“罢盐铁之禁”后，地主豪强又重操旧业。战国至秦汉，是中国民间手工业生产的一个较为明显的发展阶段。

2. 私人手工业的发展

进入魏晋南北朝以后手工业生产程度始终不及汉代。直到隋唐时期，私人手工业才又有显著的提高。唐代的瓷器、铜器、制茶、造纸等业中，形成了享有盛誉的各地特产，矿冶业分布较为普遍，纺织业成为当时的主要手工业部门，印染方法有新的发明。另外，手工业行业组织也开始产生。时至宋代，独立手工业者的数量较前代增多；矿冶、丝织等发展迅速。其中采矿业中煤炭的开采量增加，并用于冶铁，改进了铁的冶铸技术和质量。江南的丝织业从北宋开始已逐渐超过北方，丝织物品种丰富，制作技术也有提高，某些产品已达到极其精致的程度。烧制瓷器的窑户遍布全国各地，所造瓷器风格各异。制瓷业在当时手工业中占有突出地位。此外，造纸、雕版印刷以及造船业也很发达。宋代中国的造船技术名列世界前茅。

3. 官营手工业的发展

官营手工业是中国历代统治阶级的官府为满足统治者的生活享受和政治、军事、财政需要而经营的手工业，又称“官工业”或“官手工业”。官府手工业商代就已经出现。秦汉统一帝国建立后，逐渐形成一套庞大的官府手工业系统。汉王朝在京师长安（今陕西西安）由少府监管理生产兵器、仪仗用品和生活用品的官营作坊，由将作监管理营造宫室的官府工场，还在地方设置铁官、盐官、铜官、金官、服官等职官，分别管理各类官工业。汉代规模最大有冶铁业和铸钱业，从业人数达 10 万人以上。魏晋及南北朝，官营工业也十分发达，朝廷大都设有平准令丞、署染令丞等官职，专管织造工艺。隋唐以后，官营工业有了更进一步的发展。唐代中央设少府监，掌管礼器、车舆以及织染、矿冶、铸钱等业；设将作监，掌管土木工匠；设军器监，掌管武器等军用品制造工场。元初统治者把俘虏和收括的工匠编为军匠和官局人匠，仅造作局院 70 多所就有系官匠人 42 万户，未入匠籍的只是少数“畸零人匠”。明初，官工业种类达 188 种，工匠经常保持在 30 万人左右，仅宫廷内部管理作坊的就有十几个机构。清代官府手工业分属内务府、工部和户部经营，大致包括织造、陶瓷、铸钱、军火、造船及宫内御用手工业。随着民营手工业与商品经营的发展以及王朝统治的衰颓，清中叶以后官府手工业日趋没落。

（二）关于记录中国古代手工业发展成就的著作

《考工记》是中国春秋战国时期记述官营手工业各工种规范和制造工艺的文献。这部著作记述了齐国关于手工业各个工种的设计规范和制造工艺，书中保留有先秦大量的手工业生产技术、工艺美术资料，记载了一系列的生产管理和营建制度，一定程度上反映了当时手工业技术发展的思想观念。

《梦溪笔谈》由北宋科学家、政治家沈括撰写，是一部涉及古代中国自然科学、工艺技术及社会历史现象的综合性笔记体著作。英国科学史家李约瑟评价它是中国科学史上的里程碑。全书一共分30卷,内容涉及天文、数学、物理、化学、生物等各个门类学科,其价值非凡。书中的自然科学部分,总结了中国古代、特别是北宋时期科学成就。社会历史方面,对北宋统治集团的腐朽有所暴露,对西北和北方的军事利害、典制礼仪的演变,旧赋役制度的弊害,都有较为翔实的记载。日本在19世纪中期排印这部名著,20世纪,法、德、英、美、意等国家都有学者对《梦溪笔谈》进行系统而又深入的研究,而在这之前,早有英语、法语、意大利语、德语等各种语言的翻译本。

《天工开物》由宋应星初刊于明崇祯十年(1637年),共三卷十八篇,全书收录了农业和手工业的生产技术及经验,诸如制造砖瓦、采炼硫黄、制烛、造纸、火药、染色、制盐、采煤、榨油等生产技术。《天工开物》是世界上第一部关于农业和手工业生产的综合性著作,是中国古代一部综合性的科学技术著作。外国学者称它为"中国17世纪的工艺百科全书"。作者在书中强调人类要和自然相协调、人力要与自然力相配合。它是中国科技史料中保留最为丰富的一部,它更多地着眼于手工业,反映了中国明代末年出现资本主义萌芽时期的生产力状况。

七、中国古代四大发明

中国古代四大发明是指中国古代对世界具有很大影响的四种发明,是古代汉族劳动人民的重要创造,一般指造纸术、指南针、火药及印刷术。

(一)造纸术

造纸术是中国古代四大发明之一。纸是用以书写、印刷、绘画或包装等的片状纤维制品。纸是汉族劳动人民长期经验的积累和智慧的结晶,是人类文明史上的一项杰出的发明创造。西汉时出现了絮纸、麻纸。东汉时,蔡伦改进造纸术,我国成为世界上最早发明造纸术的国家。蔡伦用树皮、麻头及破布、旧渔网等原料,经过挫、捣、烘等工艺制造的纸,是现代纸的渊源。这种纸,取材便捷,质优价廉,逐渐开始流行起来。为纪念蔡伦的功绩,后人把这种纸叫作"蔡侯纸"。4世纪起,造纸术陆续传到朝鲜、越南和日本。8世纪传到中亚,并经阿拉伯传到非洲与欧洲,为人类文明的发展、传播提供了新的途径,也为人类提供了经济便利的书写材料,从而掀起一场人类文字载体革命,是人类文明史上一项最杰出的成就。

(二)指南针

指南针,古代叫司南,主要组成部分是一根装在轴上的磁针,磁针在天然磁场的作用下可以自由转动并保持在磁子午线的切线方向上,磁针的北极指向北磁极,利用这一性能可以辨别方向,常用于航海、大地测量、旅行及军事等方面。物理上指示方向的指南针的发明有三类部件,分别是司南、罗盘和磁针,均属于中国的发明。指南针是中国古代劳动人民在长期的实践中对磁石磁性认识的结果。作为中国古代四大发明之一，它的发明对人类的科学技术和文明的发展，起到了无可估量的作用。在中国古代，指南针最先应用于祭祀、礼仪、军事、占卜与看风水时确定方位。

(三)火药

火药是中国人发明的，距今已有一千多年了。火药的研究始于古代炼丹术。硫黄、硝石与炭混合，这就是火药的配方。在适当的外界能量作用下，火药自身能迅速而有规律地燃烧，同时生成大量高温燃气物质。在军事上主要用作枪弹、炮弹的发射药和火箭、导弹的推进剂及其他驱动装置的能源，是弹药的重要组成部分。中国发明的火药首先运用于制造烟火，不久后就将其运用于军事，并发明了世界上第一支火箭。大炮和火枪在宋代的军事运用已经相当成熟，使得中国的科技遥遥领先于世界。宋元时期，火药传入阿拉伯国家，14 世纪又经阿拉伯人传到欧洲，改变了西方传统的作战方式，帮助欧洲资产阶级摧毁了封建堡垒，加速了欧洲的历史进程。

(四)印刷术

先秦时期的印章和石刻以及碑石拓印技术给印刷术提供了直接的经验性的启示。中国的印刷术经过雕版印刷和活字印刷两个阶段的发展。唐朝发明了雕版印刷术，多用于印刷佛像、经咒、发愿文以及历书等。1966 年在西安市西郊西安柴油机械厂发现雕版佛教梵文陀罗尼经咒单页，刻印于 704—751 年，为目前所知最早的雕版印刷品。现收藏在英国伦敦博物馆的唐咸通九年(868 年)王玠为二亲敬造普施的《金刚经》，是现存最早的标有年代的雕版印刷品。北宋时期，平民出身的毕昇在总结前人经验的基础上，发明了活字印刷术。活字印刷术既经济，又便捷，是印刷术的一大革新，大大提高了印刷的效率。元代王祯成功创制木活字，又发明了转轮排字。明代中期，铜活字在江苏南京、无锡、苏州等地得到较多的应用。欧洲在 15 世纪才使用活字印刷，比我国晚 400 多年。印刷术的发明，加速了社会发展的进程，对人类文化的传播和发展做出了巨大的贡献。

每日一练 试着和同学一起交流，总结中国古代科学技术的发展情况。

任务小结 完成本任务后，请进行自我测试：你是否已掌握中国古代有哪些先进的科学技术？

任务 4　中国古代历史文化常识

任务提示 本任务将引领你赏析中国古代历史文化常识。

任务先行 你知道国号和年号吗？你知道中国古代的科举考试制度吗？

案例解读

中国历史上的四次海外文化传播高潮

汉代出现了中华文化在海外传播的第一次高潮。汉帝国疆域广大，中华文化的基本形式和格局已渐成熟，出现了中华文化发展的第一个鼎盛时期。在这一时期，中华文化从东、南、西三个方向与其他国家展开了多方位、多层次的广泛交流，初步确立了在世界文化总体格局中的地位。

到唐代，中华文化在海外传播达到第二次高潮。唐代是我国古代最强盛、最发达的时代之一，中华文化也达到了一个兴隆昌盛的高峰。正是在这一时期，中国与世界各国进行了多方面的文化交流，美国汉学家费正清曾经指出：唐是当时世界上最伟大的帝国，邻近的许多民族争相仿效，煞费苦心。人们不仅视中国为至高无上的军事强国，也将其看作是国家与文化最杰出的楷模。成千上万的外国留学生在长安国子监学习中国典籍和学术文化，深受中华文化的熏陶和濡染。博大精深的盛唐文化深刻地影响和改变了东亚世界的文化面貌，形成了“中华文化圈”的东亚文化秩序。“中华文化圈”包括中国本土、朝鲜半岛、日本以及越南北部，这些国家和地区都具有使用汉字、提倡儒学、流行中国化佛教、实行中国式典章制度以及应用中国科学技术等共同的文化因素。

中华文化海外传播的第三次高潮发生在宋元时期。宋代在文化上达到了一个新的境界，处处表现出它的纯熟和深厚。宋朝特别重视海上贸易，与日本、朝鲜、东南亚和南亚地区的海上贸易都十分活跃，中国商船甚至远达波斯湾和非洲东海岸。到元帝国时代，横跨亚欧的帝国版图以及驿站制度的完善，更使得东西方的交通畅通无阻。在这样开放的国际环境下，东西方的交往空前频繁，使节的往来、命令的传递、商队的贸易、大规模的移民，络绎不绝，形成了文化大交流、大融合的景象。

明清之际出现了中华文化海外传播的第四次高潮，这次高潮的显著特点是来华的基督教传教士充当了文化传播的主要角色。他们把许多中国学术典籍翻译介绍到欧洲，并通过撰写专著和大批的书信，介绍中国的历史、地理、政治制度、社会生活、民间风俗、文学艺术，在欧洲思想界引起强烈反响，对正在兴起的启蒙运动产生了重大影响。与此同时，中国的瓷器、漆器等日常生活用品大量销往欧洲，一定程度上影响甚至改变了人们的日常生活方式和艺术风格。

资料来源：https://zhuanlan.zhihu.com/p/60594102(有删减)

点评

从四次海外文化传播的高潮可以看出一个国家的文化对世界产生影响，在很大程度上取决于该国的综合国力。中华文化在海外的传播，是从未间断的。而且,中华文化的先进性不仅仅是某个领域、某个方面,而且是整体性地领先于世界。正是由于中华文化的开放性,在大规模文化输出的同时也广泛地接受、吸收、融合域外文化,使自身不断丰富,更使中华文化博大精深。中华文化的这种积极的输出和引入,使自己获得了强大的生命力,即便是在近代西方文化大规模和强有力的冲击下,中华文化也能通过自身的重整而走向现代化。

一、国号的由来

中国历史悠久,朝代更迭纷繁。每朝创建者的首要任务就是确定国号,国号就是一个国家的名称、称号。在历史长河中,每一个新王朝确立后都会定一个新的国号,代表一个新的王朝从此诞生。纵观整个中国古代史,国号的创建主要有以下几个来由:根据创建者的部族、部落联盟的名称定国号,如历史上的商(汤为商部族)、周、秦等;根据创建者原有的封号或爵位定国号,如历史上的晋(司马炎曾封晋王)、隋(杨坚曾封隋王)、唐(李渊曾袭爵唐国公)、魏(曹丕曾袭位魏王)等;根据创建者的发迹地定国号,如历史上的汉(刘邦从汉中起兵)、宋(赵匡胤陈桥兵变后发迹地宋州)等;根据所建政权的地域名称定国号,如三国时的蜀和吴等;以寓意吉祥的字意定国号,如元是忽必烈根据汉臣刘秉忠的建议,以《周易》乾卦的彖传"大哉乾元"定国号,寓意开辟了新天地;根据创建者的姓氏定国号,如历史上的陈(为南朝的陈霸先所建);根据社会上流行的口号定国号,如历史上的明。红巾军起义时,流行一句口号"弥勒降生,明王出世"。朱元璋自比明王,所以定国号"明"。

案例解读

"中华民族"名称的由来

大约在5 000年前,当中华民族开始形成时,其族称为"华"。汉朝以后,开始出现"中华"的族称。至19世纪末,作为近代民族学术语的"民族"概念传入中国后,"中华民族"这个民族学词语也应运而生。虽然"华""中华""中华民族"这些族称之间小有差异,但其内涵却是一致的,即指定居于中国领土上的所有民族。

"中华民族"的"华"肇始于中国历史上五帝时代之最后一帝舜的名字"华"。"五帝"时代是中国原始社会晚期部落联盟时代。五帝时代的"帝"即部落联盟首领。"舜"是谥号,即死后所进的尊号。舜名"重华",重亦即舜所在民族名称,"华"才是舜的名字。按照民族部落传统,民族首领的名称即全体民族成员及其后裔共有的名称。在舜建立国家政权后,人们沿袭古老的习俗,以舜的名字称呼有虞氏朝族裔及有虞氏朝治理下的人民。

"中华"一词,见于裴松之注《三国志·诸葛亮传》。其源可溯自"中国诸华"。

“中国诸华”一语见于汉朝高诱注《吕氏春秋·简选》，意思是“中国诸圣人的后代”。在公元3—6世纪，即三国两晋南北朝时期，匈奴、鲜卑、羯、氐、羌等族纷纷向中原汇聚，建立政权。当时，中原的中心地位备受尊重。内迁各族都表现出对中原传统的强烈认同意识。“中华”一词作为一个超越当时汉族、兼容当时内迁边疆各族的概念被响亮提出。

唐代在法律中正式出现“中华”一词，见于唐朝永徽四年(公元653年)颁行，由长孙无忌领衔撰文的《律疏》(后称《唐律疏议》)。其中，对其卷三的“中华”一词释文如下：“中华者，中国也。亲被王教，自属中国。衣冠威仪，习俗孝悌，居身礼仪，故谓之中华。”意思是说，凡行政区划及文化制度属于中国的，都称为中华。

中国正式出现“民族”一词，并且具有现在通行的意义，是19世纪末的事情，通常认为是梁启超先生在《东籍月旦》一文中最先使用了该词。民族一词出现之后，由于历史的必然和当时的具体国际国内环境，形成了“中华民族”的称谓。

资料来源：http://www.360doc.com/content/16/1217/18/4958641_615534244.shtml(有改动)

二、帝王称谓及君位继承制度

(一)帝王的称谓

中国古代奴隶社会的最高统治者称“后”“王”“天子”。其中“后”与“王”的称谓源于原始社会。夏、商、周三代的最高统治者都称“王”。“天子”名称出现于西周。周朝衰落后，诸侯国的君主们开始称“王”。秦王嬴政统一中国后，开始使用“皇帝”这一称谓，这一称呼被后世历代君主沿用。

“皇帝”是古代帝王的正式称谓，此外，臣子还可以尊称皇帝为“陛下”“天子”和“万岁”。“陛”原指帝王宫殿前的台阶。“陛下”的称谓含有帝王宫殿台阶下的臣属向皇帝进言之意，即卑者向尊者进言之意。“天子”即为天的儿子，是君权神授观念的体现。“万岁”成为皇帝专属称号是在北宋时期。

此外，皇帝还可以自称“孤”“朕”“寡人”等。“孤”是古代诸侯、君王的自称谦辞。春秋时，诸侯王在遭遇凶事时称“孤”。东汉末年，一些地方割据首领自称为“孤”。先秦时期，“朕”(指自身)和“寡人”为第一人称，不分贵贱，人人可用。但秦始皇时规定“朕”“寡人”只能皇帝自用。皇帝自称“寡人”有两层意思：第一，表示皇帝是天下独一无二的人；第二，是君主的谦称。

(二)君位继承制度

中国古代君位继承制度主要有两种形式。

1. 父死子承

中国自夏朝建立到清朝灭亡，近4 000年的历史发展中，历代王朝大都采用君位世袭制来进行权力的交接。即帝王生前在自己的儿子中,选中一人作为皇权的法定继承人,死后将君位传给他。父死子承的君位继承制又有两种方式,一为嫡长子继承制,二为秘密立储制。

(1)嫡长子继承制。

宗法社会中称正妻为嫡或嫡妻。嫡妻所生的儿子为嫡子,其长子为嫡长子,是王位的第一继承人。嫡长子继承制在周朝初期确立下来。中国古代大多数王朝均采用了此方法。

(2)秘密立储制。

清代雍正皇帝为了避免皇子们为争夺皇权而相互残杀,精心设计了秘密立储制度。内容是:皇帝将选中的太子名字写在密诏中,一式两份,分别放在两个匣子内。一份命人放在乾清宫“正大光明”匾的后面,一份由皇帝亲自保存。帝崩后,文武大臣同时将两个匣子打开,昭告天下,被立皇储者即刻登基。

2. 兄终弟及

兄终弟及即由皇帝的弟弟继承皇位,这种方式往往用在皇帝无子嗣的情况下,明代的崇祯皇帝就是通过这种方法继承皇位的。商代王位继承基本上采用兄终弟及制,即哥哥死后将王位传给弟弟,直至最后一位弟弟,之后再将王位传给长兄之子,如此循环。但事实总是比理想要残酷,最后的弟弟总是想将王位传给自己的儿子,而不愿传给长兄之子,因而常常引发内乱,造成国家动荡。

三、帝王的谥号、庙号、尊号、年号、陵号

(一)谥号

谥号是古代对死去的帝王、大臣、贵族按其生平事迹评定后,给予的褒贬或同情的称号,往往用固定的字表现出来,谥号的使用始于西周。

谥号大致分三类。第一类属于褒扬的,有“文、武、景、惠、庄、烈、昭、穆、英、成、康”等,如明成祖朱棣的谥号“文”。第二类属于贬义的,有炀、厉、灵、幽等,如隋炀帝的“炀”。第三类属于同情的,有哀、怀、愍、悼等,如汉哀帝的“哀”。

一般不独立使用谥号,多与庙号结合或与全称结合而用。谥号的意义在于褒善贬恶,为后人所借鉴。

(二)庙号

帝王供奉祖先、祭祀祖宗的地方为太庙。先皇驾崩后,新帝要去太庙奉祀,追尊先皇为“某祖”或“某宗”,并刻在神牌之上。这种死后神主奉祀于太庙的称号即为庙号。庙号源于商代,汉代以后继承庙号这一制度。一般来说,开国皇帝或为国家立过特殊功勋的皇帝可以称祖号,其他大多称宗号。如明太祖朱元璋、明成祖朱棣、清圣祖康熙、清高宗乾隆等。

(三)尊号

尊号是指古代尊崇皇帝、皇后的称号。在秦末汉初尊号就已经出现了,如张良为项羽取尊号"西楚霸王",赵佗自上尊号"武王"。尊号可以在生前加,也可以在帝王去世后追加。皇后、皇太后也可以加尊号。明太祖被尊为"开天行道肇纪立极大圣至神仁文义武俊德成功高"皇帝,达二十一字。清乾隆皇帝被尊为"法天隆运至诚先觉体元立极敷文奋武钦明孝慈神圣纯"皇帝,竟多达二十三字。

(四)年号

年号是指某皇帝在位之年的名号,是每一位皇帝当政时期的标志,后世常用年号来称某一位皇帝,如朱棣统治时期称永乐,爱新觉罗·玄烨统治时期称康熙,永乐和康熙就是年号。先秦至汉初无年号,汉武帝继位后首创年号,以后成为制度。历代帝王凡遇到"天降祥瑞"或内讧外忧等大事、要事,都要更改年号。

(五)陵号

陵号是指皇帝死后所葬陵寝的名号,最早产生于战国时期,汉代以后普及,如明成祖朱棣的陵为长陵、神宗朱翊钧的陵为定陵。清代乾隆皇帝的陵称裕陵等。

四、职官与官吏制度

职官是指在国家机构中担任一定职务的官吏。官吏制度也称"官员制度",指中央管理职官的制度。

(一)中央官制的变化与发展

秦汉处于封建社会确立的初期,为加强君主专制,确立了以三公九卿为主的一套完整的官僚机构。三公指丞相、太尉、御史大夫;九卿则指奉常、郎中令、卫尉、太仆、廷尉、典客、宗正、治粟内史和少府。汉武帝开始,历代皇帝以各种手段不断扩大内廷权力,而外朝(三公九卿)的权力逐渐被削弱,专制皇权得以加强。

隋唐为封建社会的繁荣期,确立了三省六部制度。三省指中书省(秉皇帝旨意,掌管机要,发布政令);门下省(可与中书省共议国政,负责审查诏令,签署奏章,并有封驳权);尚书省(是中央执行政务的总机构)。六部指吏部、户部、礼部、兵部、刑部、工部。六部是尚书省的组成部分。三省六部制将秦汉时丞相的权力一分为三,三省长官皆称宰相,削弱了相权,加强了皇权。

宋代则设置宰相掌行政,枢密使掌军务,三司使掌财政。三者间各有所专,却又相互牵制,而结果是便于皇帝控制。

元代中央最高行政机构为中书省,其首领为中书令,往往由太子兼任。

明代,废丞相,设华盖殿、谨身殿、武英殿、文华殿、文渊阁、东阁等大学士,作为皇帝的顾问和谋士。成祖即位后,命官品较低的翰林院编修等人文渊阁当值,参与政务,称内阁。明仁宗后,内阁职位渐高,实际掌握了宰相的权力。

清袭明制,初期最高决策机构为议政王大臣会议,后设内阁。雍正七年(1729年),以西北用兵之名,设军机处,并一直延续至清末。军机处主要负责承旨草诏及处理军政事务。军机处是专制皇权高度发展的必然产物。

五、天干、地支、生肖、节气

(一)天干与地支

天干地支简称"干支",取意于树木的"干枝"。中国古代的历法中将甲、乙、丙、丁、戊、己、庚、辛、壬、癸称十天干,将子、丑、寅、卯、辰、巳、午、未、申、酉、戌、亥称十二地支。

十天干与十二地支按固定的顺序依次搭配,组成60组,通称六十甲子。60之后又周而复始,循环往复。天干地支在中国古代成为记录时间顺序的符号,古人用它来纪年、纪月、纪日、纪时。干支纪年法在中国古代一直使用,对于了解中国古代历史十分有帮助。如黄巾起义口号中有"岁在甲子,天下大吉",可以推断其起义年份为甲子年。

(二)生肖、节气

1. 生肖

生肖共12个,又称十二属相。起源于战国,东汉时已有明确记载。生肖是古人用自然界中的11种动物与传说中的龙对应12地支进行纪年的方法。十二生肖是子鼠、丑牛、寅虎、卯兔、辰龙、巳蛇、午马、未羊、申猴、酉鸡、戌狗、亥猪。

2. 节气

节气又称气。古人将一年分为24个节气,用来表示气候、降水的变化。二十四节气起源于黄河流域,是我国古代人民在长期的农耕实践中,独创的文化遗产。

二十四节气是:立春、雨水、惊蛰、春分、清明、谷雨;立夏、小满、芒种、夏至、小暑、大暑;立秋、处暑、白露、秋分、寒露、霜降;立冬、小雪、大雪、冬至、小寒、大寒。为了方便记忆,人们还编了一首"二十四节气歌诀":春雨惊春清谷天,夏满芒夏暑相连,秋处露秋寒霜降,冬雪雪冬小大寒。

案例解读

二十四节气:北京冬奥会上的"中国式浪漫"

相信大家都看了北京2022冬奥会开幕式上将二十四节气融入倒计时的唯美

中国风短片，这是独属于中国人的智慧和浪漫。二十四节气，是中华民族悠久历史文化的重要组成部分，表达了人与自然宇宙之间独特的时间观念，蕴含着中华民族悠久的文化内涵和历史积淀。二十四节气不仅在农业生产方面起着指导作用，同时还影响着古人的衣食住行，甚至是文化观念。

二十四节气科学地揭示了天文气象变化的规律，它使天文、自然节律和民俗实现了巧妙的结合，衍生了大量与之相关的岁时节令文化，成为中华民族传统文化的重要组成部分。为了更准确地表述时序特点，古人根据气候和物候，将节气分为“分、至、启、闭”四组。“分”即春分和秋分，古称“二分”；“至”即夏至和冬至，古称“二至”；“启”是立春和立夏，“闭”则是立秋和立冬。立春、立夏、立秋、立冬，合称“四立”，这些加起来共为“八节”。民间称为“四时八节”或“时年八节”。在漫长的农耕社会中，二十四节气为指导农事活动发挥了重要作用，拥有丰富的文化内涵。

资料来源：https://cj. sina. com. cn/articles/view/1699432410/v654b47da02000x6w7

六、年、季、月、日、时辰及其记录方法

中国传统历法之一的农历，又称“阴历”“黄历”“旧历”等。采用阴阳合历的方式，即以太阳的运动周期作为“年”，以月亮圆缺的周期作为“月”，以闰月来协调年和月的关系。另外，古人还根据太阳运动在一年中的位置变化及由此引起的地面气候演变的次序，将二十四节气分列在 12 个月中，反映了四季、气温、植物生长变化的情况，与农牧业发展息息相关，因此人们称其为农历。

（一）年

年，原始含义为庄稼成熟一次。以地球绕太阳运行一周为一年，古人测出大约 365.25 天为一个太阳年，并用干支纪年。元代郭守敬所编著的《授时历》，将一年的时间确定为 365.242 5 天，这比地球绕太阳一周的实际时间只差了 26 秒。

（二）季

古人将一年分为四季。正月、二月、三月为春季，分别称孟春、仲春、季春。四月、五月、六月为夏季，分别称孟夏、仲夏、季夏。七月、八月、九月为秋季，分别称孟秋、仲秋、季秋。十月、十一月、十二月为冬季，分别称孟冬、仲冬、季冬。

（三）月

古人将月亮圆缺一次的周期称为“月”。一年共有 12 个月，大月 30 天，小月 29 天。每月初一称“朔”，十五称“望”。另外，每月还有“上弦”日（初七或初八）和“下弦”日（二十二或二十三）。古人将每月的 30 天分为三个阶段。第一个 10

天称上旬;第二个10天称中旬;最后10天称下旬。通常离立春最近的那个"朔日"(春节)所在的月为正月。

(四)日

古人以一个昼夜交替为一日。

(五)时辰

中国古代将一日划分为十二个时间段,称时辰(一个时辰为2小时)。时辰用十二地支表示。

七、阴阳、五行、八卦

(一)阴阳

相传天地形成之前,宇宙一片混沌,盘古开天辟地,将混沌一分为二,天为阳,地为阴。阴阳原指向日为阳,背日为阴的日照相背。后被引申到自然界相互对立、相互消长的现象、事物和联系中。如:日为阳,月为阴;天为阳,地为阴;君为阳,臣为阴;男为阳,女为阴;气为阳,血为阴;夫为阳,妻为阴;动为阳,静为阴;上为阳,下为阴;南为阳,北为阴。

案例解读

中华五千年:古代哲学——阴阳

在中国哲学概念里,阴阳指两种既对立又相联的力量,存在于世界上一切事物里。阴代表被动、阴暗、女性、夜间;阳代表主动、明亮、男性、日间。中国学术界认为,阴阳概念源起于古人对地势的向阳与背阴的认识。如《诗经·大雅·公刘》篇所说:"笃公刘,既溥既长,既景乃冈,相其阴阳,观其流泉。"阴阳即指向阳的南麓和背阴的北麓。

阴、阳两字的古义是背日和向日,起初并无任何哲学内涵。阴,《说文解字》曰:"暗也,水之南,日所不及。"阳,《说文解字》曰:"高明也。"《说文解字义证》:"万物负阴而抱阳,冲气以为和。"对阴阳的这种原始认识在周朝迅速泛化概念化。周代人还开始用阴阳概念解释自然现象,如伯阳父将地震成因归于"阳伏而不能出,阴迫而不能蒸"。阴阳学说是对世界认识的一种二分法,阴与阳正是对天地、男女、昼夜、炎凉、快慢、上下、前后、内外等二分法的一种高度抽象与概括。

资料来源:http://www.360doc.com/content/12/0208/20/8546499_185127637.shtml

(二)五行

"五行"最早见于《尚书》,先于"阴阳"观念产生。五行指金、木、水、火、土,古人认为这五种元素构成了宇宙万物。五种元素相互制约,使自然界不断发展变化。

五行相生:木生火,火生土,土生金,金生水,水生木。

五行相克:水克火,火克金,金克木,木克土,土克水。

五行还被人们附会、引申于各种自然现象和社会现象中,衍生出五色、五方、五脏、五音等。五行的生克规律被人们在传统医学、建筑学中广泛应用。

(三)八卦

八卦是八种符号,各有名称,象征着八种基本自然现象。乾卦象征天;坤卦象征地;震卦象征雷;艮卦象征山;离卦象征火;坎卦象征水;兑卦象征泽;巽卦象征风。八卦就像八只无限无形的大口袋,把宇宙中万事万物囊括其中,互相搭配又变成六十四卦,用来象征各种自然现象和人事现象。

八、科举制度

科举是历代封建王朝通过考试选拔官吏的一种制度。由于采用分科取士的方法,所以称科举。中国古代的科举制从隋朝大业元年(605 年)开始,到清朝光绪三十一年(1905 年)为止,历经 1 300 年。科举制度为封建统治提供了大量优秀人才,对中国的历史产生了巨大的影响。

以明清为例,科举考试分为院试、乡试、会试、殿试。

1. 院试

院试又称童生试、童试、郡试、道试,是获取生员资格的入学考试。参加童试的人不分年龄大小统称童生。考试合格后取得生员(秀才)资格。

2. 乡试

明清两代每三年在省城举行的考试,是正式科考的第一关。参加乡试中榜的称举人,举人的第一名称“解元”。

3. 会试

明清两代每三年在京城举行的考试。因为考试在春天进行,所以人们又称其为春闱。会试由礼部主持,各省的举人及国子监的监生都有资格参加,中榜的称贡士,贡士的第一名称“会元”(或“会魁”)。

4. 殿试

殿试也称廷试,是科举考试的最高级别,殿试名义上由皇帝主考。录取者分为三甲,一甲也称鼎甲,共三人,赐“进士及第”。其中一甲第一名称状元,第二名称榜眼,第三名称探花。二甲若干人,赐“进士出身”。三甲若干人,赐“同进士出身”。一、二、三甲统称进士。

案例解读

状元的由来

状元类似今天高考的榜首。目前在史籍中留有名号的状元有七百人左右，他们都是在苦读之后，才一举天下知，成为当时科考中的佼佼者。因历朝历代多以文艺及哲理为取才的标准，虽然这些状元中不乏政治家、史学家，但仍以文学家为多。其中广为人知的有，唐代的贺知章、王维，宋代的张孝祥、文天祥、吕蒙正，明代的胡广、商辂，清代的翁同龢、张謇等。中状元称为“大魁天下”，是读书人的最高荣誉，但大多数的状元，因为个人的因素或当时环境的牵制，一生不能大展拳脚、有所作为，而终至淹没在历史的洪流中。状元起初称为“状头”，原来在唐朝参加考试的士子，经由各州贡送到京城，在应试前需递送“投状”，即类似今日考试报考时填写资料的情形一样。考试结束之后，将最高的成绩放在最前面，就叫作“状头”。居首者因曰状头，亦曰状元。

明清两代，殿试一二三名，确定其名称为“状元”“榜眼”“探花”，合称“三鼎甲”。状元的地位日益特殊，新进状元照例授六品的翰林院修撰。翰林素有“储相”之名，因为这个职位较接近皇帝，升迁的机会比同榜者快。

清朝的殿试主要以应考者的书法来定优劣，清朝政府原本只是要求试卷形式上的整齐，以利阅卷者评阅考卷。到了康熙年间，中年时的康熙对书法产生爱好之心，于是天下的士子在上行下效的流风下，纷纷勤练书法。而这个风潮对于状元的择取也有莫大的影响力，在康熙三十年(1691 年)，殿试拟吴昺为状元，可是康熙喜欢第二名的戴有祺的书法字，于是戴有祺便成为钦点的状元了。中国科举史上第一个状元是唐武德五年(公元 622 年)的孙伏伽，最后一个状元是清光绪三十年(1904)的刘春霖。

资料来源：http://www.360doc.com/content/19/0701/23/99076_846149304.shtml(有删改)

九、四书五经、三纲五常

(一)四书五经

四书是《大学》《中庸》《论语》《孟子》的合称，宋代所定。朱熹撰《四书章句集注》，始有“四书”之名。

五经是《诗》《书》《礼》《易》《春秋》五部儒家经典，汉武帝时定。

四书五经是封建社会知识分子科举考试的必读书。

(二)三纲五常

三纲和五常的合称，简称“纲常”。“三纲”即君为臣纲、父为子纲、夫为妻纲；

"五常"即仁、义、礼、智、信,这是封建伦理道德的规范化教条,对维护封建统治秩序起到巨大的作用。

每日一练 自己试着和同学一起交流,总结我国古代历史文化常识。

任务小结 完成本任务后,请进行自我测试:你是否已掌握中国古代历史文化常识?

项目小结

本项目包含四个学习任务,围绕中国历史概述、中国古代文化与哲学、中国古代科学技术、中国古代历史文化常识等内容展开讲解,具体讲述了中国古代文化的发展历程和每个时代的典型代表以及特点。通过针对性的对点案例、每日一练、拓展链接等,帮助学生学习、领悟和牢固掌握中国古代文化的系列基础知识,并把所学知识灵活应用到将来的实际工作中去,达到提升职业素养和增强岗位胜任能力的目的。

技能训练

1. 单项技能操作训练

中国古代有哪些先进的科学技术?

2. 综合技能操作训练

中国古代有哪些哲学思想?主要代表人物有哪些?

观念应用

1. 分析题

试介绍一下中国古代历史文化常识。

2. 案例分析

乾隆末年,第一个徽班进入北京。随后又有不少徽班陆续到北京演出,北京聚集了众多地方剧种,这使得徽班在艺术上得到迅速提高。道光元年(1821 年),先后又有著名汉剧老生李六、王洪贵、余三胜,小生龙德云等入京,分别搭入徽班春台、和春班演唱。汉剧演员搭入徽班后,将声腔曲调、表演技能、演出剧目融于徽剧之中,使徽剧的唱腔板式日趋丰富完善,唱法、念白更具北京地区语音特点,而易于被北京人接受。汉剧流行于湖北,其声腔中的二黄、西皮与徽剧有着血缘关系。徽、汉二剧在进京前已有广泛的艺术交融。道光二十五年(1845 年)各大名班,均为老生担任领班。徽、汉合流后,促成了湖北的西皮调与安徽的二黄调再次交流。徽、秦、汉的合流,为京剧的诞生奠定了基础。

京剧之名始见于清光绪二年(1876 年)的《申报》。京剧,亦称“京戏”“国剧”“皮黄”。京剧剧目之丰富、表演艺术家之多、剧团之多、观众之多、影响之广泛,都居我国之首。京剧已成为中国的“国粹”,已有二百多年的历史,是我国最具影响力的戏曲剧种。

资料来源:https://baike.so.com/doc/5515729-5748573.html(有删改)

问题分析

1. 查找资料,分析戏剧的起源是什么。
2. 查找资料,回答我国京剧的著名曲目有哪些。

实训操作

结合教师讲解,学生选取四项任务中的一项,并从网上查找资料,选取典型图片,制作 PPT,撰写讲解词,练习后进行当众讲解。

实训目标　通过搜集资料、整理和相关讲解,使学生加深对本项目内容的理解。

实训的组织　学生每 3 ~5 人为一组,选择不同的古代文化进行介绍。

实训提示　老师提出材料准备的要求和讲解前注意事项。

实训的成果　各组汇报,由学生和老师共同组成现场评议小组进行点评。

项目三　巧夺天工——中国古代建筑赏析

知识目标

1. 了解古代建筑旅游资源的概念、类别。

2. 掌握我国古代人文建筑景观、古代城市建筑、古代宫殿坛庙与民居建筑、古代陵墓建筑、古代重大工程与楼阁、桥梁旅游资源的形态特征。

3. 掌握我国古代人文建筑景观、古代城市建筑、古代宫殿坛庙与民居建筑、古代陵墓建筑、古代重大工程与楼阁、桥梁旅游资源的典型代表。

技能目标

1. 能够运用古代建筑知识辨别古建筑的等级、种类、主要构成及特点。

2. 能够凭借已获得知识进行古代建筑导游词的简单组织及基本讲解。

项目任务

任务 1　中国古代建筑概述

任务 2　中国古代城市建筑

任务 3　中国古代宫殿坛庙与民居建筑

任务 4　中国古代陵墓

任务 5　中国古代重大工程与楼阁、桥梁建筑

项目三
巧夺天工——中国古代建筑赏析

学习任务书

班级：	姓名：	指导教师：	
项目名称	“北京古建筑三日游”情境模拟	模拟地点	××
工作岗位	地陪导游、博物馆讲解员	工作对象	某市高校学生团
工作讲解	导游讲解	工作方法	情境模拟
项目背景及描述	某市高校学生团到北京进行“北京古建筑三日游”游览，模拟涉及景点：北京故宫、长城、明十三陵、太庙、天坛、北京报国寺、北京胡同游		
项目咨询重点	中国古建筑的基本特征；中国宫殿建筑、陵墓建筑、宗教建筑、城市建筑、坛庙建筑和民居建筑的主要特点、布局和主要构成有哪些		
项目分解目标	要求项目参与者将中国古建筑知识运用到导游讲解过程中，能够利用已有知识完成任务中景点导游词的简单组织，能够规范、自然、熟练地进行导游讲解服务		

中国建筑具有悠久的历史传统和光辉的成就，它不仅是人类赖以生存的实用生活设施，更承载了人类文明发展的足迹。建筑是一门艺术，被列为包括绘画、雕刻、音乐与诗歌在内的五大艺术之首。一座有代表性的建筑往往集中了当时的文化、艺术的精华，反映了当时的历史特点和发展水平。因此，古建筑被誉为“凝固的音乐”和“石头的史书”。

下面就请结合“学习任务书”，完成本项目的学习吧！

任务1　中国古代建筑概述

任务提示　本任务将引领你赏析中国古代建筑并了解其发展历程。

任务先行　中国古代建筑的发展历程是怎样的？有哪些特点？有哪些代表性的建筑构件？

案例解读

古建筑与传统文化

建筑,是一种与民族,尤其是文化紧密相连的供人类居住、活动、寄藏的物质载体。它承载着文化和时代的印记。建筑,是一种物质形态,会受制于当时的经济发展水平与科技发展水平;建筑又是一种文化形态,它的身上一般会体现着它的出身特质,当外来文化进入的时候,它又受外来文化的影响发生改变甚至颠覆。所以,追寻一个地方的建筑历史,可从某个特殊的角度探寻它的文化史。而古建筑,主要是指一个地方尚存的或者还可追寻的历代古建筑,也是这个地方最宝贵的财富。它以其独特的形象、无声的语言昭示着这个地方的历史与文化。

中华民族在自己长期的发展历程中形成了独特的中华文化,同时也形成了独特的中华建筑特色,这是我们可以骄傲地立于世界民族之林的一个重要方面。中华文化,成就了许多文化观念,如中庸之道、天人合一思想、和同观念和等级观念等,这些无一不在中华建筑史中留下烙印。中国土地之广,使得各个地方的建筑又具有本地的地方特色,但其服从于总的中华观念则是一致的。

国之大事,唯祀与戎,故坛庙祠堂总是当地最受尊崇的建筑。而国家治理又体现着统一政权的权威,故官府衙门,必须严肃庄重。因此上述建筑无一不是贯彻中轴线原则,十分讲究对称与循序渐进。

官宦之家,富豪之宅,或是大院,或是建筑群落,也无不贯彻这一原则。即使是普通民宅,也会以中堂中厅,外加横屋的均衡配置来体现这些思想。居家讲平正,但后花园又强调变化与打破对称,寻求曲径通幽的休闲与雅趣。发展下来,同样也会在人居的院落中寻求变化。以湘潭为例,我们通观这些建筑,还会发现一种不能变异的现象:在封建时代,城内最高的建筑是文庙正殿,因为孔子的地位很高,县署的所在也不能超过它。文庙的屋顶用黄色,同样的原理,武庙的屋顶也用黄色,万楼由于被改造成文昌阁故也用黄色,但还必须用绿色边框。黄色是皇家的颜色,其应用是有严格规定的,官署官宅也不能使用它,何论民居。值得注意的是,后人在维护这些建筑的时候,常会发生规制、材料、颜色的混乱使用。尤其是仿古寺庙、场馆建筑动辄便是黄色琉璃瓦,看上去极不顺眼。

时代的变动带来建筑的变革,在湘潭建筑史上同样留下了出色的成果。例如,20 世纪 30 年代建起的望衡亭、窑湾汽车站,长塘黎氏在城外二湖头岭建起的榆楼以及清末民初在风车坪一带建起的惠景医院王楼、湘潭中学钟楼等,这些建筑与纯粹的中华传统建筑如文庙、江西会馆、北五省会馆、鲁班殿等和谐搭配,相映生辉。

资料来源:湘潭日报 2019 年 8 月 25 日第 002 版

点评

在传统文化的领域里，建筑文化是其中的一朵奇葩。建筑是反映社会生活和社会文化心理的最明亮的镜子，从建筑上，人们可以“读”出一个时代、一个地区、一个民族发展的几乎所有的印记。西方人把建筑比喻为“石头的史书”，而在中国，我们可以把中国的传统建筑称为“土木的史书”。

重要知识

古建筑的含义

古建筑泛指现存的各类有历史价值的建筑物、构筑物、街区、村落、城市的旧城区乃至整个古城。凡是能吸引旅游者前往观赏，并产生经济效益和社会效益的古建筑，都可视为古建筑旅游资源。

一、中国古代建筑的发展历程

中国是一个历史悠久、文化灿烂、极富民族特色的文明古国。从一定程度上讲，建筑承载了人类文明的发展足迹。按照国际建筑史分类，世界上大致存在着七种主要的建筑体系，即古埃及建筑、古西亚建筑、古中国建筑、古印度建筑、古欧洲建筑、古美洲建筑和古伊斯兰建筑。其中又以古中国建筑、古欧洲建筑、古伊斯兰建筑流传最广、时间最长、成就最高，被称为世界三大主要建筑体系。

我国最早的史前建筑出现于距今约 1 万年前的旧、新石器时代之交。而最早显现出初步的符合广义艺术要求的建筑，则出现于新石器时代中期。在原始社会早期，我们的祖先利用天然崖洞作为居住处所，或构木为巢。到了原始社会晚期，在北方，人类在利用黄土层为壁体的土穴上，用木架和草泥建造简单的穴居或浅穴居，以后逐步发展到地面上，南方出现了干栏式木构建筑。中国土木结构建筑的发展历程大致分为雏形期、发展期、成熟期和总结期四个阶段。

（一）雏形期

夏、商、西周、春秋是中国古建筑的雏形时期。夏朝修建了城郭沟池，建起宫室台榭，到了殷商时期，建筑有了较大的发展，当时已出现一些规模较大的城池、宫殿和陵墓建筑。例如，在河南偃师二里头发现的商代早期宫殿遗址。

西周及春秋时期，统治阶级营造很多以宫市为中心的城市。原来简单的木构架，经商周以来的不断改进，已成为中国古建筑的主要结构形式。瓦的出现与使用，解决了屋顶防水问题，是中国古建筑的一个重要进步。在陕西岐山凤雏村发现的西周早期的宫殿遗址，在扶风召陈村发现的西周中晚期的建筑遗址等，都是这一时期的典型代表。

（二）发展期

战国时期，城市规模比以前扩大，高台建筑更为发达，并出现了砖和彩画。

秦汉建筑总的风格可以用“豪放朴拙”四个字来概括。秦汉时期，木构架结构技术已日渐完善，其主要结构方式抬梁式和穿斗式已发展成熟，高台建筑仍然盛行，多层建筑数量逐步增多。秦汉建筑类型以都城、宫殿、祭祀建筑（礼制建筑）和陵墓为主。东汉时出现了全部石造的建筑物，如石祠、石阙和石墓。

魏晋南北朝时期是中国古建筑体系的发展时期。在建筑材料方面，砖瓦的产量和质量有所提高，金属材料被用作装饰。在技术方面，大量木塔的建造，体现了木结构技术的提高；砖结构被大规模地应用到地面建筑，河南登封嵩岳寺塔的建造标志着石结构技术的巨大进步；石工的雕琢技术也达到了很高的水平。这一时期大量兴建佛教建筑，出现了许多寺、塔、石窟和精美的雕塑与壁画。

（三）成熟期

隋唐至宋是中国古建筑体系的成熟时期。特别是盛唐时期，政治安定，经济繁荣，文化昌盛，建筑文化也获得了空前成就，“雄浑壮丽”是隋唐时期建筑风格的精确概括。唐代是封建社会经济文化艺术的鼎盛时期。它继承了汉代以来的成就，融合了外来建筑的成果，形成了较为完整的中国古建筑体系。

隋唐时期建筑类型以都城宫殿、佛教建筑、陵墓和园林为主。隋唐时期建造了规模宏伟的都城，开凿了京杭运河，对南北经济和文化交流起到了重要作用。这一时期修建的赵州桥是中国古代三大名桥之一。

唐朝的城市布局和建筑风格规模宏大，气魄雄浑。长安城在隋大兴城的基础上继续经营，成为当时世界上最大的城市。在建筑材料、建筑技术和施工方面都取得了突破性的进展，形成了真正完善的建筑制度，同时加工工艺和装饰手段也达到成熟。唐朝的住宅，根据主人不同的等级，其门厅的大小、间数、架数、装饰以及色彩等都有严格的规定，体现了中国封建社会森严的等级制度。这一时期遗存下来的殿堂、陵墓、石窟、塔、桥及城市宫殿的遗址，无论布局还是造型都具有较高的艺术水平和技术水平，雕塑和壁画尤为精美，是中国封建社会前期建筑的高峰。

案例解读

中国现存最早的木结构建筑佛光寺发现者——梁思成、林徽因

在20世纪，一些外国学者对中国古代建筑进行了探索。日本研究人员声称，中国已经找不到唐代木结构建筑，人们若想看唐代木结构建筑只能到日本奈良。日本学者的这番话深深地刺痛了当时年轻的建筑师梁思成。梁思成不同意这种

说法，他认为泱泱中华，五千年历史文化的沉淀，一定还存在唐代建筑。1932年，梁思成和林徽因开始了他们古建筑的探索之旅。

梁思成、林徽因在1937年夏天开始了他们期待已久的五台山之旅。当时的交通十分不发达，他们从北京出发，乘坐了火车、汽车，最后乘坐驴车一路辗转终于到了五台山上，看到了佛光寺。这是一个激动人心的时刻，因为他们知道这就是他们要寻找的唐代建筑。经过他们的仔细测量研究，最终向世界展示了这座非凡的建筑。

资料来源：https://zhuanlan. zhihu. com/p/343966009

宋朝是中国古建筑体系的大转变时期。宋朝在城市结构和布局、建筑组群、建筑装修和色彩、建筑施工管理和砖石建筑技术等方面都有新的进展。《营造法式》是北宋政府为了管理宫室、坛庙、官署、府第等建筑工程而颁行的，是各种建筑的设计、结构、用料和施工的“规范”。现存宋代的建筑有山西太原晋祠圣母殿、福建泉州清净寺、河北正定隆兴寺和浙江宁波保国寺等。

（四）总结期

元明清是中国古建筑文化充实与总结的时期，是中国古代建筑史上最后一个高峰。元大都按照汉族传统都城的布局建造，是自唐长安城以来又一个规模巨大、规划完整的都城。明至清前期，城市格局仍然以规整方正为主，宫殿规模虽小于隋唐，但序列组合更为丰富和细腻；佛寺、佛塔虽不如盛唐的恢宏，但分布更为广泛，数量众多；皇家和私人的园林在传统基础上有了很大的发展，在明末出现了一部总结造园经验的著作——《园冶》，并留下了许多优秀作品。明清官式建筑完全定型，结构简化而装饰性加强，可以用“精细富缛”四字大致概括。北京明清故宫和沈阳故宫是明清宫殿建筑群的实例。而此时的民间建筑和少数民族建筑取得了更为显著的成就，各地区、各民族多种风格大大充实了传统建筑文化的内容。

二、传统思想在古代建筑中的体现

传统思想对古代建筑有很深刻的影响，主要体现在以下几个方面。

（一）敬天祭祖

古代中国人认为万物由天而生，帝王皆自命天子，且标榜“受命于天”。人类由祖宗而发展，所以对天、对祖先必须进行祭祀，这样可以得到上天的恩施，得到祖先神灵的荫庇。在这种思想的影响下，历朝历代封建帝王建起了祭天、祭祖、祭社稷的坛庙建筑。

（二）皇权至上

皇权至上是中国古代专制主义中央集权制度的重要内涵。皇权至上是一种中央决策方式，主要特征是皇帝个人专断独裁，集国家最高权力于一身，从决策到行使军、政、财大权都具有独断性和随意性。

中国封建社会历代统治者把皇权看成是至高无上的，而皇宫就是皇权的象征，因此在皇宫的设计上，充分体现出皇权至上的思想。北京明清故宫是我国现存最大、最完整的宫殿建筑群，它的总体规划和建筑形制最大限度地体现了皇权至上的思想。

（三）阴阳五行

“阴阳五行”学说是“阴阳”和“五行”两说的合流。这一学说对我国传统思想产生过深远的影响，也必然渗透到我国古代建筑设计思想中。北京四合院的布局非常生动真实地反映了阴阳五行系统在中国古代建筑中的应用。按后天八卦方位图的解释，北为坎卦所主，为水，南为离卦所主，为日。背后有水流动意为通泰，南有日引申为光照门楣，兴旺家族。故四合院大院北面为正房，院子的中轴线贯穿其中，坐北朝南，是院中体积最大的房屋，家中老人、前辈等为尊者都居住在北面正房。

三、中国古代建筑的特征

（一）建筑形式的多样性

中国幅员辽阔，民族众多，各地方的地质、地貌、气候及各民族的历史背景、文化传统和生活习惯等各不相同，因而建筑特色也不尽相同。例如，南方气候炎热、潮湿，生活在山区的人们居住的是干栏式的竹木建筑，建筑下层用柱子架空，上层供人居住。北方气候寒冷、干燥，游牧民族主要采用毡包式建筑，由轻木骨架和覆盖在上面的毛毡构成，非常适于迁徙。虽然我国各地的建筑风格差异很大，但总体来讲，大部分地区普遍采用木构架承重结构。这种建筑广泛分布在汉、满、朝鲜、回、侗、白等民族居住地，是我国历史上使用面积最广、数量最多的一种建筑类型。

（二）建筑布局的艺术性

中国古代建筑在世界建筑史上历史最为悠久，分布地域最为广泛，是具有特殊风格与体系的造型艺术。中国古代建筑的思想性、艺术性具有鲜明、独特的人文主义特征。它深刻体现了中国传统的伦理观、审美观、价值观和自然观。具体表现在三个方面。

（1）在宫殿和都城规划中，突出了皇权至高无上的思想和严密的等级观念。

（2）在建筑的布局组合中，特别重视群体组合之美；在建筑与环境的关系中，注重建筑与自然的高度和谐统一，尊重自然。

（3）在建筑内涵的表现中，重视对中和、平易、含蓄而深沉的美的追求。

(三)实体空间的物质特征

中国建筑在漫长的发展过程中,逐渐形成了独特的结构与空间处理方式,主要表现为以下三个方面。

1. 以木构架为主的实体建筑

木构架是我国古代建筑成就的重要代表。木构架之所以能够长期而广泛地作为一种主流建筑模式来使用,是因为它具有优于其他建筑模式的特点。它具有取材便捷、适应性强、抗震性好、施工快速、便于修缮等优点。以柱、梁、檩、枋等构件组成的木架建筑,采用榫卯结合的方式形成框架,可以承受屋面、楼面的负荷,墙则起着围蔽、分隔和稳定柱子的作用。木构架主要有抬梁式和穿斗式两种结构体系。

木构架建筑体系日趋完善,也促使单体建筑的造型形成一定的规格和程式。如殿、亭等形制都由台基、屋身和屋顶组成,同时各部分之间都有一定的比例。尤其是到了清代,这种规格化已达极致,木结构梁架组合形式所形成的体量巨大的屋顶,以及坡顶、正脊、翘起飞檐的柔美曲线成为中国高等级建筑最突出的形式特色。

2. 结合环境布置的空间序列

中国古代建筑群所特有的布局手法为沿着一条纵深的路线,对称(或不对称)地布置,连接不同大小与形状的院落和建筑物,这种布局手法能烘托出不同的环境气氛。这些院落与建筑物空间艺术的感染力,能够激发出崇敬、庄严、肃穆、壮观等内心情感。空间系列的形式丰富而多样,有以十字轴线展开的庙坛建筑,有以纵轴线为主、横轴线为辅的宫殿和民居建筑,有以曲折线展开的园林建筑等。此外"天人合一"的风水论也影响了城镇、村落、祠堂的空间布局。人们可以通过对地形、地貌、地质、植被、水文、环境容量等进行勘察,研究其利弊,然后选择好的基址,按照地势的高低,基址的广狭及河流、山川、道路的形式,恰当地布置建筑与城镇。

3. 多样化的院落组合

庭院是中国古代建筑群体布局的灵魂,运用院落组合的手法可以实现我国的古建筑的不同使用要求和目标。人们在进入到各个院落中时,可以真正获得生活的体验和艺术的感受。

庭院是由屋宇、围墙、走廊合围而成的,能营造出宁静、安全、整洁的生活环境。在古代,人们常遭到自然灾害的袭击,或受到社会环境动乱的打扰,这种封闭式的庭院则是最理想的建筑方案。此外,庭院还能充分满足房屋的采光、通风、排水等需求,也是参加室外和半室外活动、种植花木、美化生活的最佳选择。

四、中国古代建筑的基本构件

(一)台基

台基又称基座,是高出地面的建筑物底座,用以承托建筑物,并使其防潮、防腐,同时可弥补中国古建筑单体建筑不甚高大雄伟的欠缺。台基大致有以下四种类型。

1. 普通台基

普通台基的座壁表面是平整而笔直的,用素土或灰土或碎砖三合土夯筑而成,约高 30 厘米,常用于小式建筑。

2. 较高级台基

较高级台基比普通台基高,常在台基上边建汉白玉栏杆,用于大式建筑或宫殿建筑中的次要建筑。

3. 更高级台基

更高级台基即须弥座,又名金刚座。“须弥”是古印度神话中的山名。须弥座用作佛像或神龛的台基,用以显示佛的崇高伟大。中国古建筑采用须弥座表示建筑的级别。一般用砖或石砌成,上有凹凸线脚和纹饰,台上建有汉白玉栏杆,常用于宫殿和著名寺院中的主要殿堂建筑。

4. 最高级台基

最高级台基由几个须弥座相叠而成,从而使建筑物显得更为宏伟高大,常用于最高级建筑,如故宫三大殿、山东曲阜孔庙的大成殿等。

(二)柱

柱是建筑物中直立的起支撑作用的最重要的承重构件,多为松木或楠木制成的圆柱形木头,置于石头(有时是铜器)为底的台上,用于支撑屋面檩条,形成梁架。

(三)开间

四根木头圆柱围成的空间称为“间”。建筑的迎面间数称为“开间”,或称“面阔”。建筑的纵深间数称“进深”。中国古代以奇数为吉祥数字,所以平面组合中绝大多数的开间为单数;而且开间越多,等级越高。北京故宫太和殿、北京太庙大殿开间为 11 间。

(四)大梁

大梁即横梁,是架于木头圆柱上的一根最主要的木头,以形成屋脊。常用松木、楠木或杉木制成,是中国传统木结构建筑中骨架的主件之一。

（五）斗拱

斗拱是中国古代建筑独特的构件。方形木块称斗，弓形短木称拱，斜置长木称昂，总称斗拱。一般置于柱头和额枋（也叫檐坊，是中国古代建筑中柱子上端连接与承重的水平构件）、屋面之间，用来支撑荷载梁架、挑出屋檐，兼具装饰作用。

（六）屋顶（古称屋盖）

中国传统屋顶有以下 7 种，其中以重檐庑殿顶、重檐歇山顶为级别最高，其次为单檐庑殿顶、单檐歇山顶。

1. 庑殿顶

四面斜坡，有一条正脊和四条斜脊，屋面稍有弧度，又称四阿顶。它用于皇宫、庙宇的圣殿，特别重要的大殿可用重檐。

2. 歇山顶

歇山顶是庑殿顶和硬山顶的结合，由四个倾斜的屋面、一条正脊、四条垂脊、四条戗脊和两侧倾斜屋面上部转折成垂直的三角形墙面组成，形成两坡和四坡屋顶的混合形式。

3. 悬山顶

屋面双坡，两侧伸出山墙之外。屋面上有一条正脊和四条垂脊，又称挑山顶。

4. 硬山顶

屋面双坡，两侧山墙同屋面齐平，或略高于屋面。

5. 攒尖顶

平面为圆形或多边形，上为锥形的屋顶，没有正脊，有若干屋脊交于上端。一般亭、阁、塔常用此式屋顶。

6. 卷棚顶

屋面双坡，没有明显的正脊，即前后坡相接处不用脊而砌成弧形曲面。

7. 叠顶

梁架结构多用四柱，加上枋子抹角或扒梁，形成四角或八角形屋面。顶部是在平顶的屋顶四周加上一圈外檐。

（七）山墙

山墙即房子两侧上部成山尖形的墙面。常见的山墙还有风火山墙，其特点是两侧山墙高出屋面，随屋顶的斜坡面而呈阶梯形。

（八）藻井

中国传统建筑中天花板上的一种装饰，名为“藻井”，有五行以水克火，预防火灾之意。一般都在寺庙佛座上或宫殿的宝座上方。它是平顶的凹进部分，有方格形、六角形、八角形或圆形，上有雕刻或彩绘，常见的有“双龙戏珠”。

案例解读

古建筑营造——传统建筑构件之美

中国古建筑的历史源远流长，宫殿、陵墓、庙宇、园林、民宅，几千年来，建筑杰作不断涌现。中国古代建筑优美柔和的轮廓、变化多样的形式令人赞叹。这些极富特色的古建筑构件，你了解多少？

飞檐是中国传统建筑的一大特色，多指屋檐翼角向上翘起，如飞举之势，《诗经》有云“如鸟斯革，如翚斯飞”。它是中国古代建筑在檐部上的一种特殊处理和构造，常用在亭、台、楼、阁、宫殿、庙宇的屋顶转角处。这种特殊处理和创造，不但扩大了采光面、有利于排泄雨水，而且增添了建筑物向上的动感，仿佛是一种气将屋檐向上托举，建筑群中层层叠叠的飞檐更是营造出壮观的气势和中国古建筑特有的灵动轻快的韵味。

斗拱，别称斗栱、欂栌，是中国木构架建筑结构的关键性部件，在横梁和立柱之间挑出以承重，将屋檐的荷载经斗拱传递到立柱。斗拱又有一定的装饰作用，是中国古典建筑显著特征之一。

所谓雀替，乌雀替木，通常被置于建筑的横材（梁、枋）与竖材（柱）相交处，作用是缩短梁枋的净跨度，从而增强梁枋的载荷；减少梁与柱相接处的向下剪力；防止横竖构材间的角度倾斜。其制作材料由该建筑所用的主要建材所决定，如木建筑上用木雀替，石建筑上用石雀替。雀替的雏形在唐代之前就已出现，在宋代的《营造法式》中叫“绰幕”，有龙、凤、仙鹤、花鸟、花篮、金蟾等各种形式。雀替除了具有一定的承重作用外，还可以减少梁、枋的跨距或是增加梁头的抗剪能力。

鸱吻，又名螭吻、鸱尾，为中国神兽，龙九子之一。中国古建筑的岔脊上多有装饰小兽，在房脊上安两个相对的鸱吻，不仅能加固房脊，还有避火灾之意。唐代木构建筑的鸱吻一般做鸱鸟嘴或鸱鸟尾状。

照壁是中国古代传统建筑特有的部分。明朝时特别流行，一般讲，在大门外的屏蔽物。古人称之为萧墙。因而有祸起萧墙之说。照壁是中国受风水意识影响而产生的一种独具特色的建筑形式，又称影壁或屏风墙。照壁以形论有一字、雁翅、撇山、座山，以材质分有琉璃、砖石、木瓦。唐时，照壁之美就已惊艳世人，诗人司空曙有“云母屏风光照壁”之叹。

铺首是含有驱邪意义的传统建筑门饰。汉代寺庙多装饰铺首，以做驱妖避邪。在民间门扉上应用亦很广，为表示避祸求福，祈求神灵像兽类敢于搏斗那样勇敢地保护自己家庭的人财安全。

门扉上的环形饰物，大多冶兽首衔环之状。以金为之，称金铺；以银为之，称银铺；以铜为之，称铜铺。其形制，有冶蠡状者，有冶兽吻者，有冶赡状者，盖取其善守济；又有冶龟蛇状及虎形者，以用其镇凶避邪。而兽首衔环之冶，商周铜饰上早已有之。它是兽面纹样的一种，有多种造型，嘴下衔一环，用于镶嵌在门上的装饰，一般多以金属制作，做虎、螭、龟、蛇等形。

门当是中国传统建筑门口的相对而放置呈扁形的一对石墩或石鼓，包括抱鼓石和一般门枕石，在古代，不同等级的家室门当的等级也十分森严。大门两侧，放置门当。圆形为武官，象征战鼓；方形为文官，象征砚台。

户对，中国传统建筑构件之一。与门当相对，为门楣上突出之柱形木雕（砖雕），上面大多刻有以瑞兽珍禽为主题的图案。因一般成双数出现，故名“户对”。“户对”仅为官者的院落才有。

根据建筑学上的和谐美学原理，大门前有“门当”的宅院必有“户对”，所以，“门当”“户对”常常被同呼并称。“门当”“户对”上往往雕刻有适合主人身份的图案，“门当”的大小、“户对”的多少也标志着宅第主人家财势的大小。

屋檐前端的一片瓦为瓦当。瓦者，具有圆弧的陶片，用于覆盖屋顶；当者，瓦面上带有花纹垂挂的圆形或半圆形挡片。青砖黛瓦之美，让人倾倒。唐代瓦当以圆形居多，常以植物花草为纹饰。

马头墙，是徽派建筑的重要特色。在聚族而居的村落中，民居建筑密度较大，不利于防火的问题比较突出，而高高的马头墙，能在相邻民居发生火灾的情况下，起着隔断火源的作用，故而马头墙又称为封火墙。

每日一练 自己试着和同学一起交流，总结中国古代建筑景观的发展历程及每个阶段的特点。

任务小结 完成本任务后，请进行自我测试：你是否已明确我国古代建筑的发展历程？

任务 2 中国古代城市建筑

任务提示 本任务将引领你赏析我国古代城市建筑的主要类别。

任务先行 中国古代城市建筑有哪些类别？有哪些典型代表？

案例解读

江南水乡古镇昆山周庄

周庄，是一座江南小镇，有“中国第一水乡”之誉，是国家首批5A级景区。周庄始建于1086年（北宋元祐元年），因邑人周迪功先生捐地修全福寺而得名。周庄位于苏州昆山，是江南六大古镇之一，于2003年被评为中国历史文化名镇。周庄历史悠久，呈现出典型的江南水乡风貌，有独特的人文景观，是中国水乡文化和吴地方文化的瑰宝。

周庄镇60%以上的民居仍为明清建筑，仅0.47平方千米的古镇有近百座古典宅院和60多个砖雕门楼，周庄民居古风犹存，还保存了14座各具特色的古桥。景点包括沈万三故居、富安桥、双桥、沈厅、怪楼、周庄八景等。2018年被重新确认为国家卫生县城(乡镇)。

资料来源：https://upimg.baike.so.com/doc/5341587-5577030.html

点评

中国历史文化名镇名村，是由中华人民共和国住房和城乡建设部与国家文物局自2003年起共同组织评选的，保存文物特别丰富且具有重大历史价值或纪念意义的、能较完整地反映一些历史时期传统风貌和地方民族特色的镇和村。这些村镇分布在全国各省、自治区、直辖市，包括太湖流域的水乡古镇群、皖南古村落群、川黔渝交界古村镇群、晋中南古村镇群、粤中古村镇群，既有乡土民俗型、传统文化型、革命历史型，又有民族特色型、商贸交通型，基本反映了中国不同地域历史文化村镇的传统风貌。

一、古代城池

城池在古代是指城墙和护城河，也可以泛指城市，是古代的军事防御建筑，是为了保护百姓生命财产安全而修建的。

(一)城池的发展史

冷兵器时期，建造高大的古城墙可以起到防范敌人入侵的作用。在新石器时代晚期，一些聚落遗址已经出现规模较小的城堡，在商代早期这种城堡发展成为有防御设施的都城。

东周列国都城均分为宫城和郭城两部分。宫城和郭城都有各自的城垣，每边城垣均有数目不等的城门，与城内的街道相接。宫城内都有高大的建筑群。

秦汉都城，其设计除适应作为大城市的经济生活上的需要以外，还充分显示了政治上和礼制上的规格。

三国两晋南北朝时期的城址，多利用东汉旧城改建而成，改建重点在于集中宫苑衙署和加强西北隅的军事据点，扩大并规整居民区，调整并对称安排工、商业区。

隋唐时期的都城长安城结构严谨，区划整齐，宫城置于郭城北部正中，北连禁苑，南接皇城。宫城、皇城以外为里坊区，由11条南北向大街和14条东西向大街将其划分为棋盘式的格局，其间布列110个坊及东西两市。

北宋后拆除坊墙，居民区由原坊内小街发展成横列的巷（胡同），商铺沿城市大街布置，这种形式一直延续至清代。元大都和明清北京城是较典型的代表。

明朝的北京城是在元大都的基础上改建和扩建而成的，由皇城、内城和外城三部分组成。皇城内的主要建筑是宫苑、庙社、寺观、衙署、宅第等。内城主要有亲王府、佛寺、道观等建筑。内城的街巷，大体沿用元大都的规划，分布在皇宫衙署的两侧。外城区主要是手工业区和商业区及天坛和先农坛。

（二）古代城池的构造

中国古代城池由城墙、城楼、护城河、敌楼、角楼、瓮城等组成。

1. 城墙

城墙是城市的主要防御线，界定出城市的范围。大多就地取材，初期以竹、木栅为主。发展到一定程度后，改用土石或砖等材料为墙。

2. 城楼

城楼指城墙上的门楼，是“城”的标志，其雄伟壮丽的外观显示着城池的威严和民族的风采。城楼是我国古代城市的一种防御建筑，城楼之间城墙相连，既有军事防御作用，又有城市防洪功能，是古城一道坚固的屏障，多形成于明代。在古代或近代的战争中，砖木结构的城楼是瞭望所，是守城将领的指挥部，又是极其重要的射击据点。

3. 护城河

护城河是古时由人工挖凿，环绕整座城、皇宫、寺院等主要建筑的河。具有防御作用，可防止敌人或动物入侵。

4. 敌楼

敌楼是指城墙上御敌的城楼。

5. 角楼

因其主要设在防守式建筑物的棱角转弯之处，故名“角楼”，是一种用于城市防御的特殊建筑，它分布在城墙四隅，可供防御者登临瞭望敌情，同时结合墙、台、塔、堡垒等其他防御设施，起到防守作用。

6. 瓮城

瓮城，为古代城市的主要防御设施之一，可加强城堡或关隘的防守，而在城门外（亦有在城门内侧的特例）修建的半圆形或方形的护门小城，属于中国古代城市城墙的一部分。平时是城内通向城外的要道，战时是城防部队坚守的重点。

（三）现存古代城墙城池介绍

中国有北京、西安、开封、洛阳、南京、杭州等古都，还有山西平遥及云南丽江等古城。

1. 南京明城墙

南京明城墙，始建于元至正二十六年（1366 年）。

南京明城墙从内到外由宫城、皇城、京城、外郭城四重城墙构成，其一改古代都城取方形或者矩形的旧制，设计思想独特、建造工艺精湛、规模恢宏雄壮，在钟灵毓秀的南京山水之间，蜿蜒盘桓达 35.267 千米，形成独具防御特色的立体军事要塞。经历数百年的沧桑，宫城、皇城、外郭三圈城墙已毁坏殆尽，唯有高大的京城墙，除城门等木构建筑不复存在，城墙依然屹立。

南京明城墙于 1956 年 10 月分多段列入江苏省文物保护单位，1988 年 1 月全段被列为全国重点文物保护单位，2012 年 11 月作为“中国明清城墙”项目被列入中国世界文化遗产预备名单。

案例解读

南京城墙宝贵文化遗产价值——城砖

南京明城墙，据初步估算共耗费了数亿块城砖。城砖一般长 40～45 厘米，宽 20 厘米，高 10～12 厘米，重为 10～20 公斤。大多数城砖留有铭文，少则一字（或一个符号、记号），多则 70 余字，这不仅是南京明城墙的一大特点，也是南京明城墙历史文化遗产价值的重要组成部分。铭文的双线模印字体的笔画较细，对制砖泥土的质量有较高的要求。更令人惊奇的是在明城墙的墙砖上还发现明代字典上查不到的简化字，如“邓”“刘”等。

南京明城墙所用城砖，分别来自长江中、下游的广袤地区，其中包括今江苏、江西、安徽、湖南、湖北 5 省的府、州、县，以及军队卫、所和工部营缮司等近 200 个单位承担组织人力制坯、烧造。为确保建造南京明城墙的城砖烧造质量，朝廷要求各地生产的城墙砖上烧制出府、州、县、总甲、甲首、小甲、制砖人夫、窑匠等 5 至 6 级责任人的名字，以便验收时对不合格的城砖追究制砖人的责任，这种严格的“责任制”，保证了南京明城墙建造过程中的高质量。

资料来源：https://m.iask.sina.com.cn/b/iRzLQhHOICLJ.html（有改动）

2. 西安城墙

西安城墙又称西安明城墙，是中国现存规模最大、保存最完整的古代城垣，是第一批全国重点文物保护单位。始建于明太祖洪武三年（1370 年），洪武十一年（1378 年）竣工，是在明太祖“高筑墙、广积粮、缓称王”的政策指导下，在隋、唐皇城的基础上建成的，当时是西安的府城。城墙用黄土分层夯筑，城墙周长合 11.74 千米，高 12～14 米，厚 15～18 米，城内面积近 12 平方千米，四面正中辟门，每座门外设箭楼，以利射击，内建城楼，两楼之间建瓮城。城墙里面建有马道六处，外面建有敌台，城垣外围护城河宽20余米，深10余米。

3. 平遥城墙

平遥古城位于山西平遥县，是我国现存完好的四座古城之一。其现存城墙是明洪武三年(1370年)在西周旧城的基础上大规模重修的。南城墙随中都河蜿蜒而建，其余三面皆直线相围。城墙高8~10米，底厚8~12米，顶厚3~6米。墙身素土夯筑，分层铺设稻草为拉筋，外壁城砖白灰包砌，顶部青砖铺墁，内向设泄水渠道。环城墙辟城门6道，东西各二，有上下门之分，南北各一。各门交错设置，门外筑瓮城，内外皆用条石铺墁，门洞上原建城楼各一。平遥古城依照"因地制宜，用险制塞"的原则修建，风格古朴，重视防御，工艺和用料均以精良著称。1997年平遥古城被列入《世界遗产名录》。

4. 丽江古城

丽江古城位于云南西北部，是融合纳西民族传统建筑及外来建筑特色的城镇，始建于南宋末年。丽江古城未受中原建城礼制的影响，城中道路网不规则，没有森严的城墙。黑龙潭是古城的主要水源，潭水在双石桥处被分为东、中、西三条支流，各支流再分为条条细流入墙绕户，形成水网。丽江民居是中国民居中具有鲜明特色和风格的类型之一。作为古城居民的纳西族拥有悠久丰富的传统文化。闻名遐迩的东巴文化、纳西古乐、白沙壁画等是其重要的内涵。1997年被列入《世界遗产名录》。

二、古长城建筑

(一)古长城修筑历史

长城是一处特殊的防御工程。早在春秋战国时期，各国为了互相防御，均选形势险要的地方修筑长城。最早修筑长城的是齐国和楚国，大约始于公元前7世纪中叶。战国时魏、燕、赵、秦等国相继兴筑。秦始皇灭六国完成统一后，为了防御北方匈奴的南侵，于公元前214年将秦、赵、燕长城连接起来，西起临洮，北傍阴山，东至辽东，俗称"万里长城"。此后汉、北魏、北齐、北周、隋各代都曾在北边与游牧民族接境地带筑过长城。汉长城东起辽东，西迄蒲昌海(亦名盐泽，即今罗布泊)，长1万千米，是汉武帝在三次征服匈奴的基础上修筑而成的，规模最大，不仅抵御了匈奴南下，而且保护了通往西域的陆上交通——丝绸之路。明代为了防御鞑靼、瓦剌族的侵扰，曾多次修筑长城，西起嘉峪关，东至鸭绿江，全长6 350千米以上。1987年，长城被列入《世界遗产名录》。

(二)明长城结构

明长城是明朝在北部地区修筑的军事防御工程，亦称边墙，东起山海关东南老龙头，西至嘉峪关。其中，人工墙体的长度为 6 259.6 千米；壕堑长度为 359.7 千米；天险长度为 2 232.4 千米。东部险要地段的城墙，用条石和青砖砌成，十分坚固。明长城东起鸭绿江，连接秦长城，然后西至嘉峪关，蜿蜒六千余千米，气势宏伟，是当时世界上的一个奇迹。明代在军事上抵御少数民族的侵扰，在经济上促进了边疆经济开发，在政治上巩固了多民族国家的统一。明长城是中国历史上费时最久，工程最大，防御体系和结构最为完善的长城工程，它对明朝防御掠扰，保障国家安全和人民生产生活的安定，开发边远地区，保障中国与西北域外的交通联系都起过不小的作用。它充分体现了中国古代建筑工程的高度成就和古代劳动人民的聪明才智。

（三）著名城段

长城的著名城段包括八达岭长城和金山岭长城。

八达岭是我国明长城保存最完整、最具有代表性的段落之一。因地势险要，自古为兵家必争之地，历代都设重兵把守。八达岭长城是明代修筑的，它建筑宏伟，防御设施齐全，是明长城中最杰出的代表。

金山岭长城被誉为“第二八达岭”，盘桓在河北滦平县的大小金山岭上，是万里长城的精华地段，素有“万里长城，金山独秀”之美誉。1980 年河北省文物工作队在调查长城保护情况时发现了这段长城。

（四）著名关隘

长城上有三个著名的关隘，即山海关、居庸关和嘉峪关。

1. 山海关

山海关为万里长城第一关，自古为兵家必争之地。山海关筑于洪武十四年（1381 年），关城平面呈方形，有城门四座，各门之上高筑城楼，现仅有东门保存完好。关城四周还有瓮城、东罗城等军事设施，形成关城外围的屏障。

2. 居庸关

居庸关位于北京的昌平区。“居庸关”一名始自秦代，相传因秦始皇“徙居庸徒”（被征发的民夫、犯人等）到此修筑长城而得名。三国时名西关，北齐时称纳款关，后改今名。现存关城建于明初。关城位于长达 20 千米的深谷之中，是北京西北的门户。

3. 嘉峪关

嘉峪关是明代万里长城西端的终点，是丝绸之路的交通咽喉，有“河西第一隘口”的称誉。始建于明洪武五年（1372 年）。关城平面呈梯形，西城墙外侧又加筑了一道厚墙，南北城墙外侧有低矮土墙与其平行。关城有东、西二门，上面均有城楼。东、西二门外建有瓮城。关城四隅有角楼，高两层，形如碉堡。相传，当年建关时，工匠们计算用料十分精确，竣工后只剩一块砖。此砖今存西瓮城门楼后檐台上。

案例解读

万里长城——中国古代第一军事工程

长城(The Great Wall)，又称万里长城，是中国也是世界上修建时间最长、工程量最大的一项古代防御工程，是以城墙为主体，同大量的城、障、亭、标相结合的防御体系。

长城的修筑历史可上溯到西周时期。春秋战国时期列国争霸，互相防守，长城修筑进入第一个高潮，但此时修筑的长度都比较短。秦统一六国后，秦始皇连接和修缮战国长城，始有万里长城。明朝是最后一个大修长城的朝代，今天人们所看到的长城多是此时修筑。

在布局上，秦始皇修筑万里长城时就总结出了“因地形，用险制塞”的重要经验，司马迁将其载入《史记》之中，之后的每一个朝代修筑长城都按照这一原则进行，成为军事布防上的重要依据。在建筑材料和建筑结构上以“就地取材、因材施用”的原则，创造了许多种结构方法。

长城不仅是古代的军事防御工程，在文化方面，长城在中华民族多元一体格局的形成和发展上也起了重要作用。1987 年 12 月，长城被列入《世界遗产名录》。

资料来源：https://baike.baidu.com/item/%E9%95%BF%E5%9F%8E/14251?fromtitle=%E4%B8%87%E9%87%8C%E9%95%BF%E5%9F%8E&fromid=35257

三、古镇古村

古镇古村是中国文化遗产的重要组成部分，它反映了不同地域、不同民族、不同经济社会发展阶段聚落形成和演变的历史过程，真实记录了传统建筑风貌、优秀建筑艺术、传统民俗民风和原始空间形态。

截至 2019 年，入选中国历史文化名镇名录的古镇共有 312 个。首批入选中国历史文化名镇的有山西省灵石县静升镇、江苏省昆山市周庄镇等 10 个；第二批入选中国历史文化名镇的有河北省蔚县暖泉镇、山西省临县碛口镇等 34 个；第三批包括河北省永年县广府镇、山西省襄汾县汾城镇等 41 个；第四批共 58 个；第五批共 38 个；第六批 71 个；第七批共 60 个。

截至 2019 年，列入中国历史文化名村的共有 487 个。首批列入中国历史文化名村的包括北京市门头沟区斋堂镇川底下村、山西省临县碛口镇西湾村等 12

个;第二批包括北京市门头沟区斋堂镇灵水村、河北省怀来县鸡鸣驿乡鸡鸣驿村等 24 个;第三批包括北京市门头沟区龙泉镇琉璃渠村、河北省井陉县于家乡于家村等 36 个;第四批 36 个;第五批 61 个;第六批 107 个;第七批 211 个。

每日一练 试着和同学一起交流,总结古代城市建筑的类别和典型代表。

任务小结 完成本任务后,请进行自我测试。你是否已了解我国古代城市建筑的类别和典型代表?

任务 3 中国古代宫殿坛庙与民居建筑

任务提示 本任务将引领你赏析我国古代宫殿坛庙与民居建筑的形态特征。

任务先行 我国古代宫殿坛庙与民居建筑的类别有哪些?古代宫殿坛庙与民居建筑的典型代表有哪些?

案例解读

天 坛

在北京市南部,东城区永定门内大街东侧,有一座占地约 273 万平方米、布局严谨、构造奇特的建筑群,这就是天坛公园。

据史料记载,有记载的正式祭祀天地的活动,可追溯到公元前 2000 年,尚处于奴隶制社会的夏朝。中国古代帝王自称“天子”,他们对天地非常崇敬。祭天作为人类祈求神灵赐福禳灾的一种文化行为,曾经是中国古代先民生活中的重要组成部分。中国从“三皇五帝”时代至清末,一直举行祭天典礼,持续五千余年,可谓源远流长。天坛也正是作为帝王祭天的专用场所而存在。

天坛始建于明永乐年间(1403—1424 年),是按照中国传统礼仪制度建立的国家祭坛。

自明永乐十九年(1421 年)起,共有 22 位皇帝亲御天坛,向皇天上帝顶礼膜拜,虔诚祭祀。辛亥革命爆发后,中华民国政府宣布废除祭天祀典,并于 1918 年改天坛为公园。

资料来源:https://mp.weixin.qq.com/s/scqjcyre_UAt7Z2ytS4(有删改)

点评

因为君权“受命于天”,且要秉承“天意”治理国家,所以皇帝必须亲自去天坛祭天。天坛以其严谨的建筑布局,奇特的建筑结构,瑰丽的建筑装饰,被认为是我国现存的一组最精致、最美丽的古建筑群,天坛不仅是中国古建筑中的明珠,也是世界建筑史上的瑰宝。

一、宫殿

宫殿(包括坛庙、陵墓)是中国古代最重要的建筑物之一。历代统治者都耗费大量人力、物力,使用当时最成熟的技术和艺术来营建此类建筑。它们是帝王权威和统治的象征,这些具有纪念性的建筑物以群体布局见长,在因地制宜地塑造环境、空间处理等方面富有特色。

(一)宫殿的布局与陈设

1. 宫殿的布局

(1)严格的中轴对称。

为了表现君权受命于天和以皇权为核心的等级观念,宫殿建筑采取严格的中轴对称的布局方式。中轴线上的建筑高大华丽,轴线两侧的建筑低小简单。这种明显的反差,体现了皇权的至高无上;中轴线纵长深远,更显示了帝王宫殿的尊严华贵。

(2)左祖右社,或称左庙右社。

中国的礼制思想,有一个重要内容,即崇敬祖先、提倡孝道;祭祀土地神和粮食神。有土地才有粮食,“民以食为天”“手中有粮喜气洋洋,手中无粮慌慌张张”“有粮则安,无粮则乱”,风调雨顺、国泰民安是人所共知的天经地义。左祖右社,则体现了这些观念。所谓“左祖”,是在宫殿左前方设祖庙,祖庙是帝王祭祀祖先的地方,因为是天子的祖庙,故称太庙;所谓“右社”,是在宫殿右前方设社稷坛,社为土地,稷为粮食,社稷坛是帝王祭祀土地神、粮食神的地方。古代以左为上,所以左在前,右在后。

(3)前朝后寝。

所谓“前朝”,即为帝王上朝治政、举行大典之处。所谓“后寝”,即帝王与后妃们生活居住的地方。在“前朝”中央靠墙处,设有御座,这是帝王上朝坐的地方;在“后寝”,则设有床具,供休憩之用。明清紫禁城的前朝部分包括太和、中和、保和三大殿,以及东西两侧对称布置的文华殿和武英殿,这里是帝王政治的中心。后寝部分主要包括皇帝、皇后以及宫妃生活起居的场所,如乾清宫、交泰殿、坤宁宫,东西六宫,以及御花园等娱乐服务性建筑。这种合乎实际功能需要的前朝后寝布局原则成了历代皇宫营造的基本格局。

(4)三朝五门。

《左传》和《礼记》记载周朝的宫室制度时写道,在宫室的大门前面有阙。阙是一种高台建筑,用于登高远望,又称为宫阙,它是观察防御、揭示政令、纳取臣子建议的地方;其后有五重宫门,分别是皋门、英门、路门、库门和雉门,起到壮大威慑力的作用;后有大朝、内朝和外朝三朝。北京故宫的“五门”是大清门(已拆除）、天安门、端门、午门和太和门；三朝是太和殿、中和殿和保和殿。三朝五门的宫殿布局在礼制上一直被后代皇帝所延续，但是在建筑形式上根据实际情况需要，又有所改变和发展。总之，这种宫殿建制不仅威严壮观，具有强大的震慑力，而且是中国古代宗法社会等级和秩序精神的象征和体现。

2. 宫殿外陈设

（1）华表。

华表是一种中国古代传统建筑形式，是古代宫殿、陵墓等大型建筑物前面做装饰用的巨大石柱，相传华表是部落时代的一种图腾标志，古称桓表，以望柱的形式出现，富有深厚的中国传统文化内涵，散发出中国传统文化的精神、气质和神韵。现在常见的明、清华表是在一个须弥座上立着盘龙石柱，柱头横贯着一块刻云纹的大板，称为云板，顶上还有石兽等物，它常立在桥头、门的两旁或亭的四隅。作为一种标志性建筑，华表对主体建筑起到烘托作用，使这些华表石柱与主体建筑组成一个完整的群体。

（2）石狮。

宫殿大门前都有一对石狮（或铜狮）。石狮（或铜狮），有辟邪的作用，又因为狮子是兽中之王，所以又有显示“尊贵”和“威严”的作用。按照中国文化的传统习俗，成对石狮系左雄右雌。还可以从狮爪所踩之物来辨别雄雌。爪下为球，象征着统一寰宇和无上权力，必为雄狮。爪下踩着幼狮，象征着子孙绵延，必定是雌狮。在中国还有北狮、南狮之分。北狮雄壮威严，南狮活泼有趣。

（3）日晷。

日晷即日影，它利用太阳的投影和地球自转的原理，借指针所成阴影的位置来显示时间。

（4）嘉量。

我国古时的标准量器。全套量器从大到小依次为：斛、斗、升、合、龠。含有统一度量衡的意义，象征着国家统一和强盛。

（5）吉祥缸。

吉祥缸置于宫殿前，盛满清水以防火灾，有的是铜铸的。古代称为“门海”，以比喻缸中水深似海可以扑灭火灾，故又被誉为吉祥缸。北京故宫中的吉祥缸，古时每年冬天在缸外套上棉套，覆上缸盖，下边石座内燃炭火，以防止冰冻，直到天气回暖时才撤火。

（6）鼎式香炉。

有盖为鼎，无盖为炉。是古代的一种礼器，举行大典时用来燃檀香和松枝。

（7）铜龟、铜鹤。

龟和鹤是中国文化中的神灵动物，用来象征长寿，庆贺享受天年。最有名的被称为龙头龟、仙鹤。

案例解读

北京故宫太和殿檐角屋脊上的小兽代表什么?

中国古建筑大都为土木结构,屋脊是由木材上覆盖瓦片构成的。檐角最前端的瓦片因处于最前沿的位置,要承受上端整条垂脊的瓦片向下的“推力”;同时,如毫无保护措施也易被大风吹落。因此,人们用瓦钉来固定住檐角最前端的瓦片,在对钉帽的美化过程中逐渐形成了各种动物形象,在实用功能之外进一步赋予其装饰和标示等级的作用。

北京故宫太和殿的檐角用了十个小兽,除了象征着皇权的至高无上外,大概也意味着只有皇帝才配享受到“十全十美”的待遇。它们依次是:龙、凤、狮子、天马、海马、狻猊、押鱼、獬豸、斗牛和行什。

这些小兽代表的意义如下。

龙:皇权的象征,亦有权贵、吉祥的寓意。

凤:象征尊贵、有圣德之人。据《史记·日者列传》:“凤凰不与燕雀为群。”凤是吉瑞的象征,亦是皇后的代称。

狮子:代表勇猛、威严。《传灯录》记载:“狮子吼云:‘天上天下,唯我独尊’。狮子作吼,群兽慑伏。”

天马、海马:象征着威德通天入海,畅达四方。

狻猊:古书记载是与狮子同类的猛兽,也有说为龙的九子之一。传说能食虎豹,有率从百兽之意。

押鱼:是海中异兽,传说和狻猊都是兴云作雨、灭火防灾的神。

獬豸:古代传说中的猛兽,与狮子类同。《异物志》中说“东北荒中有兽,名獬豸”。传说能辨别是非曲直,独角,又有神羊之称,是勇猛、公正的象征。

斗牛:传说中是一种虬龙,据《宸垣识略》载:“西内海子中有斗牛……遇阴雨作云雾,常蜿蜒道路旁及金鳌玉栋坊之上。”传说是一种兴云作雨、镇火防灾的吉祥物。

行什:一种带翅膀猴面孔的人像。

这些美观实用的小兽端坐檐角,为古建筑增添了美感,使古建筑更加雄伟壮观,富丽堂皇,充满艺术魅力。梁思成评价道:“使本来极无趣笨拙的实际部分,成为整个建筑物美丽的冠冕”。

资料来源:http://www.360doc.com/content/12/0606/10/137012_216325830.shtml(有改动)

（二）中国现存的古代皇宫

1. 北京故宫

北京故宫位于北京市区中心，始建于 1406 年，历时 14 年才完工。故宫是世界上现存规模最大、最完整的古代木构建筑群，为明清两代的皇宫。

故宫占地 72 万平方米，建筑面积约 15 万平方米。宫墙长达 3 400 米，墙外环绕宽 52 米的护城河。宫殿分前后两部分，即前朝和内廷。前朝是皇帝举行大典、召见群臣、行使权力的场所，以太和、中和、保和三大殿为中心。太和殿又称金銮殿，皇帝即位、诞辰及节日庆典和出兵征伐等重大国典在此举行。中和殿是举行各种大典前清代皇帝在前往太和殿途中小憩之处，皇帝先在此接受内阁、礼部及侍卫执事人员的朝拜。保和殿是皇帝宴请外蕃王公贵族和京中文武大臣之处，清中后期也是殿试的场所。

保和殿之后为内廷，是皇帝日常处理政务和帝后、嫔妃、皇子、公主居住、游玩奉神之处。以乾清宫、交泰殿、坤宁宫为中心，东西两翼有东六宫和西六宫。西六宫以南有养心殿。养心殿是清代后八位皇帝居住和处理日常政务的地方，正间为皇帝接见官员处，西间为皇帝阅览奏折和议事处。东间在同治、光绪执政期间，是慈禧太后垂帘听政的地方。内廷主要有四座花园，即宁寿宫花园、慈宁宫花园、御花园及建福宫花园。

1911 年辛亥革命爆发，末代皇帝溥仪逊位后仍居内廷，直至 1924 年被逐出宫。1925 年故宫博物院正式成立，延续至今，该院是世界上最大的博物馆之一。1987 年被列入《世界遗产名录》。

2. 沈阳故宫

沈阳故宫是清朝入关前创建的宫殿，具有满族特色。位于沈阳旧城中心，占地 60 000 平方米，全部建筑 90 余所，300 余间。四周围以高大的红色宫墙，殿堂金瓦雕梁画栋，光彩夺目，是我国现存仅次于北京故宫的最完整的皇宫建筑。

沈阳故宫的布局有浓厚的民族和地方特色。依其自然布局和建筑先后，可分成三个部分：第一部分是清太祖努尔哈赤建都沈阳初期所建的大政殿，也就是故宫的东路；第二部分是清太宗皇太极继位后，续建的大内宫阙，包括最南端的照壁、东西厢楼、东西朝房、崇政殿、凤凰楼、清宁宫等建筑，也就是故宫中路；第三部分是清高宗乾隆四十八年（1783 年）扩建的，包括戏台、嘉荫堂、文溯阁、仰熙斋等建筑，也就是故宫的西路。

大政殿俗称八角殿，始建于 1625 年，是清太祖努尔哈赤营建的重要宫殿，是沈阳皇宫内最庄严最神圣的地方。殿前排列十座方亭，为左右翼王和八旗大臣办公的地方。

崇政殿是清太宗皇太极时期的“金銮殿”，是沈阳故宫等级最高、最重要的建筑。此殿是清太宗日常临朝处理要务的地方。整座大殿是全木结构,五间九檩硬山式,辟有隔扇门,前后出廊,围以石雕的栏杆,实用与装饰完美地结合为一体,增加了殿宇的帝王气魄。

文溯阁之所以名扬四海,不仅仅因为它的建筑别具一格,而且因为它是闻名于世的《四库全书》的珍藏之所,也是建在宫廷中的最大的一所图书馆。

沈阳故宫历经大规模修缮,现已辟为沈阳故宫博物院。

3. 布达拉宫

布达拉宫位于拉萨市西北的玛布日山上,是我国著名的宫堡式建筑群,为藏族古建筑艺术的代表作。相传公元7世纪吐蕃赞普松赞干布为迎娶文成公主而建此宫。至清顺治二年(1645年),达赖五世受清朝册封后,遂扩建宫室,具今日规模,从达赖五世起,重大宗教、政治仪式均在此举行,是原西藏封建农奴社会政教合一的统治中心。宫殿依山垒砌,主楼高119米,共13层,东西长420米,南北宽300米,有房屋近万间,其中宫殿、灵塔、佛殿、经堂、僧舍、平台、庭院等一应俱全。宫内珍藏大量雕塑、壁画和明清两代的敕书、印鉴、礼品、匾额、佛教典籍等文物。1994年被列入《世界遗产名录》;2000年与2001年,大昭寺与罗布林卡为其扩展项目。

二、坛庙

中国古代传统文化思想中,包含着浓重的对祖先的崇敬,对土地、粮食、天地、日月、各种神的崇拜,对各种文神、武神及其他神的尊敬。为了寄托这种崇敬和感恩的心情,产生和形成了许多坛庙建筑,也称为礼制建筑。坛庙主要有三类:第一类是祭祀自然神,建筑包括天、地、日、月、风雨雷电、社稷、先农之坛、五岳、五镇、四海、四渎之庙等;第二类是祭祀祖先,帝王祖庙称太庙,臣下为家庙或祠堂;第三类是先贤祠庙,如孔庙、诸葛武侯祠等。

(一)天、地等坛

祭祀天、地、日、月、泰山神等活动,是历代帝王登基后的重要活动。祭天在南郊,时间在冬至日。因为土地是国家的根本,繁体字国家的“国”,“囗”中有“或”,这“或”即“域”,所以皇帝必须亲自或派人前往地坛祭地,祭地在北郊,时间在夏至日。因为万物生长靠太阳,所以必须到日坛祭日,祭日于东郊。因为月亮是夜明之神,所以又必须到月坛祭月,祭月于西郊。因为祭天、地、日、月等活动都在郊外进行,所以统称为郊祭。

历史上许多皇帝,如秦始皇、汉武帝等,都要登五岳之首泰山祭泰山神,称为封禅大典。

1. 天坛

天坛位于北京。始建于明永乐十八年(1420年)。其建筑由内外两重城墙环绕,南边围墙左右两角呈方形,北边围墙左右两角呈弧形,以象征古人"天圆地方"的观念。天坛由四组建筑组成:祭天的圜丘(坛呈圆形,以象征天),祈求丰收的祈年殿,皇帝斋宿的斋宫,贮放神牌的皇穹宇。这些建筑以圜丘坛、祈年殿为主体,前者在南,后者在北,中间以海墁大道相连,大道宽约30米、长360米。斋宫、神乐署在主轴线以西。周围广种柏树,有一种肃穆宁静的氛围。1998年12月被正式列入《世界遗产名录》。

2. 地坛

地坛位于北京。始建于明嘉靖九年(1530年)。地坛与天坛相对应,坛呈正方形,以象征古人"天圆地方"的观念,所以又名方泽坛。主体建筑为两层方台,尚有皇祇室(供皇地祇神牌位)、神库、神府、斋宫等建筑。

(二)祖庙与社稷坛

1. 北京太庙

北京太庙位于天安门左侧,今为北京劳动人民文化宫,过去是帝王祭祀祖宗的地方。包括戟门、正殿、两庑、寝宫、祧庙,有明显的中轴线,左右配殿严格对称。其位置也符合中国传统的"左祖右社"的规定。外有高大厚重的墙垣和树冠茂密的古柏,内有空敞宁静的庭园,庄严肃穆,静谧安宁。

2. 北京社稷坛

中国传统的治国思想是"以农为本",因为"民以食为天"。发展农业生产与土地密切相关,所以要祭祀土地神和粮食神。古代以"社稷"代称国家。按"五行"中五方五色的配置,中央为黄,东方为青,南方为红,西方为白,北方为黑,所以必须用五色土覆盖于坛面,以象征"普天之下莫非王土"和祈求全国风调雨顺、五谷丰登。

由于祭祀社稷是由北向南设祭,所以其总体形制与太庙相反,即享殿、拜殿及正门均在北,沿正门、享殿、拜殿、五色土方坛为序,由北向南展开。神厨等附属建筑物在西棂星门外,也正与天坛布局相反。

(三)曲阜孔庙及孔府

孔庙是祭祀我国古代著名的思想家、教育家、儒家学派的创始人孔子的场所。目前全国各地保存的历代孔庙甚多,尤以孔子故乡山东曲阜的孔庙规模最大、年代最早,它与孔府、孔林并称"三孔"。

曲阜孔庙原为孔子故宅,鲁哀公时立庙,历代增修,至明中叶扩至现存规模,占地21.7公顷,房屋共460多间。主要建筑有大成殿、奎文阁、碑亭等。整个建筑群以中轴线贯穿，左右对称、布局严谨。历代皇帝均在此举行隆重的祭孔活动。

孔府是历代孔子嫡裔衍圣公的官署和私邸，又称衍圣公府。位于山东曲阜孔庙东侧。建于宋宝元年间（1038—1039 年），明嘉靖年间（1522—1566 年）重修。后屡经扩建，遂成今日规模。孔府占地约 13 公顷，包括厅、堂、楼、轩等 400 余间，有院落九进。主要建筑有大堂、二堂、三堂、六厅、前后堂楼、花园等。1994 年 12 月被正式列入《世界遗产名录》。

案例解读

一座与故宫、天坛同岁的宝藏博物馆

在北京有这样一座博物馆，和故宫同一时期建造，已经有 600 多年历史了，它的名字叫先农坛，是明清两代祭祀先农神和举行亲耕盛典的场所。现在它的名字叫北京古代建筑博物馆，在这里看到中国古代建筑的发展史，还可以在稀世国宝中仰望 600 多年前的星空。

先农坛，始建于明永乐十八年，也就是 1420 年。它是明清两朝皇帝举行祭祀先农和耤田礼的祭坛。和天坛一样，先农坛曾长时间是皇家禁区。直到 1915 年，才被开辟为平民公园，正式向市民开放。

经历了近现代历史的洵洗，先农坛失去了完整的格局，有一部分古建筑已经不在了。但在历史上，它的地位很高，它就坐落在北京的中轴线上，与大名鼎鼎的天坛东西“对称”。

“民以食为天”，我国自古以农业立国。直到今天，我们国家仍然是一个农业大国。从这个角度看，不论是过去还是现在，先农坛都有着非同小可的文化意义。

资料来源：https://mp.weixin.qq.com/s/TFjaIu0jSHDDoHzpywwW3g

三、民居建筑

我国疆域辽阔，民族众多，各地迥异的地理气候条件和生活方式造就了种类繁多的民居式样和风格，形成了我国灿烂的民居建筑文化。

（一）我国民居建筑的主要类型

从外观上分，我国的民居建筑主要分为以下几种类型。

1. 庭院式

庭院式民居，是传统民居中最主要的形式，数量多、分布广，汉族、满族、白族等使用这种民居。庭院式民居在南北向的主轴线上建正厅正房，左右布置厢房，形成东西向次轴线。由这种一正两厢组成的院子，就是“四合院”“三合院”的合院式民居。根据需要沿轴线可形成多进院落。合院式民居遍及各地，因各地自然

条件和生活方式的不同而各具特点。

2. 干栏式

干栏式建筑适用于潮湿的山区或水域，房屋一边建于高地，一边临空，下面用支柱支撑，也称“吊脚楼”。主要分布在云南、贵州、广东、广西等地区，为傣族、景颇族、壮族等的住宅形式，起源可以追溯到七八千年前浙江余姚河姆渡的干栏式建筑。这种建筑隔潮，并能防止虫、蛇及其他野兽的侵扰，同时盖建竹楼时，可以就地取材，比较经济。

3. 碉房

碉房是青藏高原的住宅形式，当地并无专名，外地人因其用土或石砌筑形似碉堡，故称碉房。碉房一般为两三层，个别为四层，四周高墙封闭，底层养牲畜，楼上住人。平面多为外部一大间，内套两小间，层高较低。结构为一间一根柱，俗称“一把伞”。整个建筑高大壮观，功能清晰，采光合理巧妙，是当地藏居的主要形式。

4. 毡帐

毡帐是内蒙古和新疆等地以游牧生活为主的牧民居住的建筑物。毡包搭建方便，构造简单。架设时，将地面铲去草皮，略加平整，以毡包大小在地面浅挖槽线，然后将用皮条绑扎枝条做成的骨架围合竖立成壁，再将一伞状拱起网架置于其上，外披羊皮或毛毡，用绳子束紧即可。因其整体呈流线型，因此可以抵挡草原的风暴和风雪。

5. 船型屋

船型屋是海南黎族人的传统民居，又称“船形茅屋”，黎语称之为“布隆亭竿”或者“布隆篝峦”。民居形式恰如一只倒扣在地上的船只，虽然结构及装饰上有许多变化，但总体样式相似。

此外，在中国广大地区还有新疆南部的阿以旺、绍兴大瓦房、藏族喇嘛住宅、西部碱土平房、云南的“一颗印”等各具特色的住宅结构类型。

（二）我国民居建筑的典型景观

1. 北京四合院民居

在北京城大大小小的胡同中，坐落着许多由东、南、西、北四面房屋围合起来的院落式住宅，这就是四合院。北京四合院可以视作华北地区明清住宅的典型，辽代时已初成规模，经金、元至明、清逐渐完善。

四合院平面布局以院为特征。有四合院两进院、三进院、四进院或五进院。四合院中轴对称，等级分明，秩序井然，宛如京城规制缩影。北京四合院做法规范成熟，朴素实用，体现出和京城相通的尊卑分明、秩序井然和雍容大气的气质。

案例解读

人与自然和谐共生——古建筑布局朴素的哲学思想

中国传统文化中“天人合一”的思想由来已久。影响历代建筑发展的诸多因素,天人合一的观念是根本性的。“天人合一”就是西周以后,人们强调天与人的关系紧密相联,不可分割的一种观点。

中国古代的哲学家们以朴素的宇宙系统观念观察着整个宇宙,《庄子》曰:“天地与我并存,万物与我为一”,是庄子“天人合一”的基本思想。《乐记》提出“乐者天地之和,礼者天地之序。”即认为整个宇宙天地处于“流而不息,含同而化”的状态之中。意思是宇宙之气永远处于整齐、和谐、有序的运化之中,这与庄子所谓“通天下之气”是一个意思。这些思想一直影响着中国建筑的发展。

《老子章句》曰:“天道与人道间,天人相通,精气相贯”。老子《道德经》又曰:“人法地,地法天,天法道,道法自然。”指明了人与自然的共同根源。古代中国人讲究“天人合一”,就是说自然环境和人居环境可以互相交流,和谐共生。这也反映在古代的建筑中。

资料来源:http://www.360doc.com/content/13/0511/14/137012_284599784.shtml

2. 晋陕民居

明代起,许多山西人便外出经商,他们致富返乡后,便在自己故里大兴土木,建造层层院落、居室密集的深宅大院。

这类住宅临街大门极为堂皇,有漂亮的门楼。大门内为雕砌的砖影壁,进入后设垂花门(即内宅门),庭院布局为二进或三进的四合院。为防风沙与日晒,多采用窄天井,庭院内正房和厢房多有廊,乡间大宅常有一座小方形砖楼供瞭望用,即所谓“看家楼”。

从远处看,建筑整体屋檐层层叠叠,由于宅间数量甚多,故四合院的建筑体量庞大,给人一种门禁森严、宅楼幽深的感觉。

3. 客家土楼民居

客家土楼,也称客家土围楼、客家民居,圆形围屋。它主要分布在福建省的龙岩永定、漳州南靖、广东梅州大埔、饶平等地。客家人的祖先是1 900多年前从黄河中下游地区迁移到南方的汉族人。为了防范骚扰,保护家族的安全,客家人创造了这种庞大的民居——土楼。客家土楼属于集体性建筑,其最大的特点在于造型大。土楼中的普通圆楼,其直径大约为50米,三四层楼的高度,共有百余间住房,可住三四十户人家,可容纳二三百人。而大型圆楼直径可达七八十米,五六层高，内有四五百间住房，可住七八百人。2008 年，在第 32 届世界遗产大会上，福建土楼被正式列入《世界遗产名录》。

4. 黄河流域窑洞民居

中国黄河中上游一带，是世界闻名的黄土高原。该区最富有特色的传统民居就是窑洞。由于黄土土质疏松，质地均一，垂直节理发育，富含钙质，所以直立性强，便于开挖。其特点是因势而造，冬暖夏凉。窑洞又分为土窑、石窑、砖窑等几种。土窑是靠着山坡挖成的黄土窑洞，这种窑洞冬暖夏凉，保温隔音效果最好。石窑和砖窑是先用石块或砖砌成拱形洞，然后在上面盖上厚厚的黄土，又坚固又美观。由于建造窑洞不需要钢材、水泥，所以造价比较低。随着社会的发展，人们对窑洞的建造不断改进，黄土高原上冬暖夏凉的窑洞越来越舒适美观了。

5. 东北地区的民居

由于东北地区（包括黑龙江、吉林、辽宁、内蒙古东北部地区）冬季寒冷而漫长，西北风猛烈，所以居住环境力求保温，屋内设有火炕、火墙，北窗小或无窗，南窗一般为双层玻璃，屋门、檐较为低矮。东北是我国最大的林区所在地，木材丰富，所以房屋多为砖木结构。该区的鄂伦春族居住的圆锥形窝棚极具特色，它被称为"仙人柱""撮罗子"。冬季四周围以狍皮，夏季为桦树皮，且易搬迁，符合其按季节狩猎的特点和逐兽的行动规律。

每日一练 试着和同学一起交流，总结中国古代宫殿坛庙与民居建筑的形态特征。

任务小结 完成本任务后，请进行自我测试：你是否已掌握中国古代宫殿坛庙与民居建筑的类别与典型代表？

任务 4 中国古代陵墓

任务提示 本任务将引领你赏析中国古代陵墓的形态特征。

任务先行 中国古代陵墓有哪些类型？中国古代陵墓有哪些典型代表？

案例解读

秦始皇陵兵马俑

兵马俑，即秦始皇兵马俑，亦简称秦兵马俑，位于今陕西省西安市临潼区秦始皇陵以东 1.5 千米处的兵马俑坑内。

兵马俑是古代墓葬雕塑的一个类别。古代实行人殉，奴隶是奴隶主生前的附属品，奴隶主死后奴隶要作为殉葬品为奴隶主陪葬。兵马俑即制成兵马（战车、战马、士兵)形状的殉葬品。秦始皇兵马俑陪葬坑坐西向东,三坑呈品字形排列。最早发现的是一号俑坑,呈长方形,坑里有8 000多个兵马俑,四面有斜坡门道。一号俑坑左右两侧各有一个兵马俑坑,称二号坑和三号坑。

兵马俑坑是地下坑道式的土木结构建筑,即从地面挖一个深约5米的大坑,在坑的中间筑起一条条平行的土隔墙。墙的两边排列木质立柱,柱上置横木,横木和土隔墙上密集地搭盖棚木,棚木上铺一层苇席,再覆盖黄土,从而构成坑顶,坑顶高出当时的地表约2米。俑坑的底部用青砖墁铺。坑顶至坑底内部的空间高度为3.2米。陶俑、陶马放进俑坑后,用立木封堵四周的门道,门道内用夯土填实,于是就形成了一座封闭式的地下建筑。

1987年,秦始皇陵及兵马俑被列入《世界遗产名录》,并被誉为“世界第八大奇迹”,先后有200多位外国元首和政府首脑参观访问,成为中国古代辉煌文明的一张金字名片,被誉为世界十大古墓稀世珍宝之一。

资料来源:https://baike.baidu.com/item/%E5%85%B5%E9%A9%AC%E4%BF%91/60649?fr=aladdin

点评

俑丰富而生动地塑造了多种具有一定性格的人物形象。其风格浑厚,富于感人的艺术魅力,是中国古代塑造艺术臻于成熟的标志。它既继承了战国以来中国的陶塑传统,又为唐代塑造艺术的繁荣奠定了基础,起着承上启下的作用,被誉为“世界第八大奇迹”“人类古代精神文明的瑰宝”。

古人以为,人死以后,肉体已殁,但灵魂永存,于是产生了祭祀的观念。帝王不同凡民,死了以后,更需要筑陵墓,以祈求祖宗保佑,社稷才能得以永存。中国帝王陵墓的演变,呈现形式多样的特点,陵园建筑十分完整,珍藏着许多珍贵的历史文物,已成为举世瞩目的旅游胜地。

一、封土的沿革

大约从周代开始,出现“封土为坟”的做法。根据《周礼·春官》记载,“以爵为封丘之度”,即按照官吏级别大小以决定封土的大小,当然天子、诸侯死了以后,其陵墓封土无疑是最大的。帝王陵墓的封土形式有以下几种。

第一种“方上”,其做法是在墓穴之上,用土层层夯筑,使之成为上小下大的方锥体,因其上部为一小的方形平顶,好像方锥体截去了顶部。故曰“方上”。陕西临潼的秦始皇陵和汉代帝王陵墓采用的就是方上形式。

第二种“以山为陵”,即利用山丘作为陵墓的封土,唐代帝王陵采用了以山为陵的形式。唐昭陵就是以九峻山为陵,凿山建造的。

第三种“宝城宝顶”,是在地宫上方,用砖砌成圆形(或椭圆形)围墙,内填黄土，夯实，顶部做成穹隆状。圆形围墙称宝城，穹隆顶称宝顶。这种形制用于明清两朝，清朝的宝城宝顶多为椭圆形。

二、陵园的建筑布局

早在商代，在王陵和贵族墓的墓室之上就出现了供祭祀用的房屋建筑，只是由于年代久远，商至春秋时期帝王陵的地面建筑早已毁坏。不过，自秦汉以来，帝王陵的地面建筑有遗址可寻。帝王陵的地面建筑主要有三个部分。

第一部分为祭祀建筑区。为陵园建筑的重要部分，用来供祭祀之用。主要建筑物是祭殿。早期曾称作享殿、献殿、寝殿、陵殿等。

第二部分为神道，又称为“御路”“甬路”等，是通向祭殿和宝城的导引大道。

第三部分为护陵监。护陵监是专门保护和管理陵园的机构，为了防止被盗掘和破坏，每个皇帝的陵都有护陵监。监的外面有城墙围绕，里面有衙署、市衙、住宅等建筑。

三、墓穴形式

随着社会历史的发展，墓室结构也发生了很大变化，主要有以下三种类型。

第一种木椁地宫。进入阶级社会后，墓葬制度中存在着严格的阶级和等级的差别，统治阶级陵墓有着十分宏大的规模。河南安阳侯家庄的一座商代“亚”字形墓，墓室面积约330平方米，加上墓道，总面积达1 800平方米。王和各级贵族的墓，都用木材筑成椁室。椁是盛放棺木的“宫室”，即棺外的套棺，将砍伐整齐的大木枋子或厚板用榫卯构成一个扁平的大套箱，下有底盘，上有大盖，在椁内分成数格，正中放棺，两旁和上下围绕着几个方格，称之为厢，分别安放随葬品，如1972年湖南长沙马王堆发现的西汉墓棺椁形式墓葬——轪侯利苍妻墓即属此类。棺中女尸完好如初，厢内随葬品有漆器、帛书、乐器、竹简、木俑、农畜产品、中草药、印件等1 000余件。

第二种砖石地宫。从汉代开始，普遍采用砖石筑墓室，木椁墓室逐渐被取代。这是中国古代墓制度的一次划时代的大变化。这种变化主要是从西汉中期才开始的，然后普及到各地。西汉中期，中原一代流行空心砖墓；西汉晚期开始出现石墓室，墓室中雕刻着画像，故称“画像石墓”。墓室的结构和布局，也是仿照现实生活中的住宅。从汉到隋、唐、宋、元、明、清各代，砖石砌筑的墓室和地宫一直在不断发展。

第三种土洞地宫。在北方黄土富集地区，利用土层厚，黏性强，质地均一和降水少的特点，开凿成土洞土宫，壁面有精美雕刻和壁画，如西安乾陵的陪葬墓，永泰公主、章怀太子和懿德太子墓，唐僖宗靖陵地宫。

四、随葬品

在原始社会早期，墓中随葬品主要是死者生前喜欢和使用过的物品，包括陶器皿、石制和骨制的工具、装饰品等。在同一墓地中，各墓随葬品的多寡、厚薄往往差别不大。

到了原始社会晚期，出现了贫富分化的现象。例如，在大汶口文化晚期10号墓中，有结构复杂的葬具，死者佩戴精致的玉石饰物，随葬玉铲、象牙器和近百件精美的陶器。

进入阶级社会以后，贫富分化更加悬殊，王和贵族墓的随葬品极其丰富、精美，包括青铜器、玉石器、漆木器、骨角器等。商代还流行人殉制度，人殉是用活人来为死去的氏族首领、家长、奴隶主或封建主殉葬。商王和大贵族的陵墓，殉葬者少则数十人，多则一二百人，包括墓主人的侍从、婢妾、卫兵和各种勤杂人员。人殉在西周前期仍很普遍，中期以后稍减少。从战国开始，用木俑和陶俑随葬的风俗已盛，这可以看作是人殉的替代。

从西汉中期以后，随葬品中增添了各种专为随葬而做的陶质明器，包括仓、灶、井、磨、楼阁等模型和猪、狗、鸡等模型。到了东汉，明器的种类和数量更多。这是中国古代墓葬在随葬品方面的一次大变革。魏晋南北朝时期，随葬品主要是陶瓷器皿、陶制模型、陶俑和镇墓兽。隋唐五代时期，随葬品以大量的陶俑为主。宋至明代，随葬品以实用物品和珍宝为主，包括陶瓷器、金银器和玉器等。

五、中国现存著名的古代陵墓

（一）秦始皇陵

秦始皇陵是世界上规模最大、结构最奇特、内涵最丰富的帝王陵墓之一。充分表现了2 000多年前中国古代汉族劳动人民的艺术才能，是中华民族的骄傲和宝贵财富。秦始皇陵是秦代始皇帝嬴政的墓，位于陕西西安市临潼区。于公元前247年开始营建，历时39年之久才修成。

秦始皇陵有内外两重夯土城垣，象征着帝都咸阳的皇城和宫城。陵冢位于内城南部，呈覆斗形，现高51米，底边周长1 700余米。据史料记载，秦陵中还建有各式宫殿，陈列着许多奇异珍宝。秦陵四周分布着大量形制不同、内涵各异的陪葬坑和墓葬，现已探明的有400多个，其中包括举世闻名的“世界第八大奇迹”兵马俑坑。

1961年3月4日，秦始皇陵被国务院公布为第一批全国重点文物保护单位。1974年3月，秦始皇陵兵马俑被发现。1987年12月，秦始皇陵及兵马俑被列入

《世界遗产名录》。

(二)汉茂陵

汉茂陵是汉武帝刘彻的陵墓,位于陕西省咸阳市与兴平市之间,是汉代帝王陵墓中规模最大、修造时间最长、陪葬品最丰富的一座,被称为"中国的金字塔"。

汉茂陵始建于武帝即位后的第二年(公元前 139 年),历时 53 年才修成。陪葬墓有李夫人、卫青、霍去病、霍光、金日单等人的墓葬。在茂陵陈列有 16 块珍贵西汉石雕,具有珍贵的历史价值和艺术价值,是文物中的瑰宝。

1961 年 3 月 4 日,茂陵被国务院公布为第一批全国重点文物保护单位。2014 年 8 月,包括茂陵在内的 29 座汉唐帝陵被列入申报世界文化遗产项目。

(三)唐乾陵

唐乾陵是唐代第三位皇帝高宗李治和女皇武则天的合葬墓。位于陕西咸阳乾县县城北 6 千米的梁山上,距西安约 80 千米。乾陵建成于唐光宅元年(684 年),神龙二年(706 年)加盖,采用"因山为陵"的建造方式,陵区仿京师长安城建制。除主墓外,乾陵还有 17 个小型陪葬墓,葬有其他皇室成员与功臣。

乾陵是唐十八陵中主墓保存最完好的一个,也是唐陵中唯一一座没有被盗的陵墓。1961 年 3 月 4 日,乾陵被国务院公布为第一批全国重点文物保护单位。

案例解读

中国古代墓葬防盗—— 乾陵铸铁固墓

乾陵墓道位于陵墓正南,呈斜坡形,全用石条填砌,层层叠放在墓道口至墓门的甬道上,共 39 层,估算石条约四千多块。石条之间用铁栓板拴拉,每 3 层上下用铁棍穿联,再用锡铁熔化灌缝,可谓固若金汤。工程如此复杂,为关中十八陵所罕见。这与《旧唐书·严善思传》上"乾陵玄阙,其门以石闭塞,其石缝隙,铸铁以固其中"的记载完全吻合。

五代耀州刺史温韬,是个有官衔的大盗墓贼。他率领兵丁来到乾陵无功而返。真正的原因是墓道中的石块与铁汁连在一起,形成了一个没有空隙的整体。在没有现代爆破设施与技术的情况下,仅凭手中的铁凿铁斧,要砍开一座坚硬岩石铸就的大山,钻到其肚子里去,谈何容易?撼山不易,撼武则天陵墓更难。

资料来源:https://www.sohu.com/a/284370419_128692

(四)北宋陵

宋陵,即北宋皇陵,是北宋(960—1127 年)皇帝及其陪葬宗室的陵寝。宋陵地处郑州、洛阳之间的巩义市,南有嵩山,北有黄河,占地面积约 156 平方千米。宋陵共有 300 余座陵墓,所存 700 多件石刻,具有重要的文物价值和艺术价值。

北宋9位皇帝，除徽、钦二帝被金掳后囚死漠北外，均葬于此，共七帝八陵（包括赵匡胤父亲赵宏殷墓），陪葬皇后20余个。陪葬宗室及王公大臣，如寇凖、包拯等墓300多座。宋陵每一座陵园占地8公顷，四周筑以夯土墙，四面正中辟一神门，四隅建角阙。园内正中是陵台，夯土筑成，呈覆斗形，台南置石雕宫人一对。南神门外的神道两侧还排列有文臣武将、驭手及石兽等石像生。

宋陵开创了几种设置陵区的先河，体现了尊卑有序、等级森严的皇家秩序，形成了理论严谨、独具特征的皇家丧葬文化。1982年，宋陵由国务院公布为第二批全国重点文物保护单位。

（五）明十三陵

明十三陵坐落于北京市昌平区天寿山麓，总面积120余平方千米，距离天安门约50千米。自永乐七年（1409年）五月始作长陵，到明朝最后一帝崇祯葬入思陵止，其间230多年，先后修建了13座皇帝陵墓、7座妃子墓、1座太监墓。共埋葬了13位皇帝、23位皇后、2位太子、30余名妃嫔、2名太监。

长陵为朱棣之陵墓，位居陵区正中，东侧是景陵、永陵、德陵，西侧是献陵、庆陵、裕陵、茂陵、泰陵、康陵，西南有定陵、昭陵、悼陵。各陵共设一个神道与牌坊、石像生等，整体布局由神道和陵园两部分组成。

在十三陵中，长陵以其宏伟的地面建筑而闻名于世。长陵宝城直径340米，周长1千余米，上有垛口，形似砖砌城堡。祾恩殿最为壮观，面阔九间，进深五间，黄瓦红墙，重檐庑殿顶。

定陵是明神宗朱翊钧及其二后的陵墓。1956年经过考古发掘，揭开了地宫之谜。地下宫殿总面积1 195平方米，全部为拱券式石结构，由前、中、后、左、右五大殿堂组成。

（六）清陵

清入关以后，10位皇帝，除末帝溥仪没有设陵外，其他9位皇帝都分别在河北遵化市和易县修建规模宏大的陵园。由于两个陵园各距北京市区东、西100千米，故称“清东陵”和“清西陵”。

2000年11月，清西陵与清东陵一起，被第24届世界遗产委员会列为世界文化遗产。

每日一练 试着和同学一起交流，总结我国古代陵墓的发展历史及主要陵墓。

任务小结 完成本任务后，请进行自我测试：你是否已明确我国陵墓的主要建筑布局、墓室结构？是否掌握了我国主要的陵墓及其特点？

任务5 中国古代重大工程与楼阁、桥梁建筑

任务提示 本任务将引领你赏析我国古代重大工程与楼阁、桥梁建筑。

任务先行 我国有哪些重大工程？你知道我国的三大名楼吗？

案例解读

灵 渠

灵渠，古称秦凿渠、零渠、陡河、兴安运河、湘桂运河，是中国古代劳动人民创造的一项伟大工程。它位于广西壮族自治区兴安县境内，于公元前214年凿成通航。灵渠流向由东向西，将兴安县东面的海洋河（湘江源头，流向由南向北）和兴安县西面的大溶江（漓江源头，流向由北向南）相连，是世界上最古老的运河之一。其主体工程由铧嘴、大天平、小天平、南渠、北渠、泄水天平、水涵、陡门、堰坝、秦堤、桥梁等部分组成，尽管兴建时间先后不同，但它们互相关联。灵渠的凿通，沟通了湘江、漓江，打通了南北水上通道，为秦王朝统一岭南提供了重要的保证，大批粮草经水路运往岭南，有了充足的物资供应。公元前214年，即灵渠凿成通航的当年，秦兵就攻克岭南，随即设立桂林、象郡、南海三郡，将岭南正式纳入秦王朝的版图。灵渠有着“世界古代水利建筑明珠”的美誉。

2018年8月13日，灵渠等4个项目入选2018年（第五批）世界灌溉工程遗产名录。

资料来源：https://baike.baidu.com/item/%E7%81%B5%E6%B8%A0/599313?fr=aladdin

点评

灵渠连接了长江和珠江两大水系，构成了遍布华东华南的水运网。自秦以来，对巩固国家的统一，加强南北政治、经济、文化的交流，密切各族人民的往来，都起到了积极作用。

一、中国古代重大工程

（一）水利工程

水利工程是农业的命脉，我国古代有不少闻名世界的水利工程。这些工程不仅规模巨大，而且设计水平也很高。中国古代水利工程一般分为三种类型：灌溉及生活用水工程、运河工程，以及堤塘工程。

1. 灌溉及生活用水工程

中国古代人们为了在干旱时解决灌溉、生活用水的问题，会在雨季时提早储

存水源，并修建引水灌溉的水渠或水库。至今保留而且仍发挥一定作用的大型工程有四川都江堰、宁夏古灌渠等。

都江堰位于四川省都江堰市，是中国建设于古代并使用至今的大型水利工程，被誉为“世界水利文化的鼻祖”，开创了中国古代水利史上的新纪元，是由秦国蜀郡太守李冰及其子率众于公元前256年前后修建的，是全世界迄今为止，年代最久、唯一留存、以无坝引水为特征的宏大水利工程。都江堰的整体规划是将岷江水流分成两条，其中一条水流引入成都平原，这样既可以分洪减灾，又可以引水灌田、变害为利。主体工程包括鱼嘴分水堤、飞沙堰溢洪道和宝瓶口进水口。都江堰至今仍是世界水利工程的最佳作品。1872年，德国地理学家李希霍芬(Richthofen，1833—1905)称赞“都江堰灌溉方法之完善，世界各地无与伦比”。

案例解读

中国古代水利史上的巨作——都江堰水利工程

四川都江堰、广西兴安灵渠和陕西的郑国渠是秦代三大水利工程。都江堰水利工程迄今已有两千余年的历史，是当今世界年代最久、完整留存、以无坝引水为特征的宏大水利工程。它是中国古代历史上最成功的水利杰作，更是古代水利工程沿用至今，“古为今用”、硕果仅存的奇观。广西兴安灵渠是与都江堰齐名的秦代水利工程，同时也是世界上最古老的人工运河之一。灵渠的伟大之处在于它沟通了漓江和湘江，使长江与珠江得以通航。自秦代至民国两千余年来，成了岭南和中原唯一交通孔道。都江堰，是以不破坏自然资源，充分利用自然资源为人类服务为前提，变害为利，使人、地、水三者高度协调统一，是全世界迄今为止仅存的一项伟大的“生态工程”。开创了中国古代水利史上的新纪元，标志着中国水利史进入了一个新阶段，在世界水利史上写下了光辉的一章。都江堰水利工程，是中国古代人民智慧的结晶，是中华文化划时代的杰作。

都江堰，正确处理鱼嘴分水堤、飞沙堰泄洪道、宝瓶口进水口等主体工程的关系，使其相互依赖，功能互补，巧妙配合，浑然一体，形成布局合理的系统工程，联合发挥分流分沙、泄洪排沙、引水疏沙的重要作用，使其枯水不缺，洪水不淹。都江堰的三大工程，科学地解决了江水自动分流、自动排沙、控制进水流量等问题，消除了水患。

都江堰水利工程的科学奥妙之处，集中反映在以上三大工程组成了一个完整的大系统，形成无坝限量引水并且在岷江不同水量情况下的分洪除沙、引水灌溉的能力，使成都平原“水旱从人、不知饥馑”，适应了当时社会经济发展的需要。

资料来源：http://www. 360doc. com/content/11/1021/13/6297077_157952106.shtml

2. 运河工程

中国地理上的大型水系基本呈东西走向，缺乏南北之间的水系沟通。为了解决航运、疏浚等问题，中国很早就进行开挖运河等水利工程，其流程范围极广，常常跨越辽阔地区。著名的例子有秦代连接湘江和漓江的灵渠，元代开通的京杭大运河。

京杭大运河是中国仅次于长江的第二条“黄金水道”，是世界上开凿最早、长度最长的一条人工河道。京杭大运河从公元前486年始凿，1293年全线通航，主要经历三次较大的兴修过程。当前，京杭大运河的通航里程为1 442千米，其中南起杭州，北到北京，途经今浙江、江苏、山东、河北、天津五省市，沟通了海河、黄河、淮河、长江、钱塘江五大水系。保护好京杭大运河对于传承人类文明，促进社会和谐发展，具有极其重大的意义。

3. 堤塘工程

中国古代人们为了防御河流、湖泊泛滥，不使城市、农田受淹而筑成许多堤塘、大坝工程。至今仍保留的有位于浙江绍兴的鉴湖、浙江宁波的它山堰、浙江海宁的钱塘江海塘、广西桂林的相思埭等。

鉴湖位于今浙江绍兴城南，又名镜湖、长湖，是长江以南最早的大型塘堰工程之一，在东汉永和五年(140年)由会稽太守马臻主持修建。鉴湖是拦蓄山北诸小湖水所形成的东西狭长的水库，东起曹娥江，西至浦阳江(西小江)，中有南北隔堤，将鉴湖分为东、西两部分。至今，零星散布的艾塘湖、百家湖、鉴湖、白塔洋、洋牌湖等都是古鉴湖的残迹，面积共约5.8平方千米。

二、楼阁

楼与阁在早期是有区别的。楼是指重屋，阁是指下部架空、底层高悬的建筑。阁一般平面近方形，两层，有平坐，在建筑组群中可居主要位置，如佛寺中有以阁为主体的，独乐寺观音阁即为一例。楼则多狭而修曲，在建筑组群中常居于次要位置，如佛寺中的藏经楼，王府中的后楼、厢楼等，处于建筑组群的最后一列或左、右厢位置。后世楼阁二字互通，无严格区分，不过在建筑组群中给建筑物命名仍有保持这种区分原则的。例如，清代皇家的几处大戏园，主体舞台建筑平面近方形的均称阁，观戏扮戏的狭长形重屋均称楼。

自古以来，中国的文人名士便将登楼阁、览胜景、吟诗作赋、抒情遣怀视为一项高雅的活动。

古代江南有三大名楼。

(一)黄鹤楼

黄鹤楼坐落于今湖北武汉长江之滨，其名最早出现在《南齐书》上，是国家5A级旅游景区，“江南三大名楼”之一，自古享有“天下江山第一楼”和“天下绝景”之称。黄鹤楼是武汉市标志性建筑，与晴川阁、古琴台并称“武汉三大名胜”。唐代诗人崔颢在此题下《黄鹤楼》一诗，李白在此写下《黄鹤楼送孟浩然之广陵》，历代文人墨客在此留下了许多千古绝唱，使得黄鹤楼自古以来闻名遐迩。

现楼为 1981 年重建，以清代“同治楼”为原型设计。楼高 5 层，总高度 51.4 米。黄鹤楼楼外铸铜黄鹤造型、胜像宝塔、牌坊、轩廊、亭阁等一批辅助建筑，将主楼烘托得更加壮丽。主楼周围还建有白云阁、象宝塔、碑廊、山门等建筑。整个建筑具有独特的民族风格，散发出中国传统文化的精神、气质、神韵。

（二）岳阳楼

位于湖南省岳阳市洞庭湖西岸的岳阳楼，是东汉末年东吴将领鲁肃为了对抗驻守荆州的大将关羽所修建的阅兵台，当时称为阅军楼。据记载，这就是最早的岳阳楼的原型，也是江南三大名楼修建年代最早的楼阁。后至北宋滕子京重修岳阳楼，更为时人、后世传为美谈。范仲淹名传千古的《岳阳楼记》，留下了“先天下之忧而忧，后天下之乐而乐”的千古名句。滕子京请大书法家苏舜钦书写了范仲淹的《岳阳楼记》，并由邵竦篆刻。人们把滕修楼、范作记、苏手书、邵篆刻，称为“天下四绝”，并竖了“四绝碑”，至今碑石完好。

现存岳阳楼重建于清光绪五年（1879 年），全楼木构件，为榫卯连接，未用一钉。

案例解读

以景寄情，抒发爱国情怀——《岳阳楼记》

范仲淹（989—1052 年），字希文，苏州吴县（今江苏苏州）人，北宋政治家、文学家。他出身贫寒，幼年丧父，对下层人民的疾苦感受较深。宋仁宗天圣元年（1023 年）建议在泰州修邗沟堰，宝元三年（1040 年）任陕西经略副使，加强对西夏的防御，屡立战功，庆历三年（1043 年），西夏请和，范仲淹还朝，任参知政事。曾提出十条改革措施。包括限制以“恩荫”（凡官员遇庆典，文职在京四品以上，武职二品以上，送一子进国子监读书三年，期满录用。）为官，选用干练的人员、严格执行政令等项，又主张兴修水利。因遭保守派反对罢政，于庆历五年（1045 年）贬放邓州（即今河南南阳市辖内之邓州市），就在此时，滕子京重修岳阳楼，想请范仲淹写一篇记，但范仲淹在邓州为官，不能亲赴岳州，于是滕托人捎了一幅岳阳楼的画给范仲淹，范便依此画在远隔千里之外的邓州写下了这篇流传千古的雄文。范仲淹之后还做过杭州、青州的太守。后在赴颍州任途中病死，死后谥文正，有《范文正公集》。

《岳阳楼记》自然要写岳阳楼的景色，但作者的意图却是借题发挥，谈一个人应有的政治抱负，并以此规箴友人。为使这两个方面融为一体，作者用不同情怀表达,将“迁客骚人”登楼时一悲一喜的情怀跟“古仁人之心”做对比,自然引出议论,说明作记意图。

资料来源:https://wenda.so.com/q/1367131527065998

(三)滕王阁

滕王阁,坐落在江西省南昌市东湖区赣江之滨,是中国古代皇家楼阁中建筑艺术独特风格和辉煌成就的杰出代表。唐高宗永徽四年(653 年),唐高祖李渊之子滕王李元婴出任洪州都督,耗资巨万,营造城阁,故取名为滕王阁。滕王阁载誉古今,是与王勃《滕王阁序》分不开的。文学家韩愈也撰文述“江南多临观之美,而滕王阁独为第一,有瑰玮绝特之称”,故有“西江第一楼”之誉。1 300 多年来,滕王阁历经兴废 28 次,可谓惯看春花秋月,饱经雨雪风霜,现在的建筑为 1989 年的复制品。新阁共 9 层,高 57.5 米,是一座大型的仿宋建筑,也是江南三大名楼中最高的楼阁。在阁的第六层东西两面,各挂着写有“滕王阁”三字的大匾,是宋代大文学家苏轼的字体。阁的三个明层四周,均建有平座栏杆,以供游人远眺;在第五层的屏壁上,还镶嵌着铜制的王勃《滕王阁序》碑;在滕王阁的门柱上,还有毛泽东亲笔手书的《滕王阁序》中的佳句“落霞与孤鹜齐飞,秋水共长天一色”。

三、古桥

中国是桥的故乡,自古就有“桥的国度”之称,发展于隋,兴盛于宋。遍布在神州大地的桥,编织成四通八达的交通网络,连接着祖国的四面八方。中国古代桥梁的建筑艺术,有不少是世界桥梁史上的创举,充分显示了中国古代劳动人民的非凡智慧与才能。

(一)安济桥

赵州桥又叫安济桥,坐落在河北省赵县城南五里的洨河上。赵州桥是隋朝石匠李春设计建造的,是世界现存最古老最雄伟的石拱桥。赵州桥只用单孔石拱跨越洨河,弧形,全长 64.4 米,宽约 10 米,净跨径为 37.2 米,采取这样巨型跨度,在当时是一个空前的创举。赵州桥是世界上第一个“敞肩拱”的新式桥型,这是很了不起的科学发明。像赵州桥这样古老的大型敞肩石拱桥,在世界上相当长的时间里是独一无二的。在欧洲,14 世纪才出现法国泰克河上的赛雷桥,但是,比中国赵州桥晚了 700 多年,并且早已被洪水毁坏无存。

(二)泉州洛阳桥

洛阳桥又名万安桥,位于福建省泉州东郊的洛阳江上,为著名的梁式古石桥。北宋皇祐五年(1053 年)兴建,嘉祐四年(1059 年)竣工。桥原长 1 200 米,有 46 座桥墩,规模宏大,是中国现存最早的跨海梁式大石桥。桥为当年郡守蔡襄主持建造,工程十分艰难。为使桥基和桥墩石胶结固牢,采用了“种蛎固基法”,独具匠心，这也是世界上绝无仅有的造桥方法。桥之中亭附近历代碑刻林立，有“万古安澜”等宋代摩崖石刻；桥北有昭惠庙、真身庵遗址；桥南有蔡襄祠，著名的蔡襄《万安桥记》宋碑，立于祠内，被誉为书法、记文、雕刻“三绝”。洛阳桥是世界桥梁筏形基础的开端，为全国重点文物保护单位。

（三）广济桥

广济桥又名湘子桥，位于广东省潮安县潮州镇东，横跨韩江。始建于南宋乾道六年（1170 年），全桥历时 56 年建成，全长 517.95 米，分东西两段 18 墩，中间一段宽约百米，因水流湍急，未能架桥，只用小船摆渡，当时称济州桥。明宣德十年（1435 年）重修，并增建五墩，称广济桥。它是中国也是世界上最早的一座开关活动式大石桥。广济桥上有望楼，为中国桥梁史上的创举。广济桥与赵州桥、洛阳桥、卢沟桥并称中国古代四大名桥，属于全国重点保护文物，是中国桥梁建筑中的一份宝贵遗产。

（四）卢沟桥

卢沟桥位于北京市丰台区永定河上，始建于金代，明、清两代曾进行过较大规模的修葺、重建，是北京现存最古老的连拱石桥。卢沟桥全长 266.5 米，宽 7.5 米，由 11 孔石拱组成。各孔的净跨径和矢高均不相等，边孔小、中孔逐渐增大。桥面两侧筑有石栏，柱高 1.4 米，各柱头上刻有石狮，或蹲或伏，或大抚小，或小抱大，共有 498 头。石柱间嵌石栏板，高 85 厘米，桥两端各有华表、御碑亭、碑刻等，桥畔两头还各筑有一座正方形的汉白玉碑亭，每根亭柱上的盘龙纹饰雕刻得极为精细。卢沟桥以其精美的石刻艺术享誉于世。卢沟桥久已闻名中外。1937 年七七事变在此发生，是中国全民族抗战的开始，卢沟桥因此成为有历史意义的纪念性建筑物。

每日一练 试着和同学一起交流，总结中国古代重大工程与楼阁、桥梁建筑的形态特征。

任务小结 完成本任务后，请进行自我测试：你是否已明确中国古代重大工程与楼阁、桥梁建筑的主要类别？是否掌握了中国古代重大工程与楼阁、桥梁建筑的典型代表？

项目小结

本项目包含五个学习任务，围绕中国古代建筑概述、古代城市建筑、古代宫殿坛庙与民居建筑、古代陵墓、古代重大工程与楼阁、桥梁建筑等内容展开讲解，具体讲述了中国古代建筑的形态特征，中国古代建筑的主要类别和典型代表及各自特点。通过针对性的案例、每日一练、拓展链接等介绍，帮助学生学习、领悟和牢固掌握中国古建筑各系列的基础知识,并把所学知识灵活应用到将来的实际工作中去,达到提升职业素养和增强岗位胜任能力的目的。

技能训练

1. 单项技能操作训练

举例说明中国古代人文建筑景观的典型代表有哪些?

2. 综合技能操作训练

中国古代城市建筑景观的形态特征是什么?有哪些主要类别?

观念应用

1. 分析题

请分析中国古代陵墓的殉葬品有哪些?不同时期的殉葬品有什么特点?

2. 案例分析

岱庙位于山东省泰安市泰山南麓,俗称"东岳庙"。始建于汉代,是历代帝王举行封禅大典和祭拜泰山神的地方。坛庙建筑是汉族祭祀天地日月山川、祖先社稷的建筑,体现了汉族作为农业民族文化的特点。坛庙建筑的布局与构建同宫殿建筑一致,建筑体制略有简化。

岱庙创建于汉代,至唐时已殿阁辉煌。在宋真宗大举封禅时,又大加拓建。岱庙南北长405.7米,东西宽236.7米,呈长方形,占地160多亩,其建筑风格采用帝王宫城的式样,周长1 500余米,庙内各类古建筑有150余间。

岱庙的主体建筑是天贶殿,为东岳大帝的神宫。庙内存有秦朝李斯篆书的泰山刻石。岱庙与北京故宫、山东曲阜三孔、承德避暑山庄的外八庙,并称中国四大古建筑群。岱庙是道教主流全真派圣地,为第三批全国重点文物保护单位。

资料来源:https://baike.baidu.com/item/%E5%B2%B1%E5%BA%99/595493?fr=Aladdin

问题分析

1. 中国古代四大古建筑群是什么?
2. 试总结中国古代四大古建筑群的特点。

实训操作

结合教师讲解,学生选取五项任务中的一项,并从网上查找资料,选取典型图片,制作PPT,撰写讲解词,练习后进行当众讲解。

实训目标　通过搜集资料、整理和相关讲解，使学生加深对本项目内容的理解。

实训的组织　学生每3～5人分为一组，选择不同的中国古代建筑典型代表进行介绍。

实训提示　教师提出材料准备的要求和讲解前注意事项。

实训的成果　各组汇报，由学生和老师共同组成现场评议小组进行点评。

项目四　融于自然——中国古典园林品鉴

知识目标

1. 了解中国古典园林的起源、特点和分类。
2. 掌握中国古典园林的构成要素。
3. 掌握中国古典园林的常见构景手法。

技能目标

1. 能区分北方园林、江南园林和岭南园林等三类古典园林，并掌握各类园林在我国的分布情况。

2. 使学生学会欣赏园林文化的方法，能够运用所学的相关知识进行中国古典园林导游词的梳理及讲解。

项目任务

任务1　中国古典园林的起源、分类和特点

任务2　中国古典园林的组成要素

任务3　中国古典园林常见的构景手法

项目 四

融于自然——中国古典园林品鉴

学习任务书

班级：	姓名：	指导教师：	
项目名称	“游遍苏州名园林”情境模拟	模拟地点	××
工作岗位	地陪导游、景区讲解员	工作对象	某北方旅游团
工作讲解	导游讲解	工作方法	情境模拟
项目背景及描述	某北方旅游团在苏州游览，模拟涉及的景点包括苏州拙政园、沧浪亭、狮子林、留园、网师园和耦园		
项目咨询重点	熟知中国古典园林的思想内涵，中国古典园林的特点、构成要素、构景手法、艺术特色，时代与园林的关系，人文景观的旅游价值		
项目分解目标	要求项目参与者将中国古典园林知识运用到导游讲解过程中，能够利用已获得知识完成任务中景点导游词的简单组织，能够规范、自然、熟练地进行导游讲解服务		

在中国传统建筑中，古典园林历史悠久，是独树一帜有重大成就的建筑。它被举世公认为“世界园林之母”“世界艺术之奇观”，是人类文明的重要遗产。它把建筑、山池、园艺、雕刻、绘画、书法、装饰、美学等融于一体，使生景、画景、意境巧妙结合。虽为人作，却有自然之理，得自然之趣，是东方园林的典型代表，被誉为“无声的诗”“立体的画”，与山水画、烹饪、京剧一起被称为“中国文化四绝”，是中华民族建筑艺术的结晶。因而，中国古典园林是重要的人文旅游资源。了解中国古典园林，掌握古典园林的基本类型、特点及构成要素，才能更好地带领游客体会人与大自然的交融之趣。

任务1　中国古典园林的起源、分类和特点

任务提示　本任务将引领你赏析中国古典园林的起源、分类和特点。

任务先行　中国古典园林是从哪一时期形成并发展的？是如何分类的？每一类型的古典园林又具有什么特点？

案例解读

苏州四大园林

苏州园林，在建筑中独树一帜，是具有重大成就的古典园林建筑。苏州园林又称苏州古典园林，以私家园林为主。其中沧浪亭、狮子林、留园和拙政园并称为苏州四大园林，代表着宋（960—1279年）、元（1206—1368年）、明（1368—1644年）、清（1616—1911年）四个朝代的艺术风格，被称为苏州四大名园。

1. 狮子林

狮子林为苏州四大名园之一，因园内"林有竹万，竹下多怪石，状如狻猊（狮子）者"，又因中峰禅师曾倡道天目山狮子岩，取佛书"狮子吼"之意，易名为狮子林。

狮子林有苏州古典园林亭、台、楼、阁、厅、堂、轩、廊之人文景观，更以湖山奇石、洞壑深邃而盛名于世，素有"假山王国"之美誉。狮子林的湖石假山既多且精美，湖石玲珑，洞壑宛转，曲折盘旋，如入迷阵，有"桃源十八景"之称。洞顶奇峰怪石林立，均似狮子起舞之状。有含晖、吐月、玄玉、昂霞等名峰，而以狮子峰为诸峰之首。

2. 沧浪亭

沧浪亭，世界文化遗产，在苏州现存诸园中历史最为悠久。沧浪亭主要景区以山林为核心，四周环列建筑。亭及依山起伏的长廊又利用园外的水画，通过复廊上漏窗的渗透作用，沟通园内、外的山、水，使水面、池岸、假山、亭榭融成一体。园中山上石径盘旋，古树葱茏，箬竹被覆，藤萝蔓挂，野卉丛生，朴素自然，景色苍润如真山野林。

著名的沧浪亭隐藏在山顶上，它高踞丘岭，飞檐凌空。亭的结构古雅，与整个园林的气氛相协调。亭四周环列有数百年树龄的高大乔木五六株。亭上石额"沧浪亭"为俞樾所书。石柱上石刻对联："清风明月本无价，近水远山皆有情"。全园漏窗共108式，图案花纹变化多端，无一雷同，构作精巧，在苏州古典水宅园中独树一帜。

3. 留园

留园坐落在苏州市阊门外,全园分为四个部分,在一个园林中能领略到山水、田园、山林、庭园四种不同景色:中部以水景见长,是全园的精华所在;东部以曲院回廊的建筑取胜,园的东部有著名的佳晴喜雨快雪之亭、林泉耆硕之馆、还我读书斋、冠云台、冠云楼等十数处斋、轩,院内池后立有三座石峰,居中者为名石冠云峰,两旁为瑞云、岫云两峰;北部具农村风光,并有新辟盆景园;西区则是全园最高处,有野趣,以假山为奇,土石相间,堆砌自然。池南涵碧山房与明瑟楼为留园的主要观景建筑。

4. 拙政园

拙政园中现有的建筑,大多是清咸丰九年(1859 年)拙政园成为太平天国忠王府花园时重建,至清末形成东、中、西三个相对独立的小园。中部是拙政园的主景区,为精华所在,主要景点有远香堂、枇杷园、梧竹幽居、小飞虹、见山楼、海棠春坞、听松风处、香洲、荷风四面亭、绣绮亭、雪香云蔚亭等。西部原为"补园",面积约 12.5 亩,其水面迂回,布局紧凑,依山傍水建以亭阁。因是清代末年所改建,有一定的晚清风貌,主要景点有卅六鸳鸯馆、宜两亭、倒影楼、留听阁、与谁同坐轩、笠亭、浮翠阁、塔影亭、贴水长廊等。东部原称"归田园居",是因为明崇祯四年(1631 年)园东部归侍郎王心一而得名。因归园早已荒芜,全部为新建,布局以平冈远山、松林草坪、竹坞曲水为主。配以山池亭榭,仍保持疏朗秀美的风格,主要建筑有秫香馆、兰雪堂、芙蓉榭、天泉亭、缀云峰等,均为移建。

苏州园林吸收了江南园林建筑艺术的精华,是中国优秀的文化遗产,理所当然被联合国列为人类与自然文化遗产。苏州园林善于将有限空间巧妙地组成变幻多端的景致,结构上以小巧玲珑取胜,素有"江南园林甲天下,苏州园林甲江南"之誉。苏州园林代表了中国古典四家园林的风格和艺术水平,是不可多得的旅游胜地。

资料来源:https://baike.so.com/doc/5378828-5615042.html

点评

中国古典园林艺术是指以江南私家园林和北方皇家园林为代表的中国山水园林形式。在中国传统建筑中,古典园林是有重大成就的建筑。中国源远流长的文化底蕴,让中国的园林建筑别具一格,充满诗情画意。园林的内涵恰是一座宝库,透过它们游客能真正感受到园林的魅力,也能挖掘出中国古典文化的深层意义。

重要知识

园林的含义

园林是由人工建筑，结合山水、花木等自然景色组合而成的具有艺术性和娱乐性的综合建筑、休闲场所。

一、中国古典园林的起源与发展

中国古典园林的起源大约从公元前 11 世纪奴隶社会末期开始，到 19 世纪末的封建社会解体为止，其发展史大致可以分为 5 个时期。

（一）商周至春秋战国时期

据有关典籍记载，早在 3 000 多年前的商周时期，我们的先人就已经开始利用自然的山泽、水泉、树木、鸟兽进行初期的造园活动，其时称为“囿”。商纣王“好酒淫乐，……益收狗马奇物，充仞宫室，益广沙丘苑台，多取野兽飞鸟置其中……”；周文王建灵囿，“方七十里，其间草木茂盛，鸟兽繁衍”。最初的“囿”是指在圈定的范围内让草木和鸟兽滋生繁育，供帝王和贵族们狩猎和享乐。天子、诸侯都有囿，只是范围和规格等级的差别，“天子百里，诸侯十里”。到春秋战国时期，园林中已经有了成组的风景，既有土山又有池沼或台。自然山水园林已经萌芽而且在园林中构亭营桥，种植花木，园林的组成要素都已具备，不再是简单的囿了。

（二）秦汉时期

秦始皇建上林苑，引渭水作长池，并在池中筑蓬莱山以象征神山仙境。汉起称园林为“苑”，汉朝在秦朝的基础上把早期的游囿，发展到以园林为主的帝王苑囿行宫，除布置园景供皇帝游憩之外，还举行朝贺，处理朝政。汉高祖的“未央宫”、汉文帝的“思贤园”、汉武帝的“上林苑”、梁孝王的“东苑”、宣帝的“乐游原”等，都是这一时期的著名苑囿。其中，汉武帝在上林苑建章宫的太液池建有蓬莱、方丈、瀛洲三仙山，开创了一池三山的传统，这种池中建岛、山石点缀的手法，被后人称为秦汉典范。

（三）魏晋南北朝时期

魏晋南北朝时期是中国社会发展史上一个重要转折时期，各割据势力之间相互并吞，战争不断，仕宦文人产生了对政事悲观与失望的情绪。他们不理世事，崇尚逃避事实的老庄思想，喜好玄理与清谈，纷纷隐逸江湖，寄情于山水之间，一时间山水诗、山水画盛行。晋人陶渊明在《桃花源记》中创造了一方与尘世隔绝的山水胜地，但这毕竟只是理想。在现实生活中，文人士大夫也开始在自己住屋周围经营起具有自然山水之美的小环境，从此中国兴起和发展了追求自然情趣的山水园林。原来帝王以狩猎为主的苑囿也向山水园林转化，在园中开池堆山，广植花木、布置亭台楼阁，力求创造出具有自然之美的环境。文人仕官更是大量兴建私家小园，在园里堆小山、挖池沼、培植花木以寄托情思。魏晋南北朝成了中国山水园林的奠基时期。

（四）唐宋时期

唐宋时期园林达到成熟阶段，是中国古典园林的形成时期。这一时期，官僚及文人墨客自建园林或参与造园工作，将诗与画融入园林的布局与造景中，反映了当时社会上层地主阶级的诗意化生活要求。在城市与乡村日益隔离的情况下，那些身居繁华都市的封建帝王和达官贵人，为了逍遥玩赏大自然的山水景色，便就近效仿自然山水建造园苑，不出家门，却能享“主入山门绿，水隐湖中花”的乐趣。因而作为政治、经济中心的都市，也就成了皇家宫苑和王府宅邸花园集聚的地方。此外，唐宋写意山水园在体现自然美的技巧上取得了很大的成就，如叠石、堆山、理水等。

中国古典园林形成时期最突出的成就是造园和文学、绘画的结合，大家所熟知的宋徽宗营建的“艮岳”，也就是《水浒传》里“花石纲”的来历。园中山水美秀、林木畅茂，迭石树峰，又有宫殿亭阁，高低错落，迭山凿池，别出胜景，可称为唐宋时期中国古典园林的代表作，可惜已经在战火中夷为平地，永远地消失了。

（五）明清时期

明清园林在唐宋园林的基础上继续发展，成为中国古典园林最后的兴盛时期。明清时期，园林艺术进入精深发展阶段，无论是江南的私家园林，还是北方的帝王宫苑，在设计和建造上，都达到了高峰。现在保存下来的园林大多属于明清时期，这些园林充分表现了中国古典园林的独特风格和高超的造园艺术。明、清是中国园林创作的高峰期。皇家园林创建以清代康熙、乾隆时期最为活跃。当时社会稳定、经济繁荣，给建造大规模写意自然园林提供了有利条件，如“圆明园”“避暑山庄”“畅春园”等。私家园林以明代建造的江南园林为主要成就，如“沧浪亭”“休园”“拙政园”“寄畅园”等。同时在明末还产生了园林艺术创作的理论著作《园冶》。它们在创作思想上，仍然沿袭唐宋时期的创作思路，从审美观到园林意境的创造都是以“小中见大”“须弥芥子”“壶中天地”等为创造手法。自然观、写意、诗情画意占据创作的主导地位，园林中的建筑起了最重要的作用，成为造景的主要手段。园林从游赏到可游可居方面逐渐发展。大型园林不但模仿自然山水，而且还集仿各地名胜于一园，形成园中有园、大园套小园的风格。

到了清末，造园理论探索停滞不前，加之国家遭受外来侵略、西方文化的冲击、国民经济崩溃等原因，园林创作由全盛到衰落。但中国园林的成就却达到了它历史的巅峰，其造园手法被西方国家所推崇和模仿，在西方国家掀起了“中国园林热”。中国园林艺术被全世界公认为园林之母，成为世界艺术奇观。

中国造园艺术，是以追求自然精神境界为最终和最高目的，从而达到“虽由人作，宛自天开”的目的。它深浸着中国文化的内涵，是中国五千年文化史造就的艺术珍品，是民族内在的精神品格的写照。

二、中国古典园林的分类

（一）按园林所处地理位置分类

按园林所处地理位置来看，其主要可分为北方园林、江南园林和岭南园林。

1. 北方园林

北方园林，因地域宽广，所以范围较大；又因大多为古都所在，所以建筑富丽堂皇；因自然气象条件所局限，河川湖泊、园石和常绿树木都较少。由于风格粗犷，所以秀丽媚美则显得不足。北方园林的代表大多集中于北京、西安、洛阳、开封，其中尤以北京为代表。

2. 江南园林

南方人口较密集，所以园林地域范围小，又因河湖、园石、常绿树较多，所以园林景致较细腻精美。因上述条件，其特点为明媚秀丽、淡雅朴素、曲折幽深，但因面积小，略感局促。南方园林的代表大多集中于南京、上海、无锡、苏州、杭州、扬州等地，其中尤以苏州为代表。

案例解读

中国私家园林的典范——苏州古典园林

苏州古典园林的重要特色之一，在于它不仅是历史文化的产物，同时也是中国传统思想文化的载体。表现在园林厅堂的命名、匾额、楹联、书条石、雕刻、装饰，以及花木寓意、叠石寄情等。这些不仅是点缀园林的精美艺术品，还储存了大量的历史、文化、思想和科学信息，物质内容和精神内容都极其深广。其中有反映和传播儒、释、道等各家哲学观念、思想流派的；有宣扬人生哲理，陶冶高尚情操的；还有借助古典诗词文学，对园景进行点缀、生发、渲染，使人于栖息游赏中，化景物为情思，产生意境美，获得精神满足的。而园中汇集保存完好的中国历代书法名家手迹，又是珍贵的艺术品，具有极高的文物价值。

另外，苏州古典园林作为宅园合一的宅第园林，其建筑规制又反映了中国古代江南民间起居休憩的生活方式和礼仪习俗，是了解和研究古代中国江南民俗的实物资料。

苏州古典园林历史绵延2 000余年,在世界造园史上有其独特的历史地位和价值,它以写意山水的高超艺术手法,蕴含浓厚的传统思想文化内涵,展示东方文明的造园艺术典范,实为中华民族的艺术瑰宝。1997年,江苏苏州古典园林被列入《世界遗产名录》。

资料来源:https://mp.weixin.qq.com/s/7ogjd0kcBSwLTC98hGsyiA

3. 岭南园林

因为岭南园林地处亚热带,终年常绿,又多河川,所以造园条件比北方、南方都好。其明显的特点是具有热带风光,建筑物都较高而宽敞。现存岭南类型园林,有著名的广东佛山的清晖园、东莞的可园、广州的余荫山房等。

(二)按园林隶属关系分类

1. 皇家园林

皇家园林是专供帝王休憩享乐的园林。古人讲,普天之下,莫非王土,在统治阶级看来,国家的山河都是属于皇家所有的。所以其特点是规模宏大,真山真水较多,园中建筑色彩富丽堂皇,建筑体形高大,天下美景,兼收并蓄。现存的著名皇家园林有北京的颐和园、北海公园以及河北承德的避暑山庄。

2. 私家园林

私家园林是供皇家的宗室外戚、王公官吏、富商大贾等休闲的园林。其特点是规模较小,所以常用假山假水,建筑小巧玲珑,表现其淡雅素净的色彩。现存的私家园林,如北京的恭王府,苏州的拙政园、留园、沧浪亭、网师园,上海的豫园等。

案例解读

圆 明 园

圆明园坐落在北京西北郊,与颐和园相邻,由圆明园、长春园和绮春园组成,也叫圆明三园。圆明园是清朝著名的皇家园林之一,面积五千二百余亩,150余景。建筑面积达16万平方米,有"万园之园"之称。清朝皇室每到盛夏时节会来这里理政,故圆明园也称"夏宫"。

圆明园始建于1709年(康熙四十八年),是康熙赐给尚未即位的雍正的园林,用于打发空闲。1723年雍正即位后,拓展原赐园,并在园南增建了正大光明殿和勤政殿及内阁、六部、军机处储值房,御以"避喧听政"。乾隆年间,圆明园进行了局部增建、改建,在东面新建了长春园,在东南并入了绮春园,圆明三园的格局基本形成。嘉庆年间,对绮春园进行了修缮和拓建,成为主要园居场所之一。道光年间,国力日衰,财力不足,道光皇帝宁愿撤万寿、香山、玉泉"三山"的陈设,罢热河避暑与木兰围猎，但仍对圆明三园有所改建。

圆明园的平面布局是倒置的“品”字形（长春园在东、圆明园在西、绮春园居南，福海居于中央）。圆明园汇集了当时江南若干名园盛景的特点，集我国古代造园艺术精华于一体，有的简取欧洲古典宫苑的富丽豪华，构成当时举世罕见的园林建筑群。园林景区 100 多处，楼、台、殿、阁、亭、榭、轩、馆、廊等建筑 16 万平方米，比故宫还多一万平方米。

圆明园于 1860 年遭英法联军焚毁，文物被掠夺的数量粗略统计约有 150 万件，上至先秦时代的青铜礼器，下至唐、宋、元、明、清历代的名人书画和各种奇珍异宝。1900 年八国联军侵占北京，西郊皇家园林再遭劫难。今天这里仅存的西洋楼雕花石柱，就是帝国主义列强践踏中国罪恶行径的磐石铁证，也是激励中国人民自强不息的历史“教科书”。

资料来源：https://baike.so.com/doc/2295409-2428278.html

（二）按造园方式分类

按造园方式划分，古典园林可分为人工山水园和天然山水园两大类。

1. 人工山水园

人工山水园是指在平地上开凿水体、堆筑假山，人为地创设山水地貌，再配以花木和建筑，将天然山水风景微缩模拟在一个小范围之内，是我国造园技术发展到完全自觉创造阶段而出现的审美境界最高的一类园林。

这类园林均修建在平坦地段上，尤以城镇内居多，规模由小到大，包含的内容亦由简到繁。由于此种园林完全是由人工理水叠山，种植花木，驯养鸟兽，所以造园所受的客观制约较少，可以最大限度发挥人的创造性。又因其是在城镇的建筑环境内创造模拟天然野趣的小环境，犹如点点绿洲，故也称之为“城市山林”。

2. 天然山水园

天然山水园一般建在城镇近郊或远郊的山野风景地带，包括山水园、山地园和水景园等。规模较小的利用天然山水的局部或片段作为建园基址；规模大的则把完整的自然山水植被环境圈起来作为建园基址，然后利用原始动植物，再配以人造建筑，因势利导地对基址的原貌进行调整、改造和加工。因此，兴造天然山水园的关键在于选择基址，如果选址恰当，则能以少量的花费而获得远胜人工山水园的天然风景之趣。

三、中国古典园林的特点

（一）造园艺术，师法自然

“师法自然”，在造园艺术上包含两层内容：一是总体布局、组合要合乎自然，山与水的关系及假山中峰、涧、坡、洞各景象因素的组合，要符合自然界山水生成的客观规律。二是每个山水景象要素的形象组合要合乎自然规律。例如，假山峰峦是由许多小的石料拼叠合成，叠砌时要仿天然岩石的纹脉，尽量减少人工拼叠的痕迹；水池常做自然曲折、高低起伏状；花木布置应是疏密相间，形态天然；乔灌木要错杂相间，追求天然野趣。

（二）园林建筑，顺应自然

中国古典园林中，有山有水，有堂、廊、亭、榭、楼、台、阁、馆、斋、舫、墙等。人工的山，石纹、石洞、石阶、石峰等都显示自然的美色。人工的水，岸边曲折自如，水中波纹层层递进，也都显示自然的风光。所有建筑，其形与神都与天空、地上自然环境吻合，同时又使园内各部分自然相接，以使园林体现自然、淡泊、恬静、含蓄的艺术特色，并有移步换景、渐入佳境、小中见大等观赏效果。

（三）树木花卉，表现自然

与西方系统园林不同，中国古典园林对树木花卉的处理与安设，讲究表现自然。松柏高耸入云，柳枝婀娜垂岸，桃花数里盛开，乃至于树枝弯曲自如，花朵迎面扑香，其形与神、其意与境都十分重在表现自然。

（四）诗情画意，融入自然

中国古典园林在师法自然的同时，更致力于营造一个充满诗情画意的艺术空间，这是造园者更高、更内在的追求。园林中随处可见的园名、景题、匾额、楹联等无不浸染着园林的情调，烘托着园林的内涵和意境。

师法自然，顺应自然，表现自然、融入自然——这是中国古典园林体现“天人合一”民族文化所在，是独立于世界之林的最大特色，也是永具艺术生命力的根本原因。

案例解读

瘦西湖——一座别有韵味的江南古典园林

瘦西湖，或许你已经听说过它的名字，它位于中国江苏省扬州市，是一座极具江南古典园林特色的风景名胜区。它的美丽和历史渊源吸引着无数游客，瘦西湖也因此成为一个备受关注的旅游景点。现在就让我们一起探索一下这个被誉为“园林之盛，甲于天下”的地方吧！

瘦西湖有着丰富多样的景观，包括了数个经典的景点。比如说，五亭桥，它建于18世纪的清代，是瘦西湖的标志性建筑之一。除此之外，还有二十四桥、吹台、凫庄等。每个景点都有其独特的魅力，给人留下了深刻的印象。

想要深入了解瘦西湖的历史和文化底蕴，就要回到清朝乾隆年间。当时，钱塘(杭州)的诗人汪沆远道而来,他被保障湖的美景所吸引,称其为瘦西湖,并把这个名字传扬开来。瘦西湖也在清朝康乾时期形成了基本格局,并因其园林特色而声名远扬。现在的瘦西湖已经成为国家5A级旅游景区,并于1988年被国务院列为"具有重要历史文化遗产和扬州园林特色的国家重点名胜区"。

瘦西湖在国内享有盛名,屡获殊荣。2010年,它被授予国家5A级旅游景区称号,成为中国顶级旅游景点之一。2014年,瘦西湖被列入了世界文化遗产名录,成为中国重要的文化遗产之一。此外,瘦西湖还在2021年获得了国家级文明旅游示范单位的称号,这也是对其一贯追求卓越的肯定。

那么,究竟为什么瘦西湖如此吸引人呢?其实,这里的景观既有江南古典园林的细腻柔美,也有北方园林的雄伟壮观。无论是五亭桥仿北海的风格,还是凫庄水中建筑的与众不同,都展示了独特的魅力。而石桥的长虹卧波、吹台的"框景"手法、望春楼的水院山庭,更能给人带来美不胜收的感觉。在这里,你可以感受自然与人文的完美融合。

除了景点的多样性和美丽,瘦西湖还以其富有情怀的历史故事而闻名。例如,在二十四桥附近有一座名为望春楼的建筑,据说这是乾隆皇帝与他的爱妃写下《瘦西湖记》的地方。这个故事让人感慨万分,为瘦西湖增添了一抹浪漫的色彩。此外,在瘦西湖还有着许多文人骚客留下的文化印记,比如袁枚、曹雪芹等名人都曾在此留下他们的诗作和随笔。这里有着丰富的文化底蕴,让游客更加沉浸在古老的历史氛围中。

作为一个充满魅力的旅游景点,瘦西湖也给游客们提供了丰富多样的活动和体验。你可以选择悠闲地漫步在湖边的长堤上,欣赏周围的美景;你也可以租船在湖上游玩,感受湖水的清凉和宁静;此外,你还可以品尝扬州的传统美食,尤其是著名的扬州炒饭和狮子头,让味蕾也得到一场独特的享受。

瘦西湖是一座别有韵味的江南古典园林,以其独特的景观和丰富的历史文化吸引着游客。它不仅给人们带来了美的享受,更让人们感受到了历史的沉淀和人文的温暖。作为一个国家级文明旅游示范单位,瘦西湖一直致力于提供高质量的旅游服务,并通过各种形式的活动和体验,让游客更好地了解这个地方的独特魅力。所以,如果你还没有去过瘦西湖,赶快计划一次旅行吧,相信你一定会被这个美丽的地方深深吸引!

资料来源:https://mp.weixin.qq.com/s/-CCg5keAkaMq88tRQztw3A

每日一练 试着和同学一起交流,总结中国古典园林的发展历程及每个阶段的特点。

任务小结 完成本任务后,请进行自我测试:你是否已明确中国古典园林的发展及特点?

任务2　中国古典园林的组成要素

任务提示　本任务将引领你赏析中国古典园林的组成要素。

任务先行　中国古典园林的组成要素有哪些？它们的成因是什么？

案例解读

北京颐和园

颐和园是我国现有大型皇家园林中保存最为完整、最为典型的一个，也是世界著名园林之一。

颐和园位于北京海淀区。金贞元元年(1153 年)完颜亮设为行宫。明朝由皇室改为好山园。清乾隆十五年(1750 年)改为清漪园。咸丰十年(1860 年)为英法联军所毁。光绪十四年(1888 年)，慈禧太后挪用海军经费重建，始改名为颐和园。颐和园占地共 290 公顷。根据皇家园林建园的用途和特点，可将颐和园景区分为政治活动区、帝后生活区、风景游览区三部分。风景游览区以万寿山为中心，分前山和后山两大景区。前山水面浩渺，以长堤划分湖面，湖中设岛，景深而开阔。后山湖水曲折、山谷幽深。以仁寿殿为主的政治活动区和以玉澜堂、宜芸馆、乐寿堂、德和园组成的帝后生活区位于园林的东北部。园内建筑景观大多集中于万寿山南麓，佛香阁成为全园景色的构图中心。正中主轴线一组建筑即为大报恩延寿寺。位于昆明湖中的南湖岛与西面另两个小岛，又构成蓬莱三岛的传统模式。后山一带有“须弥灵境”“万宝塔”等建筑遗址。后山后湖景区最有趣味的是沿河两边的苏州街。从苏州街往东，有霁青轩和谐趣园。谐趣园是仿无锡寄畅园而建。长廊西端湖中有一座巨石雕成的石舫，名清晏舫。1998 年年底，颐和园被列入《世界遗产名录》。

资料来源：https://baike.so.com/doc/2720271-2871629.html

点评

山、水是中国古典园林的重要组成要素，有山必有水，有水必有山，山水相映成趣。园林中的山和水还可以形成高低对比，这样既显出山势的壮观，又显出水色的秀丽。颐和园的万寿山是全园的主体和中心，登上万寿山顶的佛香阁俯视，全园景色尽收眼底。而昆明湖水的平静、浩渺，与万寿山形成鲜明的对比，湖光山色，上下呼应，对游人具有极大的吸引力。

中国园林景观与西方园林景观一样，主要是由山、水、建筑、植物等要素构成的，都是历史时期社会、经济、文化的反映，都是一种立体的空间艺术。造园艺术家使用多变的园林布局手段，巧妙地将各种景观构成要素浓缩到有限的空间里，成为大自然的缩影，使游人“不出城郭，而享山林之美”。

一、叠山

山是园林的骨架，“布山形，取峦相，分石脉”造园必筑山，筑山是造园的主要因素之一。对于自然山形，筑山的目的在于通过改造突出重点，表现大自然的美。而更多的园林是堆土叠山，以自然为师构筑成山，讲究“自然之理，自然之趣”，达到“虽由人作，宛若天开”的效果。

叠山是指仿照自然山体造型，用土、石或土石结合的手法堆筑假山。假山可以作为园林主景，又可作为园林地形的骨架，划分或组织园林空间。秦汉的上林苑，用太液池所挖土堆成岛，象征东海神山，开创了人为造山的先例。到北魏，园林中才出现了假山叠石。唐宋时期，园林造山叠石进入了兴盛阶段，最典型的例子便是爱石成癖的宋徽宗，他所筑的艮岳是历史上规模最大、结构最奇巧的以石为主的假山。唐宋以后，由于山水诗、山水画的发展，玩赏艺术的发展，对叠山艺术更为讲究。此时，私家园林造假山也蔚然成风。

叠石成山主要是为了点缀空间，增添园林野趣和自然情趣。因此，古人对于石料的选择颇有讲究，所用的石料主要有湖石、黄石、房山石、青石、英德石、黄蜡石等，其中尤以湖石和黄石为主，而湖石以太湖白石最为著名。太湖石属于石灰岩，表面凹凸不平，内部多孔洞罅穴，故古人曾用“瘦、透、漏、皱、清、丑、顽、拙”8个字来评价太湖石。所谓“瘦”是指山石体态苗条，挺拔俊秀，用以比喻古代文人不屈不阿的风骨。“透”是指山石纹理纵横，玲珑多孔，有自然之姿。以石的通透比拟古代文人的耳聪目明。“漏”是指石身上的孔穴涡洞相套，上下贯穿，以喻关窍相通的活力；“皱”指山石表面沟痕密布，起伏多变，有光影明暗的情韵，以显苍老之姿，真山之气。此四字侧重对石“形”的评价，另外四字则侧重对石整体气势的品评。“清”是指石具有阴柔秀丽之美，以喻秀雅、清静之意；“丑”是指石的奇与怪，要丑中求美，丑中见秀，以表不入俗流之意；“顽”是指石具有坚实浑厚的阳刚之美；“拙”是指石的浑朴敦厚之美，富有质朴、痴阔之感。总之，园林中的山要姿态优美，气势雄伟，轮廓曲折，造型奇特，以假乱真，再现自然。

明代造山艺术，更为成熟。明代计成在《园冶》的“掇山”一节中，列举了园山、厅山、楼山、阁山、书房山、池山、内室山、峭壁山、山石池、金鱼缸、峰、峦、岩、洞、涧、曲水、瀑布17种形式，总结了明代的造山技术。清代造山技术进一步发展和普及。清代造园家创造了穹形洞壑的叠砌方法，用大小石钩带砌成拱形，顶壁一气，酷似天然洞壑，乃至于可仿喀斯特溶洞，叠山倒垂的钟乳石，比明代以条石封合收顶的叠法合理得多、高明得多。现存的苏州拙政园、常熟的燕园、上海的豫园，都是明清时代园林造山的佳作。

案例解读

扬州个园的四季假山艺术鉴赏

个园位于江苏扬州市东关街，据传初为清代著名画家石涛寿芝园故址，嘉庆、道光年间盐商黄至筠重新扩建。园内植竹千竿，因竹叶形如“个”字，故名个园。

此园以假山叠石最为有名，用石奇特，技法超群，布局巧妙，意蕴深邃，意境高雅。一进个园，湖石依门，修竹迎面，石笋参差亭立，构成一幅以粉墙为纸、竹石为绘的生动画面，一笔点出“春景”。点放的峰石好似茁壮的竹笋在春雨后破土而出，给人以春回大地的感觉。为了体现春天的季节特点，采用十二生肖象形山石，象征春天的到来，各类动物已从冬眠中苏醒，即将活动频繁。过春景，绕过桂花厅，前面出现以湖石叠成的玲珑剔透的“夏山”，夏山通过灰调的石色、广玉兰的浓荫、山洞的幽深、水态的涟涓，如大雨初霁，流云变幻，予人以千山苍翠欲滴、清凉世界的意境。为了体现秋山的秋季特点，造园者特意采用黄石，在黄石堆叠上引用国画的斧劈皴法，用石泼辣，烘托出高山峻岭的气派，其位于庭院之东，面迎西斜夕阳，黄石丹枫，倍增秋色，以添人“秋思”的诗意。秋山是全园的高潮，故山形堆筑得特别雄奇挺拔，好似缩小了的安徽黄山。冬山叠石选用颜色洁白，体态圆浑的宣石（雪石），并将假山叠至南墙北下，使人产生积雪未化的感觉。墙面开有吸纳东北风的口琴音孔式排列的24个圆形窗洞，使人工制造的北风呼啸，形成寒冬氛围。冬山邻接春山，形成春夏秋冬四季循环。

个园的假山构筑主题鲜明，意境深远，布局奇特，章法不谬，配景奏效，运用一年四季不同的季节特点，把整个园子划分为大小不同、性格各异的四个空间，使“春山艳冶而如笑，夏山苍翠而如滴，秋山明净而如妆，冬山惨淡而如睡”，各显其趣。由于春、夏、秋、冬四山的景色是按环形路线安排的，来回数遍，有人好似经历周而复始的四季气候的循环变化，大有无止无境之意，使不由发出“时间无限，人生无涯”的感叹，得到“珍惜时间，发奋图强”的哲理启迪。

资料来源：曹诗图. 旅游文化与审美[M]. 武汉：武汉大学出版社，2006：64.

二、理水

“名园依绿水”，为表现自然，理水也是造园主要因素之一。宋代大画家郭熙说过：“山以水为血液，以草为毛发，以烟为神采。故山得水而活，得草木而华，得烟云而秀媚。”不论哪一种类型的园林，水是最富有生气的因素，无水不活。自然式园林以表现静态的水景为主，以表现水面平静如镜或烟波浩渺的寂静深远的境界取胜。正因为如此，园林一定要凿池引水。

一般来说，园林中的水景可分为人工塑形和模拟自然两种。人工塑形是指造园者在造园过程中，人为地将水池修成圆形、方形、矩形、椭圆形、半圆形等规则形状的水体，或者根据实际条件，依照地势整理，使水体造型丰富，变化较多。模拟自然水景在园林中运用较多，主要包括在原有基础上略加人工修造而成的湖泊池沼、溪涧河流、渊潭泉源，根据地势、山体等条件创建的人造瀑布等。园林中，水景是通过水的形、色、声、影等给人们带来特有的美感。水无定形，随物赋形。园林中，水体随池岸或曲或直，或凸或凹，呈现斗折蛇行、犬牙交错的池岸线，给人以自然、流畅的感觉；水本无色，积水成碧，一潭碧水令整个园林生机盎然，同时也增添了园林雅淡的格调；静水无声，流水生音，园林中的水声或潺潺，或叮咚，赋予园林大自然的天籁之音，也使游客为之倾倒；水无形无色，却能映出世间形形色色的景物。一潭静水，如明镜一般不惹尘埃，然而其周边的建筑、山石、花草、树木乃至其上方的天空都含映在其中。在园林中静静的一片水面，人们不仅能从中看到周围所有景物的倒影，还能看到水中的鱼虾、水面的莲花，更可使人的视线无限延伸，无形中扩大了空间，丰富了园林景观，也加深了园林的意境。

园林中水之魅力的充分展现，主要在于“理”。古代园林理水之法，一般有三种。

一为掩。以建筑和绿化，对曲折的池岸加以掩映。临水建筑，除主要厅堂前的平台，为突出建筑的地位，不论亭、廊、阁、榭，皆前部架空挑出水上，水犹似自其下流出，用以打破岸边的视线局限；或临水蔬蒲苇岸、杂木迷离，造成池水无边的视觉印象。

二为隔。或筑堤横断于水面，或隔水浮廊可渡，或架曲折的石板小桥，或涉水点以步石，正如计成在《园冶》中所说，“疏水若为无尽，断处通桥”。如此则可增加景深和空间层次，使水面有幽深之感。

三为破。在水面很小的时候（如清泉小池），可用乱石为岸，配以细竹野藤，朱鱼翠藻，那么虽是一洼水池，却可令人感受到山野风致。

三、植物

植物是造山理池不可缺少的因素。花木犹如山峦之发，水景如果离开花木也没有美感。园林中所说的植物，具有广泛的外延，包括树、竹、花、草、藤蔓、草皮和水生植物。花木对园林山石景观起衬托作用，又往往和园主追求的精神境界有关。例如，竹子象征人品清逸和气节高尚，松柏象征坚强和长寿，莲花象征洁净无瑕，兰花象征幽居隐士，玉兰、牡丹、桂花象征荣华富贵，石榴象征多子多孙，紫薇象征高官厚禄等。

园林中花木的配置要讲求自然美，所以对花木的选择有一定的标准。首先，要求姿态优美。对于树，树冠的形态、树枝的疏密曲直、树皮的质感、树叶的形状都追求自然美；对于花，则有含、吐、正、倚、平、斜、俯、仰等姿态，花与花之间又有疏密、向背、离、合等关系。其次,要求色彩美。中国园林遍植常绿树,其间点缀各色花卉。绿色给园林带来勃勃生机,而不同季节盛开的鲜花,五彩斑斓,万紫千红,给人以视觉的美感。再次是味香。中国园林要求自然和清幽,因此园林中花香往往是一阵阵若有若无的暗香、淡雅含蓄的清香,使人备感陶醉,回味无穷,甚至有时能引起人们梦幻般的感觉和绵绵不尽的思绪。

中国园林花木栽植讲究一定的规律。一是讲究"景因境异",即根据不同环境创造不同的景色。例如,高山栽松、岸边植柳、山中挂藤、水上放莲、金桂当庭、古梅绕屋、疏竹依墙、芭蕉立角等,都是我国古典园林花木培植的常用手法。二是讲究"疏影横斜",即不注重花木栽植的整齐划一,而是因地制宜,追求诗情画意,欣赏植物特有的色、香、形、韵。三是讲究植物不同花期与季节变换相统一,以创造园林时序景观,延长园林的观赏时间。例如,春看绿柳,夏观翠荷,秋闻桂香,冬赏雪梅等,都是利用树木花卉的生长规律来造景,使人们在花木的枯荣中感悟时光的流逝。

除花木外,草皮也十分重要,平坦或起伏或曲折的草皮,也令人陶醉于其中。

四、动物

中国古典园林重视饲养动物。最早的苑囿中,以动物作为观赏、娱乐对象。魏晋南北朝园林中有众多鸟禽,使之成为园林山水景观的天然点缀。唐代王维的辋川别业中养鹿放鹤,以寄托"一生几经伤心事,不向空门何处销"的解脱情趣。宋徽宗所建艮岳,集天下珍禽异兽数以万计,经过训练的鸟兽,在徽宗驾到时,能乖巧地排立在仪仗队里。明清时园中有白鹤、鸳鸯、金鱼,还有天然鸟蝉等。园中动物可以观赏娱乐,可以隐喻长寿,也可以借以扩大自然境界;令人通过视觉、听觉产生联想。

五、建筑

园林中建筑有十分重要的作用。有人把建筑看作是园林的"眼睛",像人一样,有了眼睛才能有神采。它可满足人们生活享受和观赏风景的愿望。中国自然式园林,其建筑一方面要可行、可观、可居、可游,另一方面起点景、隔景的作用,使园林移步换景、渐入佳境,以小见大,又使园林显得自然、淡泊、恬静、含蓄。这是与西方园林建筑很不相同之处。中国自然式园林中的建筑形式多样,有堂、厅、楼、阁、馆、轩、斋、榭、舫、亭、廊、桥、墙等。

(一)厅堂

厅堂是待客与集会活动的场所,也是园林中的主体建筑。"凡园圃立基,定厅堂为主"(《园冶·立基》)。厅堂的位置确定后,全园的景色布局才依次衍生变化，造成各种各样的园林景致。厅堂一般坐北朝南，向南望，是全园最主要景观，通常是理池和造山所组成的山水景观，使主景处于阳光之中，光影多变，景色显得变幻无穷。厅堂建筑的体量较大，空间环境相对也开阔，在景区中，通常建于水面开阔处，临水一面多构筑平台，如北京园林大多临水筑台、台后建堂。这成为明清时代构园的传统手法，如拙政园的远香堂、留园的涵碧山房、狮子林的荷花厅、怡园的鸳鸯厅等，都采用此法布置厅堂。

（二）楼阁

楼阁是园林中的二类建筑，属较高层的建筑。它们不仅体量较大，而且造型丰富，是园林中的重要点景建筑。楼阁可用来观赏风景、储藏书画，还可供佛。例如，宁波的天一阁、北京颐和园的佛香阁。

（三）书房馆斋

馆可供宴客之用，其体量有大有小，与厅堂稍有区别。大型的馆，如留园的五峰仙馆、林泉耆硕馆，实际上是主厅堂。斋供读书用，环境当隐蔽清幽，尽可能避开园林中主要游览路线。建筑式样较简朴，常附以小院，植芭蕉、梧桐等树木花卉，以创造一种清静、淡泊的情趣。

（四）榭

榭一般建于水边或花畔，借以成景。平面常为长方形，一般多开敞或没窗扇，以供人们游憩、眺望。水榭则要三面临水。

（五）轩

轩是小巧玲珑、开敞精致的建筑物，室内简洁雅致，室外或可临水观鱼，或可品评花木，或可极目远眺。

（六）舫

舫是仿造舟船造型的建筑，常建于水际或池中。南方和岭南园林常在园中造舫，如南京煦园不系舟，是太平天国天王府的遗物，苏州拙政园的香洲是舫中佼佼者。将船的造型建筑化，在体量上模仿船头、船舱的形式，便于与周围环境和谐协调，也便于内部建筑空间的使用。

（七）亭

亭，是一种开敞的小型建筑物，“亭，停也，人所停集也”（许慎《说文》），主要供人休憩观景，可眺望，可观赏，可休息，可娱乐。亭在造园艺术中的广泛应用，标志着园林建筑在空间上的突破，或立山巅，或枕清流，或临涧壑，或傍岩壁，或处平野，或藏幽林，空间上独立自在，布局上灵活多变。在建筑艺术上，亭集中了中国古代建筑最富民族形式的精华。按平面形状分，常见的有三角亭、方亭、矩形亭、六角亭、八角亭、圆亭、扇面亭、梅花亭和套方亭。按屋顶形式分，有单檐亭、重檐亭、攒尖亭、盝顶亭、歇山亭，攒尖高耸，檐宇如飞，形象十分生动而空灵。按所处位置分，有桥亭、路亭、井亭和廊亭。凡有佳景处都可建亭，画龙点睛，为景色增添民族色彩和气质；即使无佳景，也可从平淡之中见精神，使园林更富有生气和活力。我国苏州园林建亭最多，素以亭多著称，即“有园必有亭”，像苏州沧浪亭中的沧浪亭，拙政园中的松风亭、嘉实亭都是著名的亭。

（八）廊

廊，是我国园林中一种独特的建筑物，一般称为长廊。长廊有直廊、曲廊、波廊、形廊和复廊四种。廊在园林中不仅有交通的功能，更重要的是有观赏的作用，是中国园林中，最富有可塑性与灵活性的建筑。蜿蜒曲折也好，高低起伏也好，是一种生动活泼颇具特色的民族建筑。廊既可在交通上连通自如，将园林串通一气；又可让游人移步换景，仔细品味周围景色。

《园冶》一书中记载：“廊宜曲宜长则胜。”长廊随形而变，依势而曲，蜿蜒无尽，方能引人入胜。颐和园的长廊是我国园林中最长的廊，全长 728 米，有留佳、寄澜、秋水、清遥四个亭子筑于廊中，象征着春、夏、秋、冬四季。

（九）桥

园林中的桥除了实用以外，也是为了点缀风景，增加园林的情趣和意境美。一般采用拱桥、平桥、曲桥等类型，有石质的，有竹质的，有木质的，十分富有民族特色。它不但有增添景色的作用，而且用以隔景，在视觉上产生扩大空间的作用。同时过了一桥又一桥，也颇增游客游兴。特别是南方园林和岭南类型园林，由于多湖泊河川，桥也较多。

案例解读

文人山水——小飞虹

“飞虹眺卷河，泛雾弄轻弦”，拙政园中的小飞虹正是得名于南朝宋鲍照《白云》一诗。小飞虹是苏州园林中极为少见的廊桥，东接由倚玉轩南下的曲廊，西接得真亭，是游廊涉水时的一种空间延展，更是审美的时空叠加后形成的人间仙境。当你行至松风水阁，推窗便可见小飞虹，“翩若惊鸿，婉若游龙”，那恰到好处的弧形线条——柔美而不张扬，端庄而不伶俐，只一眼便让人沦陷在那柔柔的水光倒影中。

现今的小飞虹，石柱、石梁上架朱柱、朱栏，配色沉稳，与岸边的垂柳、松柏和石矶相映成趣。桥面两侧设有万字护栏，三间八柱，覆盖廊屋，由著名书法家曾耕西老先生书写的“小飞虹”题匾悬于东边进口处。卷棚顶灰瓦上的青苔和磨痕诉说着拙政园内的悠悠岁月和风风雨雨。

拙政园数易其主、几经兴废;但文徵明、吴伟业、袁枚、赵翼、钱大昕、康有为等文人墨客留下的历史佳话、诗词楹联却如飞虹一般连通古今。

资料来源:http://blog.sina.com.cn/s/blog_4d566f5d0102yrs5.html(有改动)

(十)园墙

园墙是围合空间的构件。中国的园林都有围墙,且具民族特色,如龙墙,蜿蜒起伏,犹如长龙围院,颇有气派。园中的建筑群又都采用院落式布局,园墙更是不可缺少的组成部分。例如,上海豫园,有五条龙墙,即伏卧龙、穿云龙(口下有金蟾)、双龙抢珠、睡眠龙,将豫园分割成若干院落。南北园林通常在园墙上设漏窗、洞门、空窗等,形成虚实对比和明暗对比的效果,并使墙面丰富多彩。漏窗的形式有方、横长、圆、六角形等。窗的花纹图案灵活多样,有几何形和自然形两类。园林中的院墙和走廊、亭榭等建筑物的墙上往往有不装门扇的门孔和不装窗扇的窗孔,分别称洞门和空窗。洞门除供人出入,空窗除采光通风外,在园林艺术上又常作为取景的画框,使人在游览过程中不断获得生动的画面。

六、匾额、楹联与刻石

每个园林建成后,园主总要邀集一些文人,根据园主的立意和园林的景象,给园林和建筑物命名,并配以匾额题词、楹联诗文及刻石。匾额是指悬置于门楣之上的题字牌,楹联是指门两侧柱上的竖牌,刻石指山石上的题诗刻字。园林中的匾额、楹联及刻石的内容,多数是直接引用前人已有的现成诗句,或略作变通。如苏州拙政园的浮翠阁引自苏东坡诗中的“三峰已过天浮翠”。还有一些是即兴创作的。另外还有一些园景题名出自名家之手。不论是匾额楹联还是刻石,不仅能够陶冶情操,抒发胸臆,也能够起到点景的作用,为园中景点增加诗意,拓宽意境。

每日一练　在学习本项任务之后,请同学们查阅资料,描述一下,苏州拙政园、上海的豫园是怎样体现出造山艺术的?

任务小结　完成本任务后,请进行自我测试:你是否已掌握中国古典园林的构成要素?

任务3　中国古典园林常见的构景手法

任务提示　本任务将引领你赏析中国古典园林常见的构景手法。

任务先行　中国古典园林常见的构景手法有哪些?你能正确区分不同构景手法的区别吗?

案例解读

清晖园——澄漪亭

清晖园位于广东省佛山市顺德区大良镇华盖里，为我国南方古典园林艺术的杰作，素有岭南四大名园之一的盛誉，已列为省级文物保护单位。其布局既能吸取苏州园林艺术精华，又能因地制宜，环境以清幽自然、秀丽典雅见称。

清晖园的荷塘南角有一小门厅，这便是古时清晖园的入口。从华盖里直街横折，走一段路程，便可来到古时清晖园门前。门厅上至今还悬挂着清代书法大家何绍基题写的“清晖园”牌匾。牌匾古朴，“清晖园”三字笔力遒劲，实为大家风范，仰慕之情不禁油然而生。

进入园门，再出稍显狭促的门厅，走过连廊依墙一段，景象豁然顿开，纵目四顾，已身处澄漪亭挑廊之上。推窗望去：一方荷塘清凉扑面，三两飞燕掠碧而去；六角亭凌波依卧，两水松作亨哈耸立；船厅傲首北面，据岸久泊候佳人款步登临，花亭举翼在东，邀拱石树杪浑然入画。再看水中：百龄龙眼树如巨椽大伞遮蔽房舍，又以投影为池面刷上大片墨绿，生出习习凉意。低头细看：水质清澄，游鳞翔底；水面风静，微泛涟漪。岸边花枝含风，蕉叶弄影，碎撒池中湮映，忽如一阵粤音入耳，脑际间又多出些岭南水乡弥漫的情愫。

澄漪亭不但与船厅互为对景，还可平视高低错落而又有花树掩映的房舍亭院，以及东岸拱石凌空、枝叶疏遮密掩的花亭。更有近望远眺的花大如碗的玉堂春、堪称千年活化石的银杏树衬入眼帘，确实是待客品茗、赏荷寻景的好地方。对景，是园林造景的重要手法之一。在园林中赏景要注意各景点的题名、题字，一如《红楼梦》所言：“若大景致，若干亭榭，无字标题，任是花柳山水，也断不能生色。”园林中的建筑之名，即是此景点观赏景致的提要。所以，名曰“澄漪亭”，观者大可贪满目秀色入目，更要纳水中云天入怀。澄漪亭名为亭，实际上采用的却是典型的水榭做法：临水架起平台，平台部分架在岸上，部分伸入水中，平台上建有长方形的单体建筑，临水一面是常用落地门窗，开敞通透。观者既可在室内观景，也可到平台上游憩眺望。

资料来源：https://baike.so.com/doc/5354720-5590184.html

点评

清晖园全园构筑精巧，布局紧凑。建筑艺术水平颇高，蔚为壮观，建筑物形式轻巧灵活，雅致朴素，庭园空间主次分明，结构清晰。整个园林以尽显岭南庭院雅致古朴的风格而著称，园中有园，景外有景，步移景换，并且兼备岭南建筑与江南园林的特色。现有的清晖园，集明清文化、岭南古园林建筑、江南园林艺术、珠江三角水乡特色于一体，是一个如诗如画、如梦幻似仙境的迷人胜地。

园林是一种立体的空间艺术，为了使游人更好地观赏园内的景色，造园艺术家在造园构景中运用多种手段来表现自然，以求得渐入佳境、小中见大、步移景异的理想境界，以取得自然、淡泊、恬静、含蓄的艺术效果。构景手段很多，比如讲究造园目的、园林的起名、园林的立意、园林的布局、园林中的微观处理等。在微观处理中，通常有以下几种造景手段，也可作为观赏手段。

一、抑景

抑景是把园林中最好的景致暂时隐藏起来，然后再展现出来的构景方法。中国传统艺术历来讲究含蓄，所以园林造景也绝不会“开门见山，一览无余”，抑景是中国园林中最常用的一种造园手法。最好的景色往往藏在后面，这称为“先藏后露”“欲扬先抑”。采取抑景的办法，才能使园林显得有艺术魅力。“先藏后露”“欲扬先抑”是抑景手法的主导思想，可产生豁然开朗的艺术效果。我国古代园林多用假山、树木、建筑物等做抑景，把主景和最美的景致遮挡起来，不使其一览无余，在游人渐达佳境时突然展现，提高艺术感染力，获得最美的享受。如园林入口处常迎门挡以假山，这种处理称为山抑。此外，还有树抑、曲抑，给人以“山重水复疑无路，柳暗花明又一村”的感觉，从而激发游人的游览兴致。

二、添景

添景是在空间较空旷、景观较单调、景深层次缺乏之地，添置某景以改变此状况的构景手法。山和塔在远处，如没有中景做过渡，就显得虚空没有层次，若添置树木、花卉等补充点缀，画面会更加完美。昆明湖是前景，万寿山是后景，它们之间由于添置了长廊，画面顿时显得生动活泼、完美和谐。当甲风景点在远方，或自然的山，或人文的塔，如没有其他景点在中间、近处做过渡，就显得虚空而没有层次；如果在中间、近处有乔木、花卉做中间、近处的过渡景，景色显得有层次美，这中间的乔木和近处的花卉，便称为添景。如当人们站在北京颐和园昆明湖南岸的垂柳下观赏万寿山远景时，万寿山因为有倒挂的柳丝作为装饰而生动起来。

三、夹景

夹景是运用透视线、轴线，突出对景物的欣赏的艺术手法。当甲风景点在远方，或自然的山，或人文的建筑（如塔、桥等），它们本身都很有审美价值，如果视线的两侧大而无挡，就显得单调乏味；如果两侧用建筑物或树木花卉遮掩起来，使甲风景点更显得有诗情画意，这种构景手法即为夹景。例如，泛舟颐和园后湖，远方的苏州桥主景被两岸起伏的山石和美丽的林带所夹峙，构成了明媚动人的夹景景色。

四、对景

在园林中，能够相互欣赏，相互烘托的构景手法称为对景。在园林中或登上亭、台、楼、阁、榭，可观赏堂、山、桥、树木，或在堂、桥、廊等处可观赏亭、台、楼、阁、榭，如在北京颐和园知春亭能观赏园内的万寿山、夕佳楼园外的西山、玉泉山，在无锡寄畅园能观赏园内景致和园外惠山、锡山。对景有近景、远景之分。近景对景，其所对之景为小空间近景，所以其画面多为竹石、花木、叠石小景或靠璧山；远景对景，则多为自然山水和建筑，这种对景不但有峰峦丘壑，深溪绝涧，竹树云烟，还有楼台亭阁等建筑。

五、框景

园林中建筑的门、窗、洞，或乔木树枝抱合成的景框，往往把远处的山水美景或人文景观包含其中，这便是框景。框景是用有限的空间框架，采收外部空间画面的一种构景方法。可采用门框、窗框、洞框、廊柱框、乔木枝干抱合框等，框景可将散漫的景色集中，起到画龙点睛的作用，还可步移景换达到画境，实属自然美和艺术美的集合。扬州瘦西湖的月亮门亭是框景最典型的佳作，透过一门可观扬州标志性景观五亭桥，"一门留景五亭桥"，凡到此的游客均要摄影留念，同时还可尽收白塔之景于另一门之中。

案例解读

窗，中国园林之瞳

诗有诗眼，画有醒画，园林也有自己的点景，而窗恰是空间变换中的点睛之笔。不错，"窗"恰恰是园林漏景最精要、最写意、最含蓄的神来之笔。漏景作为中国建筑艺术园林构景方法之一，从框景发展而来，框景景色全观，漏景若隐若现，含蓄雅致。漏景可以用漏窗、漏墙、漏屏风、疏林等手法，是透过虚隔物看到的景象，虚隔物可以是花窗、隔扇、漏窗、漏明墙、栅栏或疏朗的树干枝杈摄取风景画面。漏景又称泄景，有春光乍泄、若隐若现之妙用。景物的透漏易于勾起游人寻幽探景的兴致与愿望，而透漏的景致本身又有一种似实而虚、似虚而实的朦胧美。

在园林中，可以看出中国人的宇宙观，看出其中所蕴含的人生旨趣。白居易说"天供闲日月，人借好园林"。中国园林除了实用和审美之外，强调的是安顿人心，伸展性灵。而窗的存在，让园中有园，景外有景，将大千世界动的趣味收摄其中，尽收眼底，这也是中国人由近及远，由小见大的哲学思想。

资料来源：https://mp.weixin.qq.com/s/xbrDbroXw69zpH2OnyCp6Q

六、漏景

园林的围墙上，或走廊（单廊或复廊）一侧或两侧的墙上，常常设以漏窗，或雕以带有民族特色的各种几何图形，或雕以民间喜闻乐见的葡萄、石榴、老梅、修竹等植物，或雕以鹿、鹤、兔等动物，透过漏窗的窗隙，可见园外或院外的美景，这叫作漏景。有时通过漏窗看不到全园的景物，只看到其中一部分，可以引起游人的想象和不停游览的兴趣。

七、借景

借景能使园林空间范围扩大、画面生动，景观层次丰富，因此在我国造园艺术中占有极重要的位置。借景就是把园外的景物巧妙地组合到园内来，以充实园内的空间，丰富园内的景色，使园内外的景色融为一个整体。计成在《园冶》中指出，“巧于因借，精在体宜”。书中说：“夫借景，园林之最要者也。如远借、邻借、仰借、俯借、应时而借，然物情所逗，目寄心期，似意在笔先。”借远方的山，叫远借；借邻近的大树叫邻借；借空中的飞鸟，叫仰借；借池塘中的鱼，叫俯借；借四季的花或其他自然景象叫应时而借，如日出、日落时的景象等。

案例解读

国外的中国园林——加拿大温哥华逸园

加拿大温哥华有座享有盛名的中国古典园林——逸园。它坐落在温市华埠与市中心之间的中山公园内，是加中两国携手合作于1986年4月建成的，曾荣获国际城市中心协会1987年度“特别建设奖”。逸园建筑精致，景色秀美，风格独特，幽静典雅，已成为加拿大著名的游览胜地。

逸园面积不大，占地仅两亩多，按照苏州名园模式设计，整体布局利用假山、水池、花木和中国传统的亭台楼阁、榭廊桥洞进行有机组合，并形成“多方景胜，咫尺山林”的意境，充满诗情画意。全园划分为入口主堂区、复廊水榭区、书斋庭园区和曲池山林区四大景区，相互穿插，有合有开，疏密相间，各具特色。

温哥华市中山公园中圆月形洞门西侧入口处，黑色大门上端嵌有砖砌“逸园”二字，显得古色古香，入园门有一小院以曲尺形走廊与主厅华枫堂相连。堂坐北朝南，面阔三间，内四界前后带轩廊。堂南侧是园内主要景况空间，右翼垒石造山，一亭枕山，左翼曲池复廊，一榭浮水，对面水轩，是观赏全园景色的最佳处。

复廊水榭区，复廊曲折起伏、变化多端，曲直有序，步移景换。南边歇山式建筑涵碧榭，两面临水，前后空透，水面湖光波影；岸畔垒山堆石，山水相映，妙趣横生。水面架有一桥，迂回曲折，花木配置虚实有致。水轩面北而筑，与华枫堂、云蔚堂互为对景，是逸园主要观赏点之一。

书斋庭园区建筑精致，造型美观，古朴淡雅。书斋门上悬有“四宜书屋”匾额。屋内一侧为坡邹角亭，另一侧湖石散置，松、竹、梅、兰等花木点缀，景色别致，幽雅宜人。曲池山林区，主要由东部岛山和西部壁山组成，以山洞水溪相隔，池水环绕山间，水随山转，山因水活，浑然一体。岛山峭壁之西有一花洞，佐以石崖道，游客可涉水而入，观瀑听涛，天趣信然。岛山顶部建有云蔚亭，游客在此可眺望中山公园和逸园景色全貌。

资料来源：https://www.360doc.com/content/22/0522/18/30379527_1032648779.shtml

每日一练 试着和同学一起交流，总结中国古典园林的常见构景手法有哪些。

任务小结 完成本任务后，请进行自我测试：你是否已理解中国古典园林常见的构景手法？

项目小结

本项目包含三个学习任务，围绕中国古典园林的起源、分类和特点，中国古典园林的构景要素，中国古典园林的常见构景手法展开讲解，具体讲述了中国古典园林的分类、特点，以及中国古典园林的构景要素、构景方式。通过针对性的案例、每日一练、拓展链接等介绍，帮助学生学习、领悟和牢固掌握中国古典园林的基础知识，并把所学知识灵活应用到将来的实际工作中去，达到提升职业素养和增强岗位胜任能力的目的。

技能训练

1. 单项技能操作训练

我国古典园林有哪些构景手法？请举例说明。

2. 综合技能操作训练

分组调查身边的园林（城市广场园林、公园等），运用本章所学内容，分析其常见的构景手法，写出调查报告。

观念应用

1. 分析题

（1）中西古典园林的艺术风格有什么根本差异？试从文化角度分析形成的原因。

(2)如何理解中国古典园林对自然美、含蓄美以及意境美的追求,采用哪些手法可以实现这种文化特性?

2. 案例分析

“各位游客,大家往这看。冠云楼下面北墙上的这块石头叫鱼化石,也是留园‘三宝’之一。这块鱼化石呈薄片状,像云母一样层层剥开,上面有二十多条小鱼栩栩如生,头骨、脊椎骨、肋骨清晰可见,令人叹为观止。有关鱼化石最早的记载,要算《山海经》了。当时人们对石头中的鱼形图案无法解释,只好发挥想象力,把它想成是龙鱼、鳖鱼,想成神仙的坐骑。”导游正在兴致勃勃地讲解,游客问道:“导游,这留园‘三宝’也看到了,这园子看起来跟我们上午看到的拙政园很相似啊,为什么要参观呢,岂不是重复欣赏吗?”

资料来源:https://www.diyifanwen.com/fanwen/daoyoucifanwen/7957171.html(有改动)

问题分析

1. 这时,如果你作为导游,应该如何作答?
2. 如何做好中国古典园林的导游讲解工作?

实训操作

结合教师讲解,请选取一处我国著名的古典园林,撰写导游词,并制作 PPT,练习后进行当众讲解。

实训目标 通过搜集资料、整理和相关讲解,使学生加深对本项目内容的理解。

实训的组织 学生每 3 ~5 人分为一组,选择不同的古典园林进行介绍。

实训提示 教师提出材料准备的要求和讲解前注意事项。

实训的成果 各组汇报,由学生和老师共同组成现场评议小组进行点评。

项目五　舌尖中国——中国饮食文化漫谈

知识目标

1. 掌握中国烹饪主要风味流派的源流、特色及具有代表性的名菜；

2. 熟悉中国各类地方名点小吃及其特点，了解其中具有代表性的名品；

3. 掌握中国名酒、名茶的基本概念、特色，了解其中具有代表性的名品。

技能目标

1. 能够熟知中国饮食文化的特征，熟悉中国饮食常识；

2. 能够将所学中国菜系、各类地方名点小吃、名茶、名酒知识与旅游业务相结合，提高个人综合服务水平。

项目任务

任务1　中国主要菜系

任务2　特色风味菜

任务3　地方名点小吃

任务4　名茶与名酒

▶项目五 舌尖中国——中国饮食文化漫谈

学习任务书

班级：	姓名：	指导教师：	
项目名称	中国饮食文化在导游工作中的实景展示	模拟地点	×××
工作岗位	全陪导游、地陪导游	工作对象	游客（教师及同学扮演）
任务要求	团队操作	工作方法	情境模拟
项目背景及描述	(1)4 人一组，每个人角色由 1 人扮演 (2)每组包括角色：全陪 1 名、餐前茶点介绍 1 名、用餐菜品介绍 1 名、餐后购买纪念品引导 1 名 (3)每组推选 1 名组长		
项目咨询重点	中国八大菜系、名茶、名酒及地方名点小吃		
项目分解目标	要求项目参与者将知识运用到导游讲解过程中： (1)掌握中国烹饪主要风味流派的源流、特色及其有代表性的名菜、名点；掌握极具地方特色的地方名点小吃的分布及其代表性的名点；掌握中国名酒、名茶的基本概念、特色，了解其中有代表性的名品 (2)将所学中国菜系、地方名点小吃、名茶和名酒知识与旅游业务相结合，提高自身在提供旅游服务过程中的针对性、灵活性，进而提高个人综合服务水平 (3)宣传中华传统饮食文化，增强民族自豪感，也让世界更了解中国		

尊敬的读者：俗语说“民以食为天，食以味为先”，饮食是人类赖以生存的最重要的物质条件，也是社会发展的前提。中国的饮食文化历史悠久，无论是花样繁多、精美绝伦的各系菜肴，还是种类齐全、口味俱佳的茶和酒，在全世界范围内都有深远的影响。饮食文化是人类在饮食方面的创造行为及其成果，是关于饮食

的生产与消费的科学、技术、习俗和艺术等文化综合体。小小的一个“吃”字包含着博大精深的文化内涵。你知道中国有哪些菜系类别？每个菜系的特点是什么吗？你了解中国的茶文化和酒文化吗？

下面就请结合“学习任务书”，完成本项目的学习吧！

任务1　中国主要菜系

任务提示　本任务将引领你赏析中国的主要菜系和经典代表菜肴！

任务先行　从当今旅游业的发展来看，“食、住、行、游、购、娱”六要素中，食在旅游过程中占有举足轻重的位置。你知道中国菜系是如何划分的？每一类菜系的特点是什么？各菜系的经典代表菜肴有哪些？要了解这些问题，请往下看！

案例解读

历史小故事——东坡肉的由来

东坡肉属浙菜菜系，以猪肉为主要食材。菜品薄皮嫩肉，色泽红亮，味醇汁浓，酥烂而形不碎，香糯而不腻口。东坡肉色、香、味俱佳，深受人们喜爱。慢火，少水，多酒，是制作这道菜的诀窍。东坡肉用猪肉炖制而成，一般一块二寸许的方正形猪肉，一半为肥肉，一半为瘦肉，入口肥而不腻，带有酒香，十分美味。

相传宋神宗熙宁十年(1077 年)四月，苏轼赴任徐州知州。七月初七，黄河在澶州曹村埽一带决口，至八月二十一日洪水围困徐州，水位竟高达二丈八尺。苏轼以身卒之，率领禁军武卫营，和全城百姓抗洪筑堤保城。经过七十多个昼夜的艰苦奋战，终于保住了徐州城。全城百姓无不欢欣鼓舞，他们为感谢这位领导有方，与徐州人民同呼吸、共存亡的好知州，纷纷杀猪宰羊，担酒携菜上府慰劳。苏轼推辞不掉，收下后亲自指点家人制成红烧肉，又回赠给参加抗洪的百姓。百姓食后，都觉得此肉肥而不腻、酥香味美，一致称它为“回赠肉”。此后，“回赠肉”就在徐州一带流传，并成徐州传统名菜。这在《徐州文史资料》《徐州风物志》《徐州古今名馔》中都有记述。

元丰三年(1080 年)二月初一，苏轼被贬到黄州任团练副使。他自己开荒种地，自称“东坡居士”，这就是“苏东坡”的由来。在黄州期间，他亲自动手烹饪红烧肉并将经验写入《食猪肉诗》中。苏轼在徐州及黄州时烹制的红烧肉，只是在当地有影响，在全国并没有多大名气。真正叫得响并闻名全国的红烧肉，是苏轼第二次在杭州时的“东坡肉”。

宋哲宗元祐四年(1089 年)正月初三，苏轼来到阔别十五年的杭州任知州。元祐五年五、六月间，浙西一带大雨不止，太湖泛滥，庄稼大片被淹。由于苏轼及早采取有效措施,使浙西一带的人民度过了最困难的时期。他组织民工疏浚西湖,筑堤建桥,使西湖旧貌变新颜。杭州的老百姓很感谢苏轼做的这件好事,人人都夸他是个贤明的父母官。听说他在徐州、黄州时最喜欢吃猪肉,于是到过年的时候,大家就抬猪担酒来给他拜年。苏轼收到后,便指点家人将肉切成方块,烧得红酥酥的,然后分送给参加疏浚西湖的民工们吃,大家吃后无不称奇,把他送来的肉亲切地称为"东坡肉"。

追本溯源,苏轼的这种红烧肉最早在徐州的创制,在黄州时得到进一步提高,在杭州时闻名全国。

资料来源:https://baike.so.com/doc/5349098-5584554.html

点评

我国饮食之考究,烹调技术之高超,是早已闻名世界的。千百年来,饮食技术不断演进提高,成为文明古国灿烂文化的组成部分。在中国传统文化教育中的阴阳五行哲学思想、儒家伦理道德观念、中医营养摄生学说,还有文化艺术成就、饮食审美风尚、民族性格特征诸多因素的影响下,创造出彪炳史册的中国烹饪技艺,形成博大精深的中国饮食文化。中国饮食文化可以从时代与技法、地域与经济、民族与宗教、食品与食具、消费与层次、民俗与功能等多种角度进行分类,展示出不同的文化品位,体现出不同的使用价值,异彩纷呈。

重要知识

所谓菜系,是指一个地区的饮食经过漫长历史的演变而形成的一整套独特的烹调体系,它以有别于其他地方独特的烹饪手法,有特殊的调味品和调味手段,有众多的烹饪原料为菜系的重要标志。

一、中国传统饮食文化的起源和发展

中国的饮食文化涉及"饮"与"食"两个方面,"饮"主要指的是含酒精的饮料和不含酒精的茶;"食"则是指我国长期形成的以五谷为主食,蔬菜、肉类为副食的传统饮食结构。其中还包括了饮食观念、民族风情、地域特色、物产食材、烹调技术、饮食器具、饮食礼仪、文化典籍、历史典故等多方面的知识。

中国传统菜肴是中华各族人民在漫长的历史中共同创制出来的一份珍贵的主产品遗产。中国传统菜式丰富多样,遍地开花,食用菜品过程讲究食具、食礼、食法、食趣等全方位的立体享受。一般认为中国烹饪的始祖是伊尹。伊尹是商初的宰相,辅佐帝王伐桀救民,受到帝王汤的赏识和信任。《史记》中记载他背了炊具,用烹饪和滋味的道理去说服汤,使汤得以大治于天下。伊尹认为,有许多食物都有或腥或臊的恶臭，但是它们同样可以做成美味。这是因为调和事物滋味的“五味”（酸、甜、苦、辣、咸）和烹煮食物的“三材”（水、火、木）相互协调配合，可以使食物的滋味发生彻底的改变。伊尹细致入微，从味觉体验和烹饪技艺入手讲治世之道，可见当时烹饪艺术已经发展到了相当程度。

（一）夏、商、周时期

总的来说，夏、商、周是中国烹饪史的初创阶段，奠定了我国饮食生活的基本格局和基调。在此期间，首先是饮食品种的大发展。根据考古发现，殷墟甲骨文中就已经记载了黍、粟、麦、麻、稻五谷的种植，还有各种家禽家畜的养殖，以及蔬果苗木的培育等。据说，《诗经》中提到的植物有130种之多，动物约200种，而且提到了盐、酱、蜜、姜、桂、椒等多种调味品。其次是烹饪技艺的突飞猛进。夏的炊具主要是陶器，商则以青铜器为主，并且呈多样化趋向，说明烹饪技艺由单一技术过渡到复杂、系统的技艺。与此同时，国家组织中有专管膳食的机构，并制定了一系列饮食礼仪。最后是饮食文化理论的深化。比如孔子对饮食抱有人性化的态度，他说：“饮食男女，人之大欲存焉。”他同时秉承“克己复礼为仁”，竭力倡导把物质生活欲望纳入理性规范之下，追求更为高远的理性道德境界。

（二）两汉时期

两汉之时，自从西汉驱逐匈奴开辟了“丝绸之路”以来，内外交流日益扩大和丰富，汉代使者从外域带回来各种农作物和食品，也带回来与中原迥异的烹饪技巧，比如全猪或全羊烤透烤熟，然后用刀各自割食，就是源自外域的风尚。

（三）唐宋时期

盛唐时期流行的“烧尾宴”，呈现更为多样丰富的菜肴搭配风格。这类筵席是群臣初上任时，为了感恩而向皇帝敬献盛馔，极其精美奢华。宋代美食家众多，其中文学家苏轼对饮食有深刻体悟，他对美味的爱好能够超出单纯的感官爱好，升华为一种富有情趣、诗意的生活审美享受。他的饮食原则有三条：“一曰安分以养福，二曰宽胃以养气，三曰省费以养财。”既重视养生之道，又必须避免奢侈浪费。他特别强调好的水质，清洁的炊具，适当的火候，食物不宜多蒸，汤不宜反复煮沸等，都是其独特的士人饮食理念的具体体现。

（四）明清时期

明代的烹饪文化可以从小说《金瓶梅》这部反映明代都市市民生活的写实小说中略见一斑，其中由描写西门庆大小家宴便餐时罗列的一份份食单，便可见明代上层社会的菜式丰富之程度。

清代的《随园食单》一书是文学家袁枚在古稀之年写出的一部杰出的烹饪专著。袁枚论诗重性灵，这一理论与他的烹饪和饮食理念相通，他强调菜的本味和特色。清代的宫廷御膳集中了前代的宝贵经验和烹饪精华，“满汉全席”“千叟宴”等极尽奢华精美之能事，达到了登峰造极的地步。清代紫禁城内有大大小小数不清的膳房，最大的是为皇帝服务的“御膳房”，仅“养心殿御膳房”一处就有数百人专门为皇室服务，可见机构之大、人员之多。清代宫廷的膳食烹饪要求也特别精细奢华。

中国传统饮食在其漫长的发展过程中，渐渐脱离了果腹维生的低级阶段，深入追求物质享受与精神享受相结合，而以精神享受为主的艺术审美阶段。仕宦贵族的经济实力为其提供了丰厚的物质条件和文化优势，保证了对味道的悟解。这样中国古代形成了以奢侈为荣耀、锦衣玉食相夸示的贵族食风。正是这种饮食风尚使中国饮食文化有了更高层次的审美创造和更为丰富的审美内涵。

二、中国菜系的分类

中国老百姓日常家居所烹饪的肴馔，即民间菜，是中国饮食文化的渊源。由于我国幅员辽阔，人口众多，各地气候、物产、风俗习惯都存在着差异，在饮食上也就形成了许多风味。我国一直就有“南米北面”的说法，口味上又有“南甜北咸东辣西酸”之分，并形成了众多的地方菜肴。如北方常见的玉米，成熟后可以磨成面粉、烙成饼、蒸成馍、压成面、熬成粥，也可以用整颗粒的炒了吃，也可以连棒煮食、烤食。

“菜系”的概念的产生于20世纪50年代，80年代达到高潮，大都以地区和省份划分，通常有“四大菜系”“八大菜系”“十大菜系”之说。“四大菜系”一般指山东菜、淮扬菜、广东菜和四川菜，为使“淮扬”和其他三个省区看上去“平衡”一些，后来多以江苏菜表示。“八大菜系”是上述菜系加上浙江菜、安徽菜、湖南菜、福建菜。后来又有人把北京菜和上海菜加入其中，变成了“十大菜系”。本书主要对“八大菜系”进行介绍。

(1)山东菜。

山东菜又称鲁菜，素有“北方代表菜”之称，起源于春秋战国时期的齐国和鲁国，形成于秦汉，明清时已形成稳定流派。山东的历代厨师利用丰富的物产，创造了较高的烹饪技术，发展完善了鲁菜，以其味鲜、咸、脆、嫩，风味独特，制作精细享誉海内外。

鲁菜，主要由济南菜和胶东菜所构成，分别有各自不同的饮食特色。济南菜指济南、德州、泰安一带的菜肴，胶东菜起源于福山，包括青岛、烟台一带的菜肴。济南菜在烹调手法上擅长爆、烧、炒、炸，菜品突出清、鲜、脆、嫩。济南的传统菜素以善用清汤、奶汤著称，胶东菜以烹制各种海鲜菜驰名，擅长爆、炸、扒、蒸，口味以鲜为主，偏重清淡，注意保持主料的鲜味。

鲁菜总的特点在于注重突出菜肴的原味，内地以咸鲜为主，沿海因以鲜咸为特色而著名,讲究原料质地优良,以盐提鲜,以汤壮鲜,调味讲求咸鲜纯正,突出本味。鲁菜对于海珍品和小海味的烹制堪称一绝。山东的海产品,不论参、翅、燕、贝,还是鳞、虾、蚧、蟹,都可成为精鲜味美之佳肴。多数菜肴要用葱、姜、蒜来增香提味,炒、熘、爆、扒、烧等方法都要用葱。鲁菜的突出烹调方法为爆、扒、拔丝,尤其是爆的技法充分体现了鲁菜在用火上的功夫。

鲁菜代表菜品有:九转大肠、葱爆海参、德州扒鸡、油焖鱼、一品豆腐和西施舌等。

案例解读

"一品豆腐"的制作方法

一品豆腐是一道经典的特色名菜,此菜白细鲜嫩,营养丰富而为人所喜食。冯骥才先生曾说过"养育龙种,豆腐有功"。豆腐富含蛋白质,脂肪,糖类,钙,磷,铁,维生素 B1、B2、C 等物质,豆腐是植物性食物中含蛋白质最高的一种。其蛋白质含量不但超过牛奶,而且很容易被人体吸收。

一品豆腐原料:豆腐 750 克,水发口蘑、冬笋、荸荠、火腿各 25 克,水发干贝、水发海参、猪肥瘦肉、鲜虾仁各 50 克。

制法:干贝、海参、口蘑、冬笋、猪肥瘦肉、荸荠、火腿切丁,同虾仁一齐焯水控干;加料酒,精盐腌渍;肘子切片;将豆腐片去皮,再片一块做盖,中间挖洞填入馅儿,盖好盖儿,四周放肘子片装入砂锅内,加入高汤及调料,慢火烧 1 小时扣入钵内;原汤烧开勾芡,浇在豆腐上即成。

资料来源:https://www.baidu.com/

(2)四川菜。

四川菜又称川菜,西汉两晋时期已初具轮廓。明清之际,川味因辣椒的传入进一步形成稳定的味型特色,影响到西南云贵及周边省、区临界地带风味的形成。四川菜由成都菜、重庆菜、自贡菜组成,原料以省境内所产的山珍、水产、蔬菜、果品为主,兼用沿海干货原料,现代也多使用空运的鲜活海产;调味以本省井盐、川糖、花椒、姜、辣椒及豆瓣、腐乳为主;味型以麻辣、鱼香、怪味为突出特点,素以"尚滋味""好辛辣"著称。

成都菜讲求用料精细准确,严格以传统经典菜谱为准,其味温和,绵香悠长,通常颇具典故。重庆菜的特点是比较麻辣、多创新。重庆川菜大方粗犷,以花样翻新迅速、用料大胆、不拘泥于材料著称,俗称"江湖菜"。自贡盐帮菜以味厚、味重、味丰为其鲜明的特色,素有"吃在四川,味在自贡"的说法。

川菜的代表菜肴有:宫保鸡丁、麻婆豆腐、鱼香肉丝、水煮肉片、锅巴肉片、樟茶鸭子、怪味鸡块、干烧岩鱼和干煸牛肉丝等。

(3)江苏菜。

江苏菜,简称苏菜。由于苏菜和浙菜相近,因此和浙菜统称江浙菜系。苏菜起源于两千多年前,春秋战国时吴地风味已露端倪,唐宋时已成为"南食"中重要组成部分,元代已具规模。明清时期,苏菜南北沿运河、东西沿长江的发展更为迅速,完全形成流派。沿海的地理优势扩大了苏菜在海内外的影响。苏菜主要由淮扬(扬州、淮安)、京宁(镇江、南京)、苏锡(苏州、无锡)、徐海(徐州、连云港)四大部分组成。

苏菜的主要特点是取料不拘一格而物尽其用,重鲜活;特别讲究刀工、火工和造型,擅长炖、焖、煨、焐;调味重清爽、鲜淡、平和(徐海以咸鲜为主)。

苏菜代表菜肴有:清炖狮子头(猪肉大丸子,形似狮头)、大煮干丝(鸡汤煮制干豆腐丝)、叫花鸡(外用黄泥裹鸡煨烤而成,相传为乞丐所创)、松鼠鳜鱼、香松银鱼、水晶肴蹄、炒软兜(鳝段)、霸王别姬(甲鱼、鸡为主料)、羊方藏鱼(大块羊肉中嵌鲫鱼烹成)等。

(4)广东菜。

广东菜即粤菜,源自中原,经历了两千多年的发展历程。南宋以后,广东风味始具雏形,有"南烹""南食"之称。清中叶后,形成"帮口",到了晚清时期已渐成熟,清末有"食在广州"之说。粤菜由广州菜(也称广府菜)、潮州菜(也称潮汕菜)、东江菜(属客家菜)三种地方风味组成,三种风味各具特色。在世界各地粤菜与法国菜齐名,由于广东海外华侨数量占全国华侨六成,因此世界各国的中菜馆多数是以粤菜为主。

粤菜系的形成和发展与广东的地理环境、经济条件和风俗习惯密切相关。广东地处亚热带,濒临南海,雨量充沛,四季常青,物产富饶,故广东的饮食,一向得天独厚。早在西汉《淮南子 · 精神篇》中就载有粤菜选料的精细和广泛,而且可见千余年前的广东人已经对用不同烹调方法烹制不同的异味游刃有余。后来,中原移民不断南迁,带来了"烩不厌细,食不厌精"的中原饮食风格。漫长的岁月,使广东既继承了中原饮食文化的传统,又博采外来烹饪精华,再根据本地的口味、习惯,不断吸收、积累、改良、创新,从而形成了菜式繁多、烹调考究、质优味美的饮食特色。

粤菜口味主要以清、鲜、嫩、滑、爽、香、脆为主。粤菜主要特点是取料广博、奇杂而重"生猛",烹调方法多而善于变化,长于炒泡、清蒸、煲,尤其独擅焗、焗、软炒等。调味重清脆、鲜爽、嫩滑而突出原味。

粤菜代表菜肴有:油泡鲜虾仁、白云猪手(猪前蹄)、脆皮乳猪、东江盐焗鸡、潮州冻肉、爽口牛丸、白灼螺片、太爷鸡、大良炒牛奶、瓦罐焗水鱼、脆皮炸海蜇等。

(5)浙江菜。

浙江菜,简称浙菜。浙菜起源于新石器时代的河姆渡文化,经越国先民的开拓积累，汉唐时代的成熟定型，宋元时期的繁荣和明清时期的发展，浙江菜的基本风格已经成型。浙菜中许多菜肴都有美丽的传说，文化色彩浓郁是浙江菜一大特色。浙菜富有江南特色，历史悠久，源远流长，是中国著名的地方菜种。浙菜由杭州菜、宁波菜、绍兴菜、温州菜组成。

浙菜选料讲究，注重鲜活，用料讲究部位，遵循“四季之序”的选料原则；烹饪独到，以烹调技法丰富多彩闻名于国内外，“熟物之法，最重火候”，其中以炒、炸、烩、熘、蒸、烧6类为擅长；口味注重清鲜脆嫩，保持原料的本色和真味；浙菜的菜品形态讲究，精巧细腻，清秀雅丽。许多菜肴，以风景名胜命名，造型优美。

浙菜的代表菜肴有：西湖醋鱼、东坡肉、龙井虾仁、宁波烧鹅、宁波汤团、清汤越鸡、清蒸鳜鱼、三丝敲鱼、爆墨鱼花等。

（6）福建菜。

福建菜也称闽菜，历经中原文化和闽越文化的混合而形成。闽菜发源于福州，以福州菜为基础，后又融合闽东、闽南、闽西、闽北、莆仙五地风味菜形成的菜系。狭义闽菜指以福州菜，最早起源于福建福州闽县，后来发展成福州、闽南、闽西三种流派，即广义闽菜。

由于福建人民经常往来于海上，于是逐渐形成带有开放特色的一种独特的菜系。闽菜以烹制山珍海味而著称，在色香味形俱佳的基础上，尤以“香”“味”见长，其清鲜、和醇、荤香、不腻的风格特色，以及汤路广泛的特点，在烹坛园地中独具一席。福州菜淡爽清鲜，讲究汤提鲜，擅长各类山珍海味；闽南菜（厦门、漳州、泉州一带）讲究作料调味，重鲜香；闽西菜（长汀、宁化一带）偏重咸辣，烹制多为山珍，特显山区风味。故此，闽菜形成三大特色，一长于红糟调味，二长于制汤，三长于使用糖醋。

闽菜的代表菜肴除招牌菜“佛跳墙”外，还有福州鱼丸、鼎边糊、漳州卤面、莆田卤面、海蛎煎、沙县拌面、厦门沙茶面、面线糊、闽南咸饭、兴化米粉、荔枝肉、乌柳居（五柳居）、白雪鸡、闽生果、醉排骨、红糟鱼排、长汀豆腐干，等等，均别有风味。

案例解读

佛跳墙的来历

佛跳墙，又名满坛香、福寿全。相传，它是在清道光年间由福州聚春园菜馆老板郑春发研制出来的。佛跳墙富含营养，有促进发育、美容、延缓衰老、增强免疫力的功效，乃进补佳品。

制作这道美食，工序十分烦琐。佛跳墙的原料有十几种之多，鲍鱼、海参、鱼唇、牦牛皮胶、杏鲍菇、蹄筋、花菇、墨鱼、瑶柱、鹌鹑蛋等。要充分体现每一种食材的口味和特点，需要先将这十几种食材分别独立制作成一道菜，再汇聚到一起，加入高汤和绍兴酒，文火煨制十几个小时以上，这种味道才能真正达到醇厚的特点。“佛跳墙”一名的由来，在福州民间有一个传说：

佛跳墙原名“福寿全”，光绪二十五年(1899 年)，福州官钱局一官员宴请福建布政使周莲，他为巴结周莲，令内眷亲自主厨，用绍兴酒坛装鸡、鸭、羊肉、猪肚、鸽蛋及海产品等 20 多种原、辅料，煨制而成，取名福寿全。周莲尝后，赞不绝口。问及菜名，该官员说该菜取“吉祥如意、福寿双全”之意，名“福寿全”。

后来，衙厨郑春发学成烹制此菜方法后加以改进，口味胜于先者。到郑春发开设“聚春园”菜馆时，即以此菜轰动榕城。有一次，一批文人墨客来尝此菜，当福寿全上席启坛时，荤香四溢 ，其中一秀才心醉神迷，触发诗兴，当即漫声吟道：“坛启荤香飘四邻，佛闻弃禅跳墙来。”同时，在福州话中，“福寿全”与“佛跳墙”发音亦雷同。从此，引用诗句之意，“佛跳墙”便成了此菜的正名，距今已有 100 多年的历史。

资料来源：https://baike.so.com/doc/5368203-7514100.html

(7)湖南菜。

湖南菜又叫湘菜，是中国历史悠久的一种地方菜，早在汉朝就已经形成菜系。湘菜以湘江流域、洞庭湖区和湘西山区三种地方风味为主。湘菜制作精细，用料上比较广泛，口味多变，品种繁多；色泽上油重色浓，讲求实惠；品味上注重酸辣、香鲜、软嫩；制法上以煨、炖、腊、蒸、炒诸法见称。洞庭湖区的菜以烹制河鲜和家禽见长，特点是芡大油厚，咸辣香软，以炖菜、烧菜出名。

湘西菜擅长制作山珍野味，烟熏腊肉和各种腌肉，口味侧重于咸香酸辣，常以柴炭作燃料，有浓厚的山乡风味。总的说来，湖南菜的最大特色一是辣，二是腊。

湘菜代表菜肴有：东安鸡、金鱼戏莲、永州血鸭、腊味合蒸、姊妹团子、宁乡口味蛇、岳阳姜辣蛇、剁椒鱼头等。

(8)安徽菜。

安徽菜，又称徽菜。徽菜起源于秦汉，兴于唐宋，盛于明清，在清朝中、末期达到了鼎盛。徽菜是徽州的地方特色，其独特的地理人文环境赋予徽菜独有的味道。由于明清徽商的崛起，这种地方风味逐渐进入市肆，流传于苏、浙、赣、闽、沪、鄂以至长江中、下游区域，具有广泛的影响，明清时期一度居于八大菜系之首。

徽菜在烹饪方面的特点：一是就地取材，以鲜制胜。徽地盛产山珍野味、河鲜家禽，就地取材使菜肴地方特色突出并保证鲜活。二是善用火候，取材火功独到。根据不同原料的质地特点、成品菜的风味要求，分别采用大火、中火、小火烹调。三是娴于烧炖，浓淡相宜。除爆、炒、熘、炸、烩、煮、烤、焐等技法各有千秋外，尤以烧、炖及熏、蒸菜品而闻名。四是注重天然，以食养身。徽菜的原料，资源丰富、质地优良、取之不尽、用之不竭。

徽菜的代表菜肴有：徽州毛豆腐、红烧臭鳜鱼、火腿炖甲鱼、腌鲜鳜鱼、黄山炖鸽等。

案例解读

中国饮食文化的传承

中国饮食文化博大精深，源远流长。经过历史岁月的沉淀，在中国，饮食早已超出了它本身的意义，更具有深刻的文化意义。它不仅仅推动着民族间的相互融合，还在一定程度上代表了中华优秀传统文化。

现在的中国人吃饭并不仅仅是满足生理的需要，饮食文化已经超过了饮食的本身，有了更为深刻的社会意义。我们可以将其社会意义概括为精、美、情、礼四个字。这四个字反映了饮食活动过程中饮食品质、审美体验、情感活动、社会功能等所包含的独特文化意蕴，也反映了饮食文化与中华优秀传统文化的密切联系。

饮食文化是随着人类社会的出现而产生，又随着人类物质文化和精神文化的发展而丰富的。源远流长的饮食文化，既满足了人们的物质生活，也丰富了人们的精神生活。中国的饮食文化，不仅是一种生存手段，还蕴含着深刻的哲理，具有深刻的意义。因此，了解中国的饮食文化及其意义，对于中国文化的进一步传承和弘扬必将产生积极的、有深远意义的影响。

资料来源：http://blog.sina.com.cn/s/blog_141ab62d80102w5bk.html

每日一练 说一说我国八大菜系的特点各是什么？其代表名菜有哪些？

任务小结 完成本任务后，请进行自我测试：你是否已掌握我国八大菜系？

任务2 特色风味菜

任务提示 本任务将引领你赏析中国的特色风味菜！

任务先行 特色风味菜哪些类别？它们的特点和代表菜肴各是什么？要了解这些问题，请往下看！

案例解读

你知道“红楼宴”的由来吗？

《红楼梦》诞生于18世纪中叶，它是满汉文化、南北文化相互碰撞、吸收融合的典范，是中国明末清初时期贵族生活的真实历史画卷。就是在这部傲立于世界文学之林、被誉为中国封建社会“百科全书”的鸿篇巨制中，曹雪芹用了将近三分之一的篇幅，描述了众多人物丰富多彩的饮食文化活动：“就其规模而言，则有大宴、小宴、盛宴；就其时间而言，则有午宴、晚宴、夜宴；就其内容而言，则有生日宴、寿宴、真寿宴、省亲宴、家宴、接风宴、诗宴、灯谜宴、合欢宴、梅花宴、海棠宴、螃蟹宴;就其节令而言,则有中秋宴、端阳宴、元宵宴;就其设宴地方而言,则又有劳园宴、太虚幻境宴、大观园宴、大厅宴、小厅宴、怡红院夜宴,等等,令人闻面生津。”通过各种各样的宴集,曹雪芹不仅为读者提供了一张未穷尽的美食单,更重要的是为我们创造了一个完整的红楼饮食文化体系。

《红楼梦》创作以“声色饮馔之幻”来展示人生哲理,对淮扬烹饪文化素材驾轻就熟,信手拈来皆成雅丽,令人叹为观止。当代红学俊彦冯其庸、李希凡先生推论红楼菜当属淮扬风味。扬州与《红楼梦》作者曹雪芹及其家庭有深厚的历史渊源,红楼宴的开发责无旁贷地落在扬州烹饪文化界的肩上。

丁章华先生运筹与推动红楼宴研制,历时二十载春秋,组织精干、梳理史料、考察论证、专家研讨、磨砺提精,终成大器。红楼宴的设计立足于红楼文化整体的一部分进行再创造,以发扬光大《红楼梦》所代表的文化传统、审美意识、文化蕴含,对餐厅、音乐、餐具、服饰、菜点、茶饮等项进行综合设计,使人恍如置身于《红楼梦》中的大观园中。红楼菜以其美味、丰盛、精致见长,给人以高层次饮食文化艺术的享受,名扬海内外。

红楼菜单:

一品大观:有凤来仪、花塘情趣、蝴蝶恋花

四干果:栗子、青果、白瓜子、生仁

四调味:酸菜、荠酱、萝卜炸儿、茄鲞

贾府冷菜:红袍大虾、翡翠羽衣、胭脂鹅脯、酒糟鸭信、佛手罗皮、美味鸭蛋、素脆素鱼、龙穿凤翅

宁荣大菜:龙袍鱼翅、白雪红梅 、老蚌怀珠、生烤鹿肉 、笼蒸螃蟹 、西瓜盅酒醉鸡、花篮鳜鱼卷、姥姥鸽蛋、双色刀鱼、扇面蒿秆、凤衣串珠

怡红细点:松仁鹅油卷、螃蟹小饺、如意锁片、太君酥、海棠酥、寿桃

水果:时果拼盘

资料来源:https://baike.so.com/doc/6005169-6218152.html

点评

红楼宴是根据《红楼梦》所记述的贾府的肴馔饮食所研制的菜肴,在红学家和美食家的指导下创作出的佳肴名宴,集《红楼梦》精华于一席,融观赏、品尝为一体。

一、宫廷菜

宫廷菜是专供宫廷皇室的菜肴,是中华菜肴的杰出代表。元明以来,宫廷菜主要是指北京宫廷菜,其特点是选料严格,制作精细,形色美观,口味以清、鲜、酥、

嫩见长。我国的宫廷风味菜肴，主要以几大古都为代表，有南味、北味之分。南味以金陵、益都、临南、郢都为代表，北味以长安、洛阳、开封、北京、沈阳为代表。其共同特点是华贵珍奇，配菜典式有一定的规格，这种传统从商周以来一直保留。如《礼记·内则》中说的“八珍”（所指有许多不同说法，后世以龙肝、凤髓、豹胎、鲤尾、鸮炙、猩唇、熊掌、酥酪蝉为八珍），两千多年来，一直沿用不衰。不过具体内容是不断发展变化的，唐代的水陆八珍有“紫驼之峰出翠釜，水晶之盘行素鳞”之说，不仅有陆产，而且有水产。以后的迤北八珍、天厨八珍，野味占主导地位。到清代，则得到了进一步的发展，跳出宫廷，出现于市肆，有山八珍、海八珍、上八珍、下八珍等名目。

现北京的仿膳仍经营这种传统的宫廷风味菜点。西安也成功仿制了唐代宫廷菜对外供应，主要有长安八景、龙凤宴、烧尾宴等三种宴席，有五十多个品种。作为饮食行为，宫廷菜无不渗透着统治者的思想和意识，表现出其修养和爱好，宫廷饮食显示了下面一些独特性。

（一）选料严格，用料精细

普天之下，莫非王土，率土之滨，莫非王臣。帝王权力的无限扩大，使其荟萃了天下技艺高超的厨师，也拥有了人间所有的珍稀原料。如早在周代，帝王宫廷御厨就已有职责分工，且细密而又烦琐，专门负责皇帝的饮食。《周礼注疏·天官冢宰》中注有“膳夫、庖人、外饔、亨人、甸师、兽人、渔人、腊人、食医、疾医、疡医、酒正、酒人、凌人、笾人、醢人、盐人”等条目，目下分述职掌范围。这么多的专职人员，可以想见当时饮食选材备料的严格。不仅选料严格，而且用料精细。早在周代，治者就食用“八珍”，而越到后来，统治者的饮食越精细珍贵。如信修明在《宫廷琐记》中记录的慈禧太后的一个食单，其中仅燕窝的菜肴就有六味：燕窝鸡皮鱼丸子、燕窝万字全银鸭子、燕窝寿字五柳鸡丝、燕窝无字白鸭丝、燕窝疆字口蘑鸭汤、燕窝炒炉鸡丝。

（二）食不厌精，烩不厌细

一统天下的政治势力，为统治者提供了享用各种珍美饮食的可能性，也要求宫廷饮食在烹饪上要尽量精细；而单调无聊的宫廷生活，又使历代帝王多数都比较体弱，这就又要求其在饮食的加工制作上更加精细。

（三）花色繁杂，品种多样

慈禧的“女官”德龄所著的《御香缥缈录》中说，慈禧仅在从北京至奉天的火车上，临时的“御膳房”就占四节车厢，上有“炉灶五十座”“厨子下手五十人”，每餐总“共备正菜一百种”，同时还要供“糕点、水果、粮食、干果等亦一百种”，因为“太后或皇后每一次正餐必须齐齐整整地端上一百碗不同的菜来”。除了正餐，“还有两次小吃”，“每次小吃，至少也有20碗菜，平常总在四五十碗左右”，而所有这些菜肴，都是不能重复的，由此可以想象宫廷饮食花色品种的繁多。宫廷饮食规模的庞大、种类的繁杂、选料的珍贵及厨役的众多，必然带来人力、物力和财力上极大的铺张浪费。

案例解读

解读“烧尾宴”

烧尾宴是唐代长安曾经盛行过的一种特殊宴会。所谓“烧尾宴”，是指士人新官上任或官员升迁，招待前来恭贺的亲朋同僚的宴会。这一看来奇怪的名称，来源有三种说法：一说老虎变成人时，要烧断其尾；二说羊入新群，要烧焦旧尾才被接纳；三说鲤鱼跃龙门，经天火烧掉鱼尾，才能化为真龙。

“烧尾宴”是唐代著名的宴会之一。“烧尾宴”的风习是从唐中宗景龙(707—709)时期开始的，玄宗开元中停止，仅仅流行二十年光景。据史料记载，唐中宗(705—710年)时，韦巨源于景龙年间官拜尚书令，便在自己的家中设“烧尾宴”盛情款待唐中宗。

食单：据《韦巨源·食谱》(部分)

饭食点心：巨胜奴(蜜制馓子)、婆罗门轻高面(蒸面)、贵妃红(红酥皮)、汉宫棋(煮印花圆面片)、长生粥(食疗食品)、甜雪(蜜饯面)、单笼金乳酥(蒸制酥点)和曼陀样夹饼(炉烤饼)等。

菜肴羹汤：通花软牛肠(羊油烹制)、光明虾炙(活虾烤制)、白龙曜(用反复捶打的里脊肉制成)、羊皮花丝(炒羊肉丝、切一尺长)、雪婴儿(豆苗贴田鸡)、仙人脔(奶汁炖鸡)、小天酥(鹿鸡同炒)、箸头春(烤鹌鹑)和过门香(各种肉相配炸熟)等。

烧尾宴上美味陈列，佳肴重叠。其中有58款馔羞留存于世，成为唐代负有盛名的“食单”之一。这58种菜点有主食，有羹汤，有山珍海味，也有家畜飞禽。其中除“御黄王母饭”“长生粥”外，共有20余种糕饼点心，其用料之考究、制作之精细，叹为观止。例如，光是饼的名目，就有“单笼金乳酥”“贵粉红”“见风消”“双拌方破饼”“玉露团”“八方寒食饼”等七八种之多；光馄饨一项，就有24种形式和馅料；粽子是内含香料、外淋蜜水，并用红色饰物包裹的；夹馅烤饼，样子做成曼陀罗蒴果；用糯米做成的“水晶龙凤糕”，里面嵌着枣子，要蒸到糕面开花，枣泻外露；另一种“金银夹花平截”是把蟹黄、蟹肉剔出来，夹在蒸卷里面，然后切成大小相等的小段……

筵席上有一种“看菜”，即工艺菜，主要用来装饰和观赏，这是古来就有的。食单中有一道“素蒸音声部”的看菜，用素菜和蒸面做成一群蓬莱仙子般的歌女舞女，共有70件。不难想象，这道菜放在筵席上是何等华丽和壮观！

食单中的菜肴有32种。从取材看,有北方的熊、鹿,南方的狸、虾、蟹、青蛙、鳖,还有鱼、鸡、鸭、鹅、鹌鹑、猪、牛、羊、兔等,真是山珍海味,水陆杂陈。至于烹调技术的新奇别致,更难以想象。试举数例如下:

炙是一种烤制食品。食单中的"金铃炙",要求在食料中加酥油,烤成金铃的形状;"红羊枝杖",要求用四只羊蹄支撑羊的躯体,可能是"烤全羊";"光明虾炙",则是把活虾放在火上烤炙,而不减其光泽透明度。凡此种种,足见其烧烤技术之高超。

"水炼犊",就是清炖整只小牛,要求"炙尽火力",即火候到家,把肉炖烂,从这里可以看出唐朝人对火候的重视。

"葱醋鸡",把鸡蒸熟后调以葱、醋,是一种别有风味的吃法。"雪婴儿",把青蛙(俗称田鸡)剥皮去内脏后,粘裹精豆粉,煎贴而成。银色白如雪,形似婴儿,故名。

羹汤最能体现调味技术。食单中的羹汤都是匠心独运的特色菜。如:"冷蟾儿羹",即蛤蜊羹,但要冷却后凉食;"白龙"是用鳜鱼肉做成汤羹;"清凉碎",是用狸肉做成汤羹,冷却后切碎凉食,类似肉冻;"汤浴秀丸",则是用肉末和鸡蛋做成肉丸子,如绣球状,很像"狮子头",然后加汤煨成。

食单中还有一些加工食品,如"通花软牛肠",是用羊骨髓加上其他辅料灌入牛肠,做成香肠一类的食品;"同心生结脯",是将生肉加工成薄片(这是对厨师刀工的考验),打一个同心结,风干后,成为肉脯;"丁子香淋脍",是用丁香油淋过的腌制鱼脍或肉脍。

58种菜点还不是"烧尾宴"的全部食单,只是其中的"奇异者"。同时,由于年代久远,记载简略,很多名目不能详考。所以我们今天仍无法确知这一盛筵的整体规模和奢华程度。

资料来源:https://baike.so.com/doc/5830267-6043091.html

二、官府菜

官府菜,又称官僚士大夫菜,包括一些出自豪门之家的名菜,以清淡、精致、用料讲究闻名。过去北京官府多,府中讲求美食,并各有拿手好菜,以招待同僚或比自己职位高的官员。其中比较著名的有"直隶官府菜"。官府菜在规格上一般不得超过宫廷菜,而又与庶民菜有极大的差别。贵族官僚之家生活奢侈,资金雄厚,原料丰厚,这是形成官府菜的重要条件之一。官府菜形成的另一个重要条件是名厨师与品味家的结合。一道名菜的形成,离不开厨师,也离不开品味家。官府菜以孔府菜和谭家菜最为出名。

1. 孔府菜

孔府菜是山东曲阜县孔府里的菜肴,是经千百年发展演变而形成的典型官府菜。孔府历代都设有专门的内厨和外厨。在长期的发展过程中，形成了饮食精美、注重营养、风味独特的饮食菜肴。这无疑是孔子“食不厌精，脍不厌细”祖训的影响。孔府宴的另一个特点是，无论菜名还是食器，都具有浓郁的文化气息。如“玉带虾仁”表明了孔府地位的尊荣。在食器上，除特意制作了一些富于艺术造型的食具外，还镌刻了与器形相应的古诗句，如在琵琶形碗上镌有“碧纱待月春调珍，红袖添香夜读书”。所有这些，都传达了天下第一食府饮食的文化品位。

孔府正席菜具有制作精细、注重营养、豪华奢侈、讲究礼仪等特点。孔府的日常饮食肴馔，选料精而广，技法多而巧，并具有浓厚的乡土气息。

孔府的名菜名点繁多，数以千百计。如筵席菜有孔府一品锅、燕菜一品锅、白扒通天翅子、八仙过海闹罗汉、奶汤燕菜、奶汤鹿筋、把儿鱼翅、把儿海参、红扒熊掌、糟烧海参、烤乳猪、烤鸭子、八仙鸭子、神仙鸭子、三套鸭子等。

孔府点心也有特色。用各种花卉为料制作馅心的桂花饼、荷花饼、菊花饼、薄荷饼、百合酥、玫瑰粽子，以及各式风味点心，均花样精巧，味美可口。

自 1947 年第 77 代衍圣公离开孔府后，厨房停火，厨师离散。20 世纪 80 年代中后期，山东济南和北京先后开办了孔膳堂饭庄，对外经营仿孔府菜。

案例解读

孔府一品锅

孔府一品锅是一道传统名菜，属于孔府菜。此菜食物多样，用料珍贵，造型美观，色彩鲜艳，汤汁鲜美。此菜由皇帝赐名。

据说，清朝历代皇帝常到孔府，而孔府也常带厨师进宫制作孔府佳肴，请皇太后、皇帝和娘娘品尝。清朝承袭明朝品官等级制，官衔为一至九品，一品为最高，九品为最低，清朝将孔府列为当朝一品官的官府。因而，皇帝对孔府用鸡、猪蹄、鸭、海参、鱼肚等各种珍贵原料烹制成的汤菜，赐名为“当朝一品锅”，成为孔府及所有一品官府名菜，历代相传。

此菜 1949 年前在山东、江苏、上海等地一些高级菜馆仍有供应，后一度中断。随着各帮特色菜肴的挖掘、整理而得以恢复发扬。后来的一品锅，因放入的锅料不同，又有燕菜一品锅、鱼翅一品锅、海参一品锅、什锦锅、素锅等。传统做法是用海参和鱼肚等蒸制而成。成菜汤汁浓鲜，用料珍贵，风味各异。

资料来源：https://baike.baidu.com/item/

2. 谭家菜

另一久负盛名、保存完整的贵族饮食，当属谭家菜。谭家祖籍广东，又久居北京，故其肴馔集南北烹饪之大成，既属广东系列，又有浓郁的北京风味，在清末民初的北京享有很高声誉。谭家菜的主要特点是选材用料范围广泛，制作技艺奇异巧妙,而尤以烹饪各种海味为著。谭家菜的主要制作要领是调味讲究原料的原汁原味,以甜提鲜,以咸引香;讲究下料狠,火候足,故菜肴烹时易于软烂,入口口感好,易于消化;选料加工比较精细,烹饪方法上常用烧、烩、焖、蒸、扒、煎、烤诸法。贵族饮食在长期的发展中形成了各自独特的风格和极具个性化的制作方法。

谭家菜有四大特点:一为甜咸适口,南北均宜;二为讲究原汁原味;三为选料精,加工细;四为火候足、下料重,菜肴软烂,易于消化,特别适合老年人食用。

谭家菜共有200余种佳肴,尤以做海味菜最为有名。在烹制海味中又以燕窝和鱼翅的烹制最为出名。谭家菜的名菜有:红烧鱼翅、葵花鸭子、草菇蒸鸡、网油山鸡卷等。谭家菜的素菜、甜菜、冷菜及各类点心也都有特色。点心中著名的有:麻茸包、酥盒子等。

1950年烹制谭家菜的三位厨师离开谭家,在北京宣武区白果子巷经营谭家菜。1954年迁西单恩成居后院,加入了国有企业。1958年,在周恩来总理的建议下,谭家菜全部并入北京饭店,成为北京饭店四大菜(指川、粤、淮扬、谭家)之一。

3. 随园菜

随园菜是因《随园食单》而得名的清代官府菜。袁枚,字子才,号简斋,又号随园老人,浙江钱塘(今杭州)人。乾隆进士,曾任江宁等县知县。40岁告退后筑园于南京小仓山下,名曰"随园"。

《随园食单》全面总结了历代烹饪技术的经验和教训,收录了苏、浙、皖等地,也涉及京、鲁、粤等地方菜,尤其是官府菜的名馔和风味点心300余种,堪称是官府菜谱代表作。随园菜也属官府菜的典范,用袁枚自己的话说,即"每食于某氏而饱,必使家厨往彼灶觚,执弟子之礼,四十年来,颇集众美""余都问其方略,集而存之"。

随园菜有五大特点:一为十分讲究原料的选择;二为加工、烹调精细而卫生;三为讲究色香味形器;四为注重筵席的制作艺术;五为严格而科学的要求。

仿随园菜是在南京金陵饭店原膳食部根据《随园食单》这部烹饪著作挖掘研制而成的,现已成为金陵饭店的膳食特色之一。

随园菜的品种繁多,已研制成功的仿随园菜有40多种,如素燕鱼翅、鳆鱼炖鸭、鳆鱼豆腐、白玉虾圆、八宝豆腐、鸡松、鸡粥、瓜姜水鸡、雪梨鸡片、台鲞烧肉、酒煨水鱼、黄芪蒸鸡、叉烧山鸡、竹蛏豆腐、芥末菜心、糟鸡翅、鱼脯、素烧鹅、烧鸭、栗子烧鸡、酒煨鳗鱼、灼八块、醉虾等。

三、寺院菜

寺院菜,也称斋食,即指佛教和道教等的素菜。佛教和道教,都曾经在中国的历史上盛极一时。特别是佛教,从西汉末年传入中国之后,经统治阶级的大力提倡，流传极广，寺院遍布全国各地。许多佛寺道观占有大量庙产，他们的方丈，长老虽行斋戒，不食荤腥，却十分讲究素食，这就产生了寺院菜。现在人们比较熟悉的“素鸡”“素鸭”“素火腿”等，“全素席”便是来源于寺院菜。

寺院菜主料的可选性和局限性决定了调料举足轻重的作用。素宴的烹饪一般用精炼花生油、色拉油、植物牛油和植物黄油等，光是醋便有十来种不同的口味，香醋、白醋、陈醋、纯粮米醋、大红浙醋、苹果醋、甜醋、香脂醋等。酱也很讲究，有各种辣酱、果酱、甜面酱、腐乳酱及豆瓣酱等。斋菜中甚至还引进了一些西餐用的调味品，如番茄酱、番茄沙司、辣酱油、咖喱酱（粉）等来做各式冷热菜肴，至于各种果酱早已成为常用品。特别值得一提的是素宴用的汤，其素（底）汤的讲究丝毫不亚于高汤，通常用黄豆芽、香菇，加上各类天然植物香料，文火调制，味浓鲜美，香气扑鼻，让人不能不啧啧称奇。

寺院菜有四大特点：一是就地取材；二是擅烹蔬菜；三是以荤托素；四是品种繁多。

寺院菜的名品，少说也是数以百计。虽然以荤托素的鸡鸭鱼肉、鲍参翅肚制法大同小异，但与寺院所在地的饮食习俗、口味爱好结合在一起，而烹饪出不同风味的品种，就不是一个小数目。寺院菜品种汇集而成的素席，都结合了当地的烹饪技艺与饮食习俗，具有强烈的地方色彩。

近代的寺院菜，知名度较大的有：北京广济寺、上海玉佛寺、南京鸡鸣寺、扬州大明寺、西安卧佛寺、成都宝光寺、重庆罗汉寺、灌县青城山天师洞、湖北黄梅县五祖寺、安徽安庆迎江寺、山东泰山斗姆宫、厦门南普陀寺，等等。这些宫观寺院所烹饪的肴馔，都有上述特色。

案例解读

中国饮食文化对世界的影响

世界上，凡是有中国人甚至没有中国人的地方，都能感受到中国饮食文化的影响。那么，中国的烹饪原料、烹饪技法、传统食品、食风食俗，等等，又是怎样传播到世界各地去的呢？

早在秦汉时期，中国就开始了饮食文化的对外传播。据《史记》《汉书》等记载，西汉张骞出使西域时，就通过丝绸之路同中亚各国开展了经济和文化的交流活动。张骞等人除了从西域引进了胡瓜、胡桃、胡荽、胡麻、胡萝卜、石榴等物产外，也把中国的桃、李、杏、梨、姜、茶叶等物产及饮食文化传到了西域。今天在原西域地区的汉墓出土文物中，就有来自中原的木制筷子。中国传统烧烤技术中有一种啖炙法，也很早通过丝绸之路传到了中亚和西亚，最终在当地形成了人们喜欢吃的烤羊肉串。

比中国西北丝绸之路还要早一些的西南丝绸之路，北起西南重镇成都，途经中国云南到达中南半岛缅甸和印度。这条丝绸之路在中国汉代同样发挥着对外传播饮食文化的作用。例如，中国东汉建武年间汉光武帝刘秀派伏波将军马援南征，到达交趾(今越南)一带。当时，大批的汉朝官兵在交趾等地筑城居住，将中国农历五月初五端午节吃粽子等习俗带到了交趾等地。所以，至今越南和东南亚各国仍然保留着吃粽子的习俗。

资料来源：https://www.sohu.com/a/252829117_99959573

每日一练 在学习本项任务之后，请同学们相互交流一下，并总结特色风味菜的分类及主要特征，并列举几种特色风味菜。

任务小结 完成本任务后，请进行自我测试：你是否已了解特色风味菜的分类及其特点？

任务3 地方名点小吃

任务提示 本任务将引领你赏析中国各地地方名点小吃！

任务先行 中国名点小吃的风味特色流派有哪些？名点小吃有哪些分类？要了解这些问题，请往下看！

案例解读

北京特产之茯苓饼

茯苓饼又名茯苓夹饼，是北京的一种滋补性传统名点。茯苓饼的名称是因为饼皮很像国药中的云茯苓片，故称“茯苓饼”。南宋《儒门事亲》中：“茯苓四两，白面二两，水调作饼，以黄蜡煎熟”，不过这种蜡煎的饼并不好吃。到了清初，时人讲究“糕贵乎松，饼利于薄”，后来的饼就越来越薄。相传慈禧太后特别爱吃茯苓饼，并常以此饼赏赐宫中的宠臣，因此茯苓饼成为御膳名吃。如今茯苓饼已经成为特色名点，其甜香味美，且有安神益脾等滋补之功，是健脾的佳品，以其质佳味美，驰名全国。

在北京，茯苓饼当推稻香村最佳。用高级淀粉烙制的外皮，其薄如纸，其白似雪，夹心则精选多种果仁，辅以桂花、蜂蜜、白糖和纯正云贵茯苓粉，甜香味美，入口即化，清爽适口，且价格低廉，可作为经常食用的保健食品。

资料来源：根据 https://baike.so.com/doc/6241769-6455163.html

点评

北京小吃是北京人津津乐道的一项北京特色，北京除了故宫、颐和园这样的人文建筑，最吸引人的就是这北京小吃。由于北京作为都城，先后有不同民族的统治者，所以北京小吃又融入了汉、回、满各族特色并沿承的宫廷风味特色。在小吃烹调方式上更是煎、炒、烹、炸、烤、涮、烙样样齐全。

小吃代表着人类文化生活的精致化。随着经济发展，人类生活水平提高，吃在日常生活中占的比例越来越小，再加上工作紧张，人们开始忽视正餐而青睐小吃。经过千百年历史的发展，全国各地涌现出了各式各样的名小吃。

一、地方名点小吃概述

（一）小吃、点心

小吃、点心是中国烹饪的重要组成部分，历史悠久，品类丰富，外观精美，讲究风味，富有中国传统文化特色。“小吃”“点心”两词，古代常互用，沿袭至今，它是指用于早点、夜宵、茶食或席间的点缀，以及茶余饭后消闲遣兴的小型方便食品，如油条、豆浆、油茶、粽子、元宵、糕点等，它以量少精制而有别于正餐和主食，也以量少价钱便宜而区别于大菜，常称作经济小吃。北方与长江上游地区，将食肆饭摊边做边卖的早点、夜宵食品都称为小吃，而将糕点厂的制品及宴会所用的精美糕点，统称为点心；南方地区有的将早点、夜宵用的米面制品都称作点心，而将肉类制品称作小吃。有的地方则把小吃、点心视为同义词，不加区分而混用。许多地方还将一些主食的食品作为小吃、点心供应于市。

北京、天津、山东、山西、河南、陕西、上海、江苏、浙江、四川、广东等 11 个省市是中国小吃发达的地区，其他各省（自治区）及港澳等地的小吃也都各有其风味特色。根据 20 世纪 80 年代出版的《中国小吃》所收 12 个省市材料，经过精选的品种已有 1 400 多种。如果将全国的品种全部收集起来，当在数千种以上。

少数民族的独特小吃，也极丰富多彩，如满族的萨其马，回族的油香、麻酱烧饼，维吾尔族的馕、烤包子、手抓饭，蒙古族的肉饼、馅儿饼，白族的米线，朝鲜族的打糕、冷面等。此外，还有遍及全国的节令食品，如春节的饺子、年糕，元宵节的元宵（汤圆），立春的春饼，清明节的青团，端午节的粽子，中秋节的月饼，十二月初八的腊八粥等也是市场供应的名食，反映出节令食品的风味各异。

（二）分类

中国小吃，用料广博，技法多变，品种多样，以粮食为主料的，按花色品种可分包卷类、饼饵类、面茶类、饺角类、糕团类、糜粥类、杂食类等。此外，还有许多用肉、鱼、豆制品等制作的小吃。按熟制方法分为下列几类：

（1）蒸类，利用蒸汽传热而成的食品，面制品有包子、馒头、花卷、蒸饼、烧卖等，米制品有年糕、小窝头等。著名品种有天津狗不理包子、扬州翡翠烧卖、上海南翔小笼馒头、山东高庄馒头等。

（2）煮类，以水传热而成的食品，面制品有面条、饺子、馄饨、泡馍等，米制品有元宵、米线、粽子等，其他如茶叶蛋等。著名品种有山东的福山拉面和临沂糁、四川抄手（馄饨）、兰州牛肉面、西安牛羊肉泡馍、山西刀削面、北京豆汁、杭州片儿川、宁波汤团、盐城藕粉团、云南过桥米线、广州艇仔粥等。

（3）炸类，以油为传热介质，用大量油加热而成的食品，面制品有油条、薄脆、麻花、馓子等，米制品有炸糕、麻团等。著名品种有天津大麻花和耳朵眼炸糕、淮安茶馓、北京蜜麻花和焦圈等。

（4）烙类，通过金属鏊子或饼铛传热而成的食品，如家常饼、荷叶饼、烧饼、煎饼等。著名品种有福建广饼、安徽大救驾、天津煎饼、上海蟹壳黄、吉林（四平）李连贵熏肉大饼、北京褡裢火烧等。

（5）烤类，包括烘、烤类，通过热辐射制熟的食品，如面包、蛋糕、酥点和饼类等。著名品种有重庆蛋松糕、江苏黄桥烧饼、北京烤白薯、新疆烤羊肉串等。

（6）煎类，面制品有锅贴、煎包等，鱼鲜制品有蚝煎等。著名品种有厦门蚵仔煎、山东煎包、上海生煎馒头、武汉三鲜豆皮、北京灌肠等。

（7）爆炒类，用油或水传热使小型原料快速变熟的食品，面制品有炒疙瘩、炒面等，米制品有炒牛肉河粉、扬州炒饭等，肉类制品有北京爆肚等。

二、中国名点小吃的风味特色流派

中国小吃大都具有地方特色，多选用当地优质原料，适应民间的饮食风俗、口味嗜好，与菜系的风味特色有直接联系。南米北面、北咸南甜、川辣粤鲜，在小吃中都有体现。有一部分名品来自少数民族，近代从西方传来的面包和各种西式糕饼，经改进而有所创新，也成为中国小吃、点心的一部分。中国风味小吃、点心，由于地理、气候、物产、生活习俗的不同，在选料上、口味上、制法上形成了不同的风格流派特色，常粗略分为南味和北味两大风味或北方风味、岭南风味和长江下游风味。但更具体可分为“京式”“苏式”“广式”“川式”“晋式”和“秦式”等流派。

（一）北方风味的京式流派

北方风味的京式流派点心、小吃，最早起源于山东、河南地区的农村和满、蒙、回等少数民族地区，后来在我国首都北京形成了一个制作体系与一大批主要风味代表，北京也成了全国食品制作的中心，代表了那个历史时代全国饮食的最高水平，在全国享有盛誉。北京地处独特的地理位置，从很早时候起，便成为汉、匈奴、鲜卑、契丹、女真等古代中华民族杂居的地方。这些民族把自己的一套饮食习惯和面点制作方法带到北京，加之中原、华北、东北盛产小麦，各民族和汉族一起，根据北方的物产及生活习惯，尤擅长制作面粉类点心，并具有鲜明的民族风格，特别是中国古代北方各民族的饮食文化特征，点心、小吃具有汉族风味、清真风味和宫廷风味的特色。

天津小吃吸收了南北各地的技艺,形成了自己的特色。河南地处黄河中下游,这里的九朝故都洛阳和宋代京城汴梁(今开封),是南北小吃荟萃之地,小吃市场亦十分繁荣。山东小吃以面食为主,是北方面食发源地之一。其基本特点:第一,原料广泛,品种繁多;第二,技法多样,工艺精巧;第三,口味爽滑,柔软松嫩。

著名的点心、小吃有北京"都一处"烧卖、艾窝窝、小窝头、豌豆黄、豆面糕(驴打滚)、茯苓夹饼、焦圈、蜜麻花、爆肚、豆汁、肉末烧饼、褡裢火烧;天津煎饼果子、狗不理包子、嘎巴菜、虾籽豆腐脑、什锦烧饼、耳朵眼炸糕、桂发祥什锦麻花、王记剪子股麻花、芝兰斋糕干、陆记烫面炸糕、锤鸡汤面、白记水饺;河南开封灌汤包、烩面、浆面条、大枣锅盔、凤球包子、鸡丝卷、八宝馒头、瓠包、白糖焦饼、洛阳牡丹饼、粘面墩、绿豆糊涂、武陟油茶、豌豆馅、小焦杠油条、荆芥面托、鸡蛋布袋;山东蛋酥炒面、金丝面、蓬莱小面、福山拉面、山东煎饼、周村酥烧饼、高汤小饺、煎包、汆子面、临沂高庄馒头、潍县杠子头火烧;辽宁老边饺子;吉林朝鲜冷面、打糕、李连贵熏肉大饼等。

(1)豌豆黄。北京传统小吃,将豌豆去皮、洗净、煮烂、糖炒、凝结、切块而成。做出成品色泽浅黄、细腻、纯净,入口即化,味道香甜,清凉爽口。原为民间小吃,后传入宫廷,因慈禧喜食而出名。

(2)"都一处"烧卖。北京"都一处"烧卖距今已有250余年的历史,因乾隆皇帝曾品尝而出名。"都一处"烧卖皮薄馅多,味道鲜美。烧卖的品种有三鲜烧卖、猪肉烧卖、素馅烧卖等。

(3)狗不理包子。天津名点,始创于清末,为天津人高贵友创立。他制作的包子口感柔软,鲜香不腻,形似菊花,色香味形都富有特色。独具风味的包子和他的乳名"狗不理"一起名扬天下。

(4)桂发祥大麻花。桂发祥麻花的特点是香、酥、脆、甜,久存不绵,白条和麻条中间夹一条含有桂花、闵姜、桃仁、瓜条等多种小料的酥馅,使炸出的麻花酥软香甜与众不同。因"桂发祥"字号坐落在十八街,所以俗称"十八街麻花"。

(5)李连贵熏肉大饼。吉林省著名传统风味之一,由河北人李连贵始创,已有百年历史。用10余种中药煮肉,大饼用煮肉的汤油调成软酥,抹在饼内起层,便于夹肉。大饼色泽金黄,形如满月,外焦里软;熏肉色泽棕红,皮肉剔透,肥而不腻,集美味、药膳于一身。

案例解读

狗不理包子的由来

狗不理包子,始创于清朝咸丰年间,为"天津三绝"之首。刚出笼的包子,鲜而不腻,清香适口。也正因为它的美味,狗不理包子成为中外游客来到天津必品尝的小吃之一。那么，大名鼎鼎的狗不理包子为什么会起这么一个奇怪的名字呢？

对于狗不理包子这个名字的由来，民间有两种说法。

第一种说法。当时，在天津郊区有一户农家，四十岁喜得贵子，为求平安取名叫“狗子”。狗子长到十四岁时，来到天津学手艺，在一家蒸食铺做小伙计，由于狗子心灵手巧，勤奋好学，练就了一手好活儿。其后，狗子不甘心寄人篱下，便自己摆起了包子摊儿。他发明了水馅、半发面的工艺，做出的包子口感柔软、鲜香不腻，包子外表如同一朵绽放的白菊花，色、香、味、形独具特色，吸引了十里百里的人们都前来吃包子，生意十分兴隆，狗子忙生意顾不上说话，人们都说：“狗子卖包子不理人”，就这样天长日久，人们就叫他狗不理了。

第二种说法。一个十四岁的叫高贵有的孩子，从武清县杨村老家来到天津，当了刘家蒸食铺的小伙计。这家铺子专卖什锦蒸食和肉包，主顾大都是往来运河码头的船工、纤夫、小商贩。高贵有在店里专管做包子，因为他幼年性格很强，父母给他起了个“狗不理”的小名。他人小心灵，做出来的包子好吃，卖得很快，受到人们的称赞。他十六七岁时，利用所积攒的钱，在附近开起了包子铺，人家喊惯了他的小名“狗不理”，久而久之，就把他经营的包子叫“狗不理”包子了。

当时直隶总督袁世凯吃过狗不理包子连声叫绝，随即进京入宫，将包子奉献给慈禧皇太后。太后老佛爷品尝了包子龙颜大悦，夸赞曰：“山中走兽云中雁，腹地牛羊海底鲜，不及狗不理香矣，食之长寿也”，从此狗不理包子名声大振。

狗不理包子的面、馅选料精细，制作工艺严格，外形美观，包子褶花匀称，每个包子都不少于15个褶，非常讲究。

2011年，“狗不理包子传统手工制作技艺”被列入第三批国家级非物质文化遗产名录。而狗不理包子作为百年老字号也成为中华民族的代表小吃之一。

资料来源：https://baijiahao.baidu.com/

案例解读

京式流派饮食文化影响——北京烤鸭

新中国建立后，北京烤鸭的声誉与日俱增，更加闻名世界。据说周总理生前十分欣赏和关注这一名菜，他曾29次到北京“全聚德”烤鸭店视察工作，宴请外宾，品尝烤鸭。

关于烤鸭的形成，早在公元400多年的南北朝，《食珍录》中即有“炙鸭”字样出现，南宋时，“炙鸭”已为临安（杭州）“市食”中的名品。

其时烤鸭不但已成为民间美味，同时也是士大夫家中的珍馐。但至后来，据《元史》记载，元破临安后，元将伯颜曾将临安城里的百工技艺徙至大都（北京），由此，烤鸭技术就这样传到北京，烤鸭并成为元宫御膳奇珍之一。继而，随着朝代的更替，烤鸭亦成为明、清宫廷的美味。

明代时，烤鸭还是宫中元宵节必备的佳肴；据说清代乾隆皇帝及慈禧太后，都特别爱吃烤鸭。从此，便正式命为"北京烤鸭"。后来，北京烤鸭随着社会的发展，并逐步由皇宫传到民间。

资料来源：https://wenda.so.com/q/1558571470217231

（二）长江下游风味的苏式流派

在我国富庶的长江下游江苏、浙江一带地区，产生了以苏式面点小吃为主要代表的流派，它起源于扬州、苏州，发展于江苏、浙江、上海等地，以江苏为代表。

江苏自古以来就是饮食文化的发达地区，加之江苏温和的气候条件和优越的地理位置，使得苏式面点起源、制作较早。苏式面点小吃各有其味，而尤以点心最佳，点心中又以米粉制品为佳。江苏小吃富有江南特色，以品种多、技艺精、造型巧和口味全著称，并形成南京夫子庙、苏州玄妙观、无锡崇安寺、南通南大街等小吃群。浙江小吃属江南地方小吃，以米面为主料，形成咸、甜、鲜、香、软、糯、松、滑等特色俱有的糕团点心、面食、豆品小吃。上海小吃是在传统品种的基础上，汇集各地小吃的精华，不断改进、提高而逐渐形成的，具有精细、小巧、风味多样等特点。上海小吃如团粽饭糕、汤糊浆羹、馄饨面条等，花色达600多种。其基本特点：第一，制作精巧，讲究造型；第二，馅心多样，重视调味；第三，糕团松软，香甜油润。

著名的点心、小吃有江苏太湖船点、猪油年糕、松子百果蜜糕、椒盐桃麻酥糕、桂花糖年糕、五色松糕、淮安茶食馓、蟹黄汤包、苏式月饼、黄桥烧饼、淮饺、三丁包子、千层油糕、翡翠烧卖；浙江虾爆鳝面、片儿川、幸福双、马蹄酥、葱包桧儿、湖州大馄饨、宁波汤团、丁莲芳千张包子、金华干菜酥饼、白糖肥肉松糕、龙凤金团、嘉兴五芳斋鲜肉粽子、诸老大粽子、吴山酥油饼、清明艾饺、豆腐圆子；上海南翔小笼包、蟹壳黄、鸽蛋圆子、枣泥酥饼、擂沙圆、蒸拌冷面、面筋百页、小绍兴鸡粥、排骨年糕、糟田螺等。

（1）扬州三丁包子。扬州的名点，所谓"三丁"，即以鸡丁、肉丁、笋丁为馅，发酵所用面粉"洁白如雪"，软而带韧，食不粘牙。扬州富春茶社一直保持这种发酵的传统特色。三丁包被誉为"天下一品"。

（2）嘉兴五芳斋粽子。号称"江南粽子大王"，以糯而不烂、肥而不腻、肉嫩味美、咸甜适中而著称。嘉兴五芳斋粽子有肉粽、豆沙、蛋黄等几十个花色品种。如今，嘉兴五芳斋粽子因其滋味鲜美、携带方便、食用方便备受广大旅游者厚爱，有"东方快餐"之称。

（3）宁波汤团。亦称宁波猪油汤团，浙江传统名点。主要原料为糯米、黑芝麻、猪油、白糖、桂花等。特点是色白发光,糯而不粘,皮滑馅润,滋味香甜。

(4)金华酥饼。金华酥饼色泽金黄,香脆可口,是浙江省金华地区汉族名点,也是闻名遐迩的馈赠亲朋好友传统特产。其馅心用干菜为主料,故又名干菜酥饼。

(5)南翔小笼包。上海郊区南翔镇的传统名小吃,已有100多年历史。该品素以皮薄、馅多、卤重、味鲜而闻名,是深受国内外顾客欢迎的风味小吃之一。

(三)岭南风味的广式流派

广式面点小吃是珠江流域及南部沿海地区面食制作的总称。广州长期以来是我国南方政治、经济、文化的中心,客观上致使广州面点为其主要代表。所以,广式面点是在民间食品的基础上,吸收北方和西式的点心制作的特点,结合本地区人民的生活习惯,在工艺上不断加以改进,而逐渐自成一种面点制作体系,具有独特的南国风味。

广东小吃和点心分为两大类,小吃是指小吃店和街边摊档经营的米面食品,多来自民间,品种多,造型简朴,经济实惠。其基本特点:第一,用料广泛,品种丰富;第二,造型精巧,味道清淡、鲜爽;第三,粥品繁多,富有营养。

著名的点心、小吃有炒河粉、肠粉、及第粥、艇仔粥、大良双皮奶、伦敦糕、云吞面、蚝油叉烧包、酥皮莲蓉包、蟹黄灌汤饺、荷叶饭、冰肉千层酥、蜂巢香芋角、薄皮鲜虾饺、干蒸烧卖、粉果、广式月饼等。

(1)肠粉。广东传统大众化小吃。肠粉将制作好的米浆置于特制的多层蒸笼中或布上,蒸成薄皮,然后分别铺上碎肉、鱼片、鲜虾仁、鸡蛋等馅料,蒸熟后卷成长条,切断上碟。因其形状为长条形,与猪肠相似,故取名肠粉。

(2)广东虾饺。用熟淀面(又称澄粉)做皮,鲜虾肉、猪肉泥、嫩笋肉做馅,包成饺形,蒸制而成。其形似弯梳,故又称弯梳饺。虾饺皮软韧色白,晶莹透亮,饺内馅料隐约可见;馅心鲜美,形态精致玲珑,味鲜香醇。

案例解读

广东虾饺

虾饺是广东地区著名的传统小吃,属粤菜系,虾饺始创于20世纪初广州市郊伍村五凤乡的一间家庭式小茶楼,已经有百年历史。传统的虾饺是半月形、蜘蛛肚共有十二褶的,馅料有虾,有肉,有笋,味道鲜美爽滑,美味可口。

相传当时的伍村很繁荣,地方幽美,一河两岸,河面经常有渔艇叫卖鱼虾。这家酒楼老板为了招徕顾客,便别出心裁,收购当地出产的鲜虾,加上猪肉、笋等做馅料制成虾饺。当时虾饺选用黏(大)米粉,皮质较厚不光亮,但因新奇,味道又鲜美,赢得了食客的喜欢,不久便名扬广州,各大酒楼争相制售。后来经点心师的改良，将原料用面粉改成“澄粉”，以一层澄面皮包着一至两只虾为主馅，份量大小多以一口为限，效果特佳，更加吸引客人。

资料来源：https://baike.baidu.com/item

(3)广式月饼。广式月饼起源于广东及周边地区，其特点是皮薄、馅大，口感松软、细滑，表面光泽，馅料有莲蓉、椰蓉等。

(四)长江上游四川和重庆风味的川式流派

位于长江上游的四川和重庆，物产富饶，素有“天府之国”称号，其点心、小吃用料广泛，制法多样，口感特点是咸、甜、麻、辣、酸、香、脆、嫩，其风味数不胜数。其基本特点：第一，技法多样，品种繁多；第二，注重传统，工艺严格；第三，善调制多种多样的复合味。

著名品种有龙抄手、钟水饺、担担面、赖汤圆、山城小汤圆、蒸蒸糕、蛋烘糕、芝麻圆子、鸡蛋熨头糕、小笼蒸牛肉、川北凉粉、大竹醪糟、白果糕、叶儿粑、崇庆冻糕、夫妻肺片、顺庆牛肉粉等。

(1)龙抄手。“抄手”是四川人对馄饨的特殊叫法，抄手的得名大概是因为包制时要将面皮的两头抄拢，故而得名。“龙抄手”店的“抄手”皮薄馅嫩、爽滑鲜香、汤浓色白，为成都传统面点的佼佼者。

(2)钟水饺。由一名钟姓小贩经营而得名。钟水饺皮薄馅多，重在选料和调味，突出香辣。香味浓郁的调料，色泽红亮。与饱满馅心的清鲜味相配搭，形成多滋多味的风格，是成都的著名小吃。

(3)担担面。最初因挑着担子沿街叫卖而得名。担担面面条细薄，臊子肉质香酥，调以葱花、芽菜、猪油，卤汁酥香，咸鲜微辣，十分入味，是颇具四川特色的著名小吃。

(4)赖汤圆。迄今已有百余年历史，因赖姓老板所制作的汤圆而得名。他煮卖的汤圆，煮时不烂皮、不露馅、不浑汤，吃时不粘筷、不粘牙、不腻口，色滑洁白，甜香油重，是成都著名的小吃。

案例解读

小吃点评——担担面

所谓“剃头的挑子——一头热”，担担面的挑子也是如此：这一头是一个煤球炉子，上面还坐着一个锅，里面当然就是热水；另一头就是碗筷、调料和洗碗的水桶。然后就可以用扁担挑在肩上，晃晃悠悠、颤颤巍巍地沿街游走，还边走边叫：“担担面——担担面。”担担面的得名，来自于这特殊的年代和叫卖方式；担担面的出名，却在于它的调味和独特的面臊。

先说面臊，其实就是外省人叫的面卤或是浇头。四川人习惯把面臊分为三种:汤汁面臊、稀卤面臊和干煵面臊。汤汁面臊就是带有汤水的,比如红烧牛肉面、清汤牛肉面、香菇炖鸡面等的面臊;稀卤面臊就是面臊比较浓稠,一般都有勾芡这一过程,像打卤面、大蒜鳝鱼面等的面臊就属此列;干煵面臊就是指炒制的面臊,面臊一般都比较干爽,像炸酱面和担担面的面臊就是。担担面的面臊非常有特色,我们习惯把它叫作"脆臊",一听名字就知道好吃,制作起来其实也不麻烦。先取猪腿肉剁成肉末,甜面酱用少许油解散;锅置火上,放少许油烧热,再下肉末炒散,加料酒炒干水分,加盐、胡椒粉、味精调味,放入适量的甜面酱炒香,肉末呈现诱人的茶色(如果颜色较浅,可加少许酱油),等微微吐油就可以起锅放在一边了。千万不要被这香气勾引,忍不住偷上两嘴,估计你会把面臊变为一道菜。再来说说调味。担担面的定碗调料非常的多:盐、味精、酱油、醋、辣椒油、香油、白糖、碎米芽菜、葱花和少许的鲜汤,甚至还有人会放点花生碎和芝麻粉增香。似乎看起来非常的麻烦,但是这正是四川厨师的高妙之处。

四川厨师高明,高在用味来刺激你的味蕾,用味来吸引你的食欲,叫人吃了就忘不掉;四川厨师的精妙,妙在可以把很多的调味原料组合在一起,让其和谐地统一,一味衬托另一味,一味更比一味好。炒好面臊,放好调料,就可以开始煮面了。面条煮熟后,捞入已调味的碗中,撒上少许的面臊就可以了,吃起来面条滑爽,面臊酥香,咸鲜微酸辣,芽菜香味浓郁。

资料来源:https://baike.baidu.com/item/

(五)关中风味的秦式流派

陕西较早地吸收各民族小吃,挖掘、继承古代宫廷小吃之技艺,因而品种繁多,风味各异。

著名品种有水晶柿子饼、石子馍、岐山臊子面、黑米稀饭、烩麻食、苦荞饸饹、葫芦头、泡泡油糕、牛羊肉泡馍、金线油塔等。

(1)水晶柿子饼。陕西风味名点,它以临潼县特有的"水晶柿子"为主料。制作时,去掉柿皮,将柿肉捣烂,拌以面粉,然后以桂花、白糖做馅,放在油锅里煎熟。烙成的柿子面饼色泽金黄,香甜软绵,油润爽口。

(2)臊子面。陕西关中地区的一种传统特色面食,有悠久的历史。所谓"臊子"是将肉块、素菜等切成末。岐山臊子面,面条细长,厚薄均匀,筋韧爽口,臊子鲜香,红油浮面,汤味酸辣。臊子面在关中地区有非常重要的地位,婚丧、逢年过节、孩子满月、老人过寿、迎接亲朋等重要场合都离不开它。

(3)牛羊肉泡馍。陕西著名的风味美馔,古称"羊羹",尤以西安最享盛名。烹制时,将馍掰碎成黄豆般大小放入碗内,然后配以牛羊肉熟肉、原汤制作而成。牛羊肉泡馍料重味醇,肉烂汤浓,肥而不腻,馍韧入味。因它暖胃耐饥,素为西安和西北地区各族人民所喜爱,已成为陕西名食的"总代表"。

（六）山西风味的晋式流派

山西素有“面食之乡”之称，花色、品种很多，包括晋式面点、面类小吃和山西面饭三大类，其品种不下500种。

（1）刀削面。山西最有代表性的面条，堪称天下一绝，已有数百年的历史。刀削面全凭刀削，因此得名。用刀削出的面叶，中厚边薄。棱锋分明，形似柳叶。入口外滑内筋，软而不黏，越嚼越香。

（2）拨鱼儿。亦称溜尖，是山西地方面食。将白面或绿豆面和成软软的面团放在小案板上，用铁铲、铁筷子拨成一小条、一小条，扔到滚开水的锅里，飞奔出去的面，长不过三寸，头粗尾尖，形状像小鱼儿，故名。

每日一练　自己试着和同学一起交流，中国各地的代表名点小吃有哪些。

任务小结　完成本任务后，请进行自我测试：你是否已熟知我国各地名点小吃的种类和特色？

任务4　名茶与名酒

任务提示　本任务将引领你赏析中国的名茶与名酒！

任务先行　中国的茶有哪些分类？中国的白酒有哪几种不同类型？要了解这些问题，请往下看！

案例解读

功夫茶

功夫茶起源于宋代，盛行于广东的今潮汕地区及福建的漳州、泉州一带。功夫茶，是融精神、礼仪、沏泡技艺、巡茶艺术、评品质量为一体的茶道形式。功夫茶器具精致，泡功独特，饮用程式亦相当讲究。这不但是人们工余饭后的一种消遣、享受，也是人们交际往来的一种工具，更是迎宾敬客的重要手段。

功夫茶的茶具小巧玲珑，非常考究。一套茶具，一般为一壶三杯，也有两杯和四杯的。泡茶用的水，以泉水、井水为最佳。泡制工夫茶采用的是乌龙茶叶，如铁观音、水仙和凤凰茶。乌龙茶介于红、绿茶之间，为半发酵茶，只有这类茶才能冲出功夫茶所要求的色香味。泡制时先将水烧开后冲茶，冲时要掌握以下几个要领，即“高冲”“低洒”“刮沫”“淋盖”“烧杯热罐”“澄清”等。功夫茶以浓度高著称，初喝似嫌其苦，习惯后则嫌其他茶不够滋味了。

标准的功夫茶艺，有后火、虾须水（刚开未开之水）、捅茶、装茶、烫杯、热罐（壶）、高冲、低斟、盖沫（以壶盖将浮在上面的泡沫抹去）、淋顶十法。潮汕功夫茶一般主客四人,主人亲自操作。首先点火煮水,将茶叶放入冲罐中,多少以占其容积之七分为宜。待水开即冲入冲罐中,之后盖沫。第一冲杯,以初沏之茶浇冲杯子,目的在于造成茶的精神,气韵彻里彻外的气氛。洗过茶后,再冲入虾须水,此时,茶叶已经泡开,性味俱发,可以斟茶了。斟茶时,四个茶杯并围一起,以冲罐巡回穿梭于四杯之间,直至每杯均达七分满。此时罐中之茶水亦应合好斟完,剩下之余津还需一点一抬头地依次点入四杯之中。潮汕人称此过程为"关公巡城"和"韩信点兵"。四个杯中茶的量、色须均匀相同,方为上等功夫。最后,主人将斟毕的茶,双手依长幼次第奉于客前,先敬首席,然后左右佳宾,自己最末。

点评

茶,是中华民族的举国之饮,如今已成了风靡世界的三大无酒精饮料(茶叶、咖啡和可可)之一。寻根溯源,世界各国最初所饮的茶叶,引种的茶种,以及饮茶方法、栽培技术、加工工艺、茶事礼俗等,都是直接或间接地由中国传播去的。中国是茶的发祥地,被誉为"茶的祖国"。茶,乃是中华民族的骄傲!

资料来源:https://max.book118.com/html/2016/1117/63511098.shtm

一、名茶

(一)茶文化的起源和发展

我国是茶的原产地,又是最早种植、加工、饮用茶的国度。我国早在唐代就有了茶文化,并流传到欧洲、日本、印度及东南亚各国。随着时代的进步,茶文化在深度和广度上都有了长足的发展。

1. 先秦(原始阶段)

原始社会,人类除了采集野果直接充饥外,也会挖掘野菜及摘取某些树木的幼芽嫩叶和稻米一起放在陶制的釜鼎(锅)内熬煮成粥,"神农尝百草,一日遇七十二毒",指的就是茶叶作为药用的开始。商周时期发展饮食茶叶。春秋战国时期,茶叶已传播至黄河中下游地区。

2. 两汉、魏晋南北朝(南方饮茶已成风气)

饮茶起源于巴蜀,始于西汉。汉代茶叶作为饮料食用,中国饮茶始于西汉有史可据,但在西汉时期,中国只有四川一带饮茶。两汉时期,茶作为四川的特产,通过进贡的渠道,首先传到京都长安,并逐渐向当时的政治、经济、文化中心陕西、河南等北方地区传播;另一方面,四川的饮茶风尚沿水路顺长江而传播到长江中下游地区。从西汉直到三国时期,在巴蜀之外,茶是供上层社会享用的珍稀之品,饮茶限于王公朝士,民间很少饮茶。

到了魏晋南北朝，饮茶之风传播到长江中下游地区，成为日常饮料，茶由巴蜀向中原广大地区传播。随着茶叶生产地区不断扩大，饮茶从上层社会逐渐向民间发展。从晋代开始，佛教、道教徒与茶结缘，以茶养生，以茶助修行。从饮茶起就有了客来敬茶的礼节，到两晋南北朝时，客来敬茶成了普遍的礼仪。两晋南北朝，茶文学初步兴起，产生了《茶赋》等名篇，中华茶艺亦于西晋时萌芽。

3. 唐代（饮茶风气传播全国）

唐代是我国封建社会空前兴盛的时期，也是我国古代茶业大发展的时期。经过几个世纪的积累，饮茶风气普及全国。唐代饮茶盛行与佛教的盛行有很深的渊源，和尚坐禅，靠喝茶充饥提神，佛门茶事盛行，带动信佛的善男信女饮茶，促进了饮茶风气在社会上的普及。中唐封演《封氏闻见记》卷六饮茶载："南人好饮之，北人初不多饮。……大兴禅教。务于不寐，又不夕食，皆恃其饮茶。人自怀挟，到处煮饮，从此转相仿效，遂成风俗。……于是茶道大行，王公朝士无不饮者。"封演认为禅宗促进了北方饮茶的形成。唐代开元以后，中国的"茶道"大行。

茶圣陆羽出现后，茶道兴盛。陆羽，字鸿渐，自称桑苎翁，又号竟陵子。复州竟陵（今湖北天门市）人，他潜心研究茶事，积十余年心得，撰写《茶经》一书，这是世界上第一部最完备的综合性茶学专著，对中国的茶叶生产和饮茶风气的传播都起了很大的作用。陆羽也因此被后人称为茶圣、茶神。陆羽《茶经·六之饮》称："……以为比屋之饮。"《茶经》认为当时饮茶之风扩散到民间，都把茶当作家常饮料。不仅中原广大地区饮茶，而且边疆少数民族地区也饮茶，甚至出现了茶水铺，"不问道俗，投钱取饮"。中国的茶叶和饮茶方式也是在唐代才大量向国外传播的，特别是对朝鲜和日本的影响很大。

4. 宋代（饮茶风气的兴盛）

"茶兴于唐，而盛于宋"。宋代的茶叶生产空前发展，饮茶之风非常盛行，特别是上层社会嗜茶成风，王公贵族经常举行茶宴，皇帝也常在取得贡茶后宴请群臣以示恩宠。同时，茶已成为民众日常生活中的必需品。自宋代始，"盖人家每日不可阙者，柴米油盐酱醋茶"（《梦粱录》），"夫茶之用，等于米盐，不可一日以无"，茶成为"开门七件事"之一。

为了评比茶质的优劣和点茶技艺的高低，宋代盛行"斗茶"。"斗茶"所用茶叶为饼茶，将研细后的茶末放在茶碗中，把茶末调匀，然后徐徐注入沸水，以茶筅击拂，使茶汤泡沫均匀，从茶汤、泡沫的颜色和茶叶的香气、滋味来评比高低。斗茶，始于唐末福建一带，"斗茶，建人谓斗茶为茗战"。斗茶促进了当时制茶技术的提高和饮茶方式的完善。

宋代饮茶风气的兴盛，还反映在都市里的茶馆文化非常发达。茶馆早在唐代就已出现，到了宋代则更为兴盛，且装饰雅致，各有特色，茶具精美，茶叶品质众多，乐曲声悠扬，已具有浑厚的文化氛围。

茶与文化（诗、书、画、歌）的融合，在宋代特别突出，几乎所有的诗人都写过咏茶诗歌。宋代的画家们也绘了许多反映茶事的绘画作品，流传至今的如《清明上河图》，反映当时首都汴京临河的茶馆景象；宋徽宗赵佶反映斗茶场面的《文会图》；描绘卢仝饮茶的《卢仝烹茶图》。

到了元代，饼茶逐渐衰落，以散茶、末茶为主，制茶工艺已与现代蒸青绿茶的工艺差不多，民间大众已大多饮用散茶。

5. 明清（饮茶风气的鼎盛）

历史上正式废除团饼茶的是明太祖朱元璋，皇室提倡饮用散茶，民间自然蔚然成风，并将煎煮法改为冲泡法，这是饮茶方法史上的一次革命。

明代在茶叶生产上有许多重要的发明创造，在绿茶生产上除了改进蒸青技术外，还产生了炒青技术，即采摘后的茶叶不须经过蒸熟，而是用热锅手炒杀青。其次，是花茶的生产。花茶出现于宋代，当时是以龙脑香入茶。蔡襄《茶录》提到："茶有真香，而入贡者微以龙脑和膏，欲助茶香。"南宋时有用茉莉花焙茶。到明代，许多花都可以用用来窨制花茶。再次是乌龙茶，大约在明中期就已出现于武夷山，后来传播至闽南、潮汕及台湾等地。红茶也是起于明而盛于清的，最早在福建崇安一带，开始生产的是小种红茶，后演变为功夫红茶，其生产技术还传播到安徽、江西各地。

到了清代，中国茶文化发展更加深入。茶与人们的日常生活紧密结合起来，如清末民初，城市茶馆兴起，并发展成为适合社会各阶层所需的活动场所，它把茶与曲艺、诗会、戏剧和灯谜等民间文化活动融合起来，形成了一种特殊的"茶馆文化"，"客来敬茶"也已成为普通人家的礼仪美德。由于茶叶制作技术的发展，清代基本形成现今的六大茶类，除最初的绿茶之外，出现了白茶、黄茶、红茶、黑茶、青茶（乌龙茶）。茶类的增多，泡茶技艺有别，又加上中国地域和民族的差异，使茶文化的表现形式更加丰富多彩。

6. 现代（中国茶叶再现辉煌）

到清代后期，我国茶叶生产开始由盛而衰。十九世纪后半叶，我国年均产茶二十几万吨，出口茶叶十几万吨，出口量占当时世界茶叶贸易的80%以上。但到二十世纪初，由于列强入侵，茶叶生产一落千丈。新中国成立后，政府高度重视经济发展，茶叶生产有了飞速发展，我国的茶园面积占世界第一位，产量占世界第二位，出口量占世界第三位。乌龙茶在日本历久不衰，并在韩国和南亚深受青睐，花茶在中东和俄罗斯广受欢迎。随着科学的进步、工业的发达，人们的生活节奏加快，茶叶消费已开始向多元化和有益健康的方向发展，二十一世纪茶饮料的消费将有辉煌的前景。

综观中国茶文化形成和发展的历程，我们可以看到，茶文化内涵极为丰富。概括地说，茶文化是人类在社会历史发展过程中所创造的有关茶的物质财富和精神财富的总和。茶文化的结构体系包括有关茶的物质文化、制度文化和精神文化三个层次。茶文化的物质形态表现为茶的历史文物、遗迹、茶诗词、茶书画、茶歌舞、各种名优茶、茶馆、茶具、饮茶技艺和茶艺表演等；精神形态表现为茶德、茶道精神、以茶待客、以茶养廉、以茶养性、茶禅等；还有介于中间状态的表现形式，如茶政、茶法、茶礼规、茶习俗等属制度文化范畴的内容。

案例解读

中国茶文化的核心价值和思想

中国的茶文化主要体现在四个字上，分别是“清”“敬”“和”“美”。笔者将从茶文化的核心价值理念进行阐述。“清”的茶文化价值理念从茶本身的自然属性来说，它是清新和纯洁的，在长期的中华民族的发展过程中，人们从茶本身的物质属性上升到了精神层面，赋予了茶“清心寡欲”的文化特征和内涵。因为茶本身就是清新和纯洁的，因此要求品茗者要能够注重自己的内在修养要能够在品茗的过程中去顿悟世间的奇妙。同时，“清”的茶文化也传递出人要有“清正廉洁”的思想内涵，要能够出淤泥而不染，在面对尘世间各种纷繁叨扰时能够保持朴素节俭、洁身自好的性格，因此茶文化的价值理念对于新时代下的人们有着非常大的现实作用，也符合社会主义核心价值观的内涵。

资料来源：https://www.doc88.com/p-94359599032343.html? r=1

（二）中国茶的分类

根据茶叶的制作工艺的不同，首先可以将茶叶分为基本茶类和再加工茶类这两大类。

凡采用常规的制作工艺，茶叶产品的色、香、味、型符合传统质量规范的，叫基本茶类，茶叶按初加工可分为绿茶、红茶，青茶、黑茶、黄茶、白茶六大类；以基本茶类为原料进一步加工，使茶叶的基本质量形状发生改变的，叫再加工茶类。

再加工茶类有压制成型的紧压茶和鲜花窨制的花茶。紧压茶主要以黑茶，也以红茶或绿茶为原料，经过蒸压处理，加工成茶块，保留了古代的形态，深受西北、西南少数民族的喜欢，也称边销茶。花茶出现于宋代，以精制后的茶叶和香花为原料，经过窨花工艺制成，尤受我国北方人民的喜爱。本书主要对以下六种基本茶进行介绍。

1. 绿茶

绿茶,又称不发酵茶,是最古老的茶叶品种。以适宜茶树新梢为原料,经杀青、揉捻、干燥等典型工艺过程制成的茶叶。以干茶色泽和冲泡后的茶汤、叶底以绿色为主调,故名。绿茶初制时采用高温杀青,以保持鲜叶原有的嫩绿,多酚类全部不氧化或少氧化,叶绿素未受破坏,香气清爽、味浓,收敛性强,以绿叶绿汤、色泽光润、汤澄碧绿、清香芬芳、味爽鲜醇为特点。绿茶产量大,品种多,其中以浙江省杭州市西湖龙井茶、江苏省苏州市太湖碧螺春茶、安徽省黄山市黄山毛峰茶最为出色。

(1)西湖龙井。

因产于浙江省杭州市西湖龙井村及其附近而得名,其中尤其以狮子峰所产为最佳,被誉为"龙井之巅"。每年清明节前采摘的芽茶称"明前茶",也称为"莲心",极为名贵。龙井茶具有干茶扁平挺直、大小长短匀齐、色泽绿中透黄、茶香清高鲜爽的特点,宛如茉莉清香,味甘而隽永,泡在玻璃杯中,清汤碧液,可见茶芽直立,世人誉为"色绿、香郁、味甘、形美"四绝。以虎跑泉水冲泡,号称杭州"双绝"。

(2)太湖碧螺春。

产于江苏省苏州市太湖上的洞庭山区,又名洞庭碧螺春。原名为"吓煞人香"。后经康熙皇帝改名为"碧螺春"茶。碧螺春茶以产于碧螺峰,茶质绝佳而闻名。其特点是条索纤细,卷曲成螺,茸毛遍布,花香果味。

(3)黄山毛峰。

产于安徽省黄山市,是毛峰茶中之佳品。其特点是芽叶肥壮,大小均匀,银毫形如雀舌,油润光滑,绿中微黄,冲泡入口醇香鲜爽,回味甘甜沁人心脾。特级黄山毛峰,又称黄山云雾茶,产量极少。

2. 红茶

红茶,属于发酵茶类,出现于清朝,是以茶树的一芽二三叶为原料,经过萎凋、揉捻、发酵、干燥等典型工艺过程精制而成。红茶制作关键是发酵以促进酶活性,使多酚类充分氧化。红茶红叶红汤,香甜味醇,具有水果香气和醇厚的滋味,还具有耐泡的特点。红茶多以产地命名,以安徽省祁红、云南省滇红尤为出众。

祁红又称祁门红茶,是祁门功夫红茶的简称,主要产于安徽省祁门。祁门红茶外形条索紧细秀长,色泽乌润,颜色往往以红褐色为主,汤色红艳透明,叶底鲜红明亮,入口醇和,回味隽厚,味中有浓郁的既似果香又似兰花香的香气,清鲜持久,国外誉为"祁门香"。祁红在国际市场上与印度大吉岭茶、斯里兰卡乌伐茶齐名,并称为世界三大高香名茶。

3. 乌龙茶

乌龙茶也称青茶,属半发酵茶,介于红茶与绿茶之间,始出现于清朝。制作采用独特的“做青”工序，使鲜叶不充分氧化。特点是叶色青绿，汤色金黄，绿叶红镶边，香气芬芳浓醇，既具有红茶的醇厚，又具有绿茶的清香。乌龙茶的产地主要集中在福建、广东及台湾一带，名品有福建南平市武夷山市的武夷岩茶、铁观音，台湾的冻顶乌龙等。

武夷岩茶因产于福建南平市武夷山市的武夷山岩崖之间而得名，属条形乌龙茶。清朝末期创制，具有外形条索肥壮匀整、紧结卷曲，叶背呈蛙皮状小白点，色泽绿润带宝光，肉质香气馥郁隽永，滋味醇厚回甘，润滑爽口，汤澄黄透亮的特点，冲泡三四次而色不褪，叶底柔软匀亮，绿叶红镶边，饮后齿颊留香，喉底回味甘甜。人们常用“蜻蜓头，蛤蟆背，砂绿润，品具岩骨花香，带有一香二清三甘四活的岩韵”来概括武夷岩茶的独特风味。按茶树品种武夷岩茶可分为水仙与奇种，奇种又有单枞与名枞之分，有大红袍、铁罗汉、白鸡冠、水金龟四大传统名枞。

案例解读

“乌龙茶”因何得名

乌龙茶，又名青茶，是一种半发酵茶。据《安溪县志》记载，清雍正年间，在福建安溪县西坪乡南岩村有一个叫苏龙的茶农。他不仅是个采茶能手，还是个打猎高手。他身材魁梧，皮肤黝黑，性子直爽，村里人都叫他“乌龙”。

有一天，乌龙上山采茶。中午时分，正欲休息的他发现一头山獐在附近徘徊。于是他端起随身携带的猎枪，向山獐的要害射了几枪。垂死挣扎的山獐向茂密的林中跑去。乌龙沿着血迹找寻山獐踪影。不多时，他便发现了尚有余温的山獐尸体。

傍晚时分，乌龙背着猎物返回家中。家人见有野味，便动手忙了起来，一家人享用了一顿美餐。第二天清晨，乌龙闻到茶篓里飘出阵阵清香，这才想起来，前一天只顾打猎竟忘了制茶。他打开茶篓一看，前一天采的茶已经发酵了。乌龙将有些发酵的茶炒制为成品，原茶的清香更加浓郁。泡出来的茶水青绿明亮，它的味道比绿茶、红茶更胜一筹。后来，经过反复试验，乌龙终于制得一种新的成品茶。因其茶叶呈黑褐色，又是由乌龙最先制成，人们便将这种茶命名为“乌龙茶”。

资料来源：马兰. 和中国文化有关的600个趣味问题[M]. 天津：天津人民出版社，2015：285-286.

4. 黄茶

黄茶的品质特点是“黄叶黄汤”。黄茶加工过程中采用杀青、焖黄方法，使鲜叶进行非酶性氧化。黄叶黄汤，香气清悦醇和。黄茶按芽叶嫩度分为黄芽茶、黄小茶和黄大茶。品种有湖南省君山银针等。

君山银针产于湖南岳阳市洞庭湖中君山岛。该茶的特点是，芽头茁壮紧实，挺直不曲，长短大小匀齐，茸毛密盖，芽身金黄，称为“金镶玉”，汤色浅黄，叶底明亮，滋味甘醇，香气清雅。若以玻璃杯冲泡，可见芽尖冲上水面，悬空竖立；下沉时如雪花下坠，沉入杯底，状似鲜笋出土，又如刀剑林立；再冲泡再竖起，能够三起三落。

5. 白茶

白茶白色茸毛多，色白如银，汤色浅淡、素雅，初泡无色，滋味鲜醇，毫香明显。白茶是在加工制茶时仅经过萎凋，便将鲜叶直接干燥的茶，不揉捻、不发酵。主要产于福建省的南平市政和县、宁德市福鼎市等地，名品有白毫银针、白牡丹等。

白毫银针，又名银针白毫，也简称银针或白毫。因色白如银，形状似针而得名。具有外形美观，芽肥壮，茸毛厚，芽长近寸，富光泽，汤色碧青，香味清淡，滋味醇和等特点。白毫银针味温性凉，有健胃提神之效，祛湿退热之功，常作为药用。

6. 黑茶

黑茶属于后发酵茶，随时间不同，发酵程度会发生变化。黑茶花色品种丰富，茶性温和，可久藏不坏，耐煮泡。名品有云南普洱茶。

案例解读

茶与健康

茶叶有抗衰老作用，且有益于人体健康，其“抗衰延老”这一作用，中国的古人通过观察和实践很早就有知晓，并早已有记述。《神农食经》曾记载“久服令人有力悦志”，《杂录》也曾记载“苦茶轻身换骨”。现代研究证实茶叶中含有人体所必需的化学成分，含有对某些疾病确具有疗效的物质。每天饮茶摄入量虽少，但经常补充这些物质，对人体能起到营养和保健作用。故茶叶称之为天然保健饮料是名副其实的。

按照中国传统医学的解释，茶叶性味甘苦，微寒无毒，入心肺胃经，有驱散疲劳，清思明目；生津止渴，利尿止泻；治咳平喘，清热解毒，消食减肥等作用。用于防治高血压、高脂血症、肥胖症、冠心病，治疗食积不化、泻痢、精神不振，思维迟钝、水肿尿少、水便不利、痰喘咳嗽，等等。

现代茶也被认为有预防与抵抗放射性伤害的作用。茶叶中微量元素锰、锌、硒，维生素 C、P、E 及茶多酚类物质，能清除氧自由基，抑制脂质过氧化，因而经常饮茶确有一定延年益寿之功。茶叶中的茶单宁物质，能维持细胞正常代谢，抑制细胞突变和癌细胞分化，因而饮茶有一定抗癌作用。茶叶中的脂多糖能防辐射损害，改善造血功能和保护血管、能增强微血管韧性，防止破裂，降低血脂，防止动脉粥样硬化。

资料来源：https://max.book118.com/html/2016/1117/63511098.shtm

二、名酒

我国有悠久的酿酒历史，在长期的发展过程中，酿造出许多被誉为“神品”或“琼浆”的美酒。酒是用高粱、麦、米、葡萄或其他水果等原料经糖化、发酵制成的含有食用酒精等成分的饮料。中国是世界上最早的酿酒国家之一，早在5 000年前就已开始酿酒。商周时期已出现了制曲方法、酿酒职官和酿酒工艺。南北朝贾思勰的《齐民要术》记录了9种酒曲的制作法、39种酒的酿造法和两种药酒的配制法。宋代出现了较全面的酿酒专著——朱翼中的《北山酒经》，详细记述了制曲酿酒的方法。

1. 根据酿酒方法分类，有蒸馏酒、发酵酒和配制酒。

2. 根据酒中酒精含量分类，有高度酒（≥41%）、中度酒（20%～40%）和低度酒（<39%）。

3. 根据商业习惯，酒可分为白酒、黄酒、葡萄酒、啤酒、果酒、露酒和药酒。

（1）白酒。

白酒以各种含淀粉或糖分的原料、辅料、酒曲、酒母、水等，经过糖化发酵后，用蒸馏法制成的高浓度酒。

①香型。

白酒，尤其是国家名酒，由于酿酒原料、生产工艺、设备等条件的不同，形成不同香型和风味特点：

a. 酱香型，又称茅香型，在白酒中酱香型酒为数很少，除贵州茅台酒为代表外，四川泸州市古蔺县郎酒、湖南省常德市武陵酒也属此香型。其特点是酱香突出、幽雅细致、酒体醇厚、回味悠长，甚至于盛过酒的空杯仍留有香气。

b. 窖香型，又名浓香型，以四川泸州市泸州老窖特曲为代表。该香型比较适合全国广大消费者口味，因此在白酒中所占比例最大。其特点是窖香浓郁、绵柔甘洌、香味协调、尾净余长。四川宜宾市五粮液、安徽亳州市古井贡酒、四川成都市全兴大曲、四川德阳市绵竹市剑南春、江苏宿迁市泗阳县洋河镇洋河大曲、江苏宿迁市泗洪县双沟镇双沟大曲、河南周口市鹿邑县宋河粮液、四川遂宁市射洪市沱牌曲酒也属此香型。

c. 清香型，以山西吕梁市汾阳市杏花村汾酒为代表，比较适合北方消费者的需要。其特点是清香醇正、口味协调、微甜绵长、余味爽净。还有湖北武汉市特制黄鹤楼酒、河南平顶山市宝丰县宝丰酒也属此香型。

d. 米香型，以广西壮族自治区桂林市三花酒为代表。其特点是蜜香清雅纯和、入口柔绵、落口爽洌、回味怡畅。

e. 其他香型，尚有些白酒兼有两种香型的特点，所以称为兼香型、复香型或其他香型，如贵州遵义市董酒、陕西宝鸡市凤翔县西凤酒。

②中国名酒。

1952—1988 年五届全国评酒会评出国家名酒白酒共 17 种，即茅台酒、泸州老窖特曲、汾酒、西凤酒、五粮液、古井贡酒、董酒、全兴大曲、剑南春、洋河大曲、双沟大曲、特制黄鹤楼酒、郎酒、武陵酒、宝丰酒、宋河粮液、沱牌曲酒。

a. 贵州茅台酒，产于贵州遵义市仁怀市茅台镇。茅台产名酒，跟其独特的自然条件、赤水河水和优良的高粱做原料密不可分，所以至今酿不出“异地茅台”。色泽晶莹透明，口感醇厚柔和，无烈性刺激感，入口酱香馥郁，回味悠长，饮后余香绵绵，持久不散。自 1952 年以来，在历届全国评酒会上，连获国家名酒称号，为国内国际市场上的“酒中明珠”，素有“国酒”之誉。

b. 泸州老窖特曲，产于四川泸州市。泸州古称江阳，自古有“江阳尽道多佳酿”之美誉。泸州最老的酒窖是明万历年间所建，已被列入全国重点文物保护单位。酒液晶莹清澈，酒香芬芳飘逸，酒体柔和纯正，酒味协调适度，具有窖香浓郁、清冽甘爽、饮后留香、回味悠长等独特风格。1915 年获得巴拿马万国博览会金奖。自 1952 年以来，在历届全国评酒会上连续名列国家名酒。

c. 汾酒，产于山西吕梁市汾阳市杏花村镇。早在南北朝北齐时期就酿制“汾清”而著称于世。酒液晶莹透亮，清香雅郁，入口绵柔、甘冽，余味净爽，有色、香、味三绝之美。1915 年获得巴拿马万国博览会金奖。自 1952 年以后，在历届全国评酒会上连续获得国家名酒称号。

(2)黄酒。

黄酒是中国最古老的饮料酒，也是中国特有的酿造酒，多以糯米为原料，也可用粳米、籼米、黍米和玉米为原料，蒸熟后加入专门的酒曲和酒药，糖化、发酵后压榨而成。酒精含量一般在 16% ~18%，含糖、氨基酸等多种成分，具有相当高的热量，是营养价值很高的低度饮料。黄酒主要产于中国长江下游一带，以浙江省绍兴市的产品最为著名。

1952—1984 年，在四届全国评酒会上被评为国家名酒的黄酒有浙江省绍兴市加饭酒和福建省龙岩市沉缸酒。

绍兴酒产于浙江省绍兴市，亦名越酒、绍兴老酒、山阴甜酒。本品酿造历史悠久，为我国乃至世界上最古老的饮料酒黄酒中的最名贵者，其制作历史有 2 400 余年。本品以糯米为原料，使用鉴湖的水，酒色黄而莹澈，香气浓而沉郁，味道醇而不漓，色、香、味三者俱臻上乘。由于酿酒工艺或所加辅料不同，品种甚多，风格各异，主要有加饭酒、元红酒、善酿酒和花雕酒等。1952 年以来，采用喂饭法工艺酿制的绍兴加饭酒连续被评为国家名酒。

(3)葡萄酒。

我国用葡萄酿酒的历史悠久，汉代西域地区就以酿葡萄酒驰名。唐代我国西北地区已用葡萄蒸制葡萄烧酒，饮葡萄酒之风非常兴盛。中国最早的近代葡萄酒酿造企业是1892年华侨张弼士创建的山东省烟台市张裕葡萄酒厂。

①分类。

葡萄酒有以下三种分类方法：按加工方法，分为酿造葡萄酒（又称原汁葡萄酒或静止葡萄酒）、加香葡萄酒、起泡葡萄酒和蒸馏葡萄酒；按糖分含量分为干葡萄酒（口感很甜）；按色泽分为红葡萄酒、玫瑰红葡萄酒和白葡萄酒。

②名酒。

1952—1984年，在四届全国评酒会上被评为国家名酒的葡萄酒有：山东省烟台市红葡萄酒、味美思、金奖白兰地，北京市中国红葡萄酒、北京市特制白兰地，河北省张家口市怀来县沙城镇长城干白葡萄酒，河南省商丘市民权县白葡萄酒，山东省青岛市白葡萄酒，天津市半干白葡萄酒。

山东省烟台市张裕葡萄酒厂生产的红葡萄酒、味美思、雷司令和金奖白兰地，在1915年美国旧金山举行的巴拿马国际博览会上一举拿到四块金质奖章。1952—1984年四届全国评酒会上烟台红葡萄酒、味美思、金奖白兰地，连续获得国家名酒称号。

（4）啤酒。

啤酒是用大麦芽和啤酒花为主要原料，再加上水、淀粉、酵母等辅料，经酵母发酵而制成的一种含二氧化碳的低度酒精饮料，也叫麦酒。它含有丰富的营养，有“液体面包”的美誉。啤酒是近代从欧洲传入的，先由外国商人在中国的山东省青岛市、黑龙江省哈尔滨市、辽宁省沈阳市、上海市等地设厂酿造。1904年、1915年在哈尔滨市、北京市中国人先后办起东北三省啤酒厂、双合盛五星啤酒汽水厂。

①分类。

啤酒有如下三种分类方法：根据是否杀菌，可分为鲜啤酒（生啤酒）和熟啤酒；根据麦汁浓度、酒精含量（质量）不同，可分为低浓度啤酒、中浓度啤酒和高浓度啤酒三种；根据颜色深浅，可分为黄啤酒（淡色啤酒或浅色啤酒）和黑啤酒（浓色啤酒或绿色啤酒）。

②名酒。

1963—1984年，在三届国家评酒会上被评为国家名酒的啤酒有山东省青岛市的青岛啤酒等。青岛啤酒产于山东省青岛市。该厂前身为1903年始建的英德啤酒公司。青岛啤酒以浙江、江苏等省所产二棱大麦为原料，配以自产优质啤酒花，用崂山泉水为酿造水，采用德国传统工艺精心酿制而成。酒液呈淡黄色，清澈透明，有光泽，二氧化碳气充足，泡沫洁白、细腻、厚实、持久、挂杯，有显著的啤酒花香和麦芽清香，口感柔和清爽，余味醇正，略带啤酒花特有的苦味，令人感到愉快。属中浓度淡色熟啤酒，原麦汁浓度为12°以上，酒精含量为3.5%。自1962年以来连续获得国家名酒称号和质量金奖。

(5)配制酒。

用白酒、葡萄酒或黄酒为酒基,再配合中药材、芳香原料和糖料等制成。其中,用中药材配制的酒称为药酒,如竹叶青等。1963—1984 年三届全国评酒会评出配制酒的国家名酒有:山西省竹叶青、湖北省园林青。

竹叶青,产于山西省吕梁市汾阳市杏花村镇。以汾酒为酒基,用高度汾酒(酒精含量为70%)冷浸竹叶、陈皮、公丁香、香排草、当归等 12 种名贵中药材的浸取液和冰糖配制而成。酒精含量为45%,酒液呈金黄色,微绿,口感甜绵、微苦、温和,酒香、药香与甜味和谐一致,有一种药材形成的独特悦人芳香,无刺激感。具有开胃、助消化等功效。自 1963 年以来连续被评为国家名酒。

案例解读

女儿红和状元红的来历

绍兴,素有"酒都""酒乡"之称。当地盛产黄酒,俗称绍兴酒,是中国传统的八大酒之一,距今已有两千四百多年的历史。绍兴酒主要采用优质糯米、优质小麦和绍兴鉴湖水作为原料酿制而成,多次在国际博览会上获奖。绍兴酒的品种颇多,如"加饭""香雪""元红""善酿"等都非常著名。其中,有一种最陈的绍兴酒叫"花雕",可谓闻名天下。

花雕酒,又名"女儿酒",是从古代女酒、女儿酒习俗演变而来的。自晋代以来,女酒已流传为越州(今浙江绍兴)民间的婚俗礼品。从前,绍兴一带有一种风俗:凡家里生下儿子或女儿,父母便要选几坛好酒放入地窖或埋入地下存放,待女儿长大出嫁时作为陪嫁,因此被称为"女儿红";而生下儿子的人家所藏的酒,则称为"状元红",盼望儿子日后中状元时取出宴客。但状元并非人人可中,这"状元红"多半是在儿子日后娶媳妇时用以飨客。据晋代上虞人稽含所著的《南方草木状》一书记载:"南人有女数岁,即大酿酒……女将嫁,乃发陂取酒,以供贺客,谓之女酒,其味绝美。"讲的就是这样一个风俗。

关于"女儿红""状元红"的来历,说起来还各有一个故事呢!

在很早以前,绍兴乡下有个裁缝,刚娶了妻子就想要儿子。一天,他发现妻子怀孕了,就高兴地酿了几坛酒,准备在儿子出生后用来款待亲朋好友。不料,妻子却生了个女儿。在当时,人们都有很严重的"重男轻女"思想,裁缝也不例外。他万分气恼,一气之下就把这几坛酒埋在院子里的桂花树下,不再请人喝了。

时光荏苒,转眼间女儿长大成人。她不仅生得漂亮大方,而且聪明伶俐,精通裁缝手艺,还会一手好刺绣,人们都非常喜欢她做的衣服和刺绣。因此,裁缝店的生意越来越旺。裁缝看在眼里乐在心里:"生个女儿还真不错呀!"后来,裁缝决定把女儿嫁给自己最得意的徒弟。于是,裁缝兴高采烈地给女儿举办了热闹非凡的婚礼。成亲之日,裁缝喝酒喝得十分高兴。忽然,他想起十几年前埋在桂花树底下的几坛酒,于是便挖了出来。打开酒坛后,香气扑鼻,色浓味醇,实在太香、太好喝了。亲友们一边喝,一边议论,认为这样的好酒一定得取一个好听的名字。大家七嘴八舌,提名甚多。最后,一位秀才提出了一个佳名"女儿红",得到人们的赞成。于是,人们就把这种酒称为"女儿红"。此后,生女儿酿酒埋藏,嫁女儿时掘酒请客,逐渐在绍兴一带形成一大习俗,连生儿子时,也仿此酿酒、埋酒,待儿子中榜时庆贺饮用,故它又叫"状元红"。

资料来源:李大伟.震撼世界的中国民间智慧[M].北京:中国文联出版社,2015:88.

每日一练 自己试着和同学一起交流,总结中国名茶、名酒的基本分类有哪些。

任务小结 完成本任务后,请进行自我测试:你是否了解中国茶叶和酒主要有哪些种类?是否掌握了中国茶叶和酒的代表品种?

项目小结

本项目包含四个学习任务,围绕中国主要菜系、特色风味菜、地方名点小吃、名茶与名酒等内容展开讲解,具体讲述了中国饮食文化中菜系的主要流派、特点和其代表菜品;特色风味小吃的分类、特点;地方名点小吃的分布情况;名茶与名酒的分类与特点等。通过针对性的对点案例、每日一练、拓展链接等介绍,有助于学生学习、领悟和牢固掌握中国饮食文化的系列基础知识,并把所学知识灵活应用到将来的实际工作中去,达到提升职业素养和增强岗位胜任能力的目的。

技能训练

1. 单项技能操作训练

分析中国的八大菜系形成与当地的地理人文特色的相关性。

2. 综合技能操作训练

请选取我国的某一省份,结合该省的地理条件、旅游资源以及饮食文化,查找资料,撰写一篇导游词,并能熟练讲解。

观念应用

1. 分析题

调查你所在省的资源赋存情况,查阅资料,总结该省饮食文化结构和特点,分析其形成的原因。

2. 案例分析

任何民族都有自己独特的饮食文化,而构成饮食文化的一个基本前提,则是植根于不同环境的饮食文化本质的差异性。如对原料的选择、烹调习惯、进食方式、饮食观念等方面,不同地区也有很大的差异。就我国整体而言,一方面饮食独具特色,另一方面也存在很多需要改善的地方,这些缺陷需要在饮食文化旅游中加以注意。

首先,从菜肴制作上看,国人一向推崇“民以食为天,食以味为先”的生活哲理,强调五味调和。强调调和的饮食习惯,随处显现在国人的饮食文化当中。这种调和的观念导致某种程度地为了美味而牺牲健康。中国菜脂肪多、胆固醇高、钠含量过多等,早已是不争的事实。倘若我们仍一味地按传统烹制方法来烹制菜肴,这与国际经济日趋一体化、社会生活也逐步与国际接轨的现代社会是不相适应的,不少业内人士对此已做了种种努力。

其次,对就餐环境的选择方面,国人十分注意宴饮气氛的追求,除喜欢热闹外,尤其喜欢把宴席设在风景秀丽的景区,或花前月下,或名楼雅阁,一边赏景,一边进食。在宴客过程中,向有“以乐侑酒”的传统,大概是因为音乐可以增强食欲,而人体美又可作为欣赏对象的缘故。到了晋宋随着对自然美的认识,人们发现“丝不如竹,竹不如肉”,对八音的迷恋竟被美女婉转动听的歌喉所取代,上至帝王将相,下到贩夫走卒,莫不如是。

从现象上看,这种觥筹交错、歌舞升平的场面随处可见,演变到现代社会,我们这种追求闹的行为往往引发礼节的不尊重和不文明,这与古人所倡导的重内心约束和修养的传统必然背离。突出表现在旅游行程中,我们的游客喧闹往往被外国同仁所不接纳,甚至批评,同时,共食同餐的方式也被认为不卫生。这些引发了很多国外游客对我们的误解。这些误解一方面源于东西方文化交流的障碍,另一方面也督促我们反思我国饮食文化中的不当之处。特别是旅游越来越成为一种文化交流的背景下,游客的饮食方式和与之对应的饮食文化,需要从业人员思考。

资料来源:房士林. 浅谈国人饮食文化的两面性[J]. 四川烹饪,2001,(08),13.

问题分析

1. 结合以上案例,思考我国饮食文化的特点。
2. 请分析我国饮食文化中的不当之处。

实训操作

结合教师讲解,学生选取四项任务中的一项,并从网上查找资料,选取典型图片,制作 PPT,撰写讲解词,练习后进行当众讲解。

实训目标　通过搜集资料、整理和相关讲解，学生加深对本项目内容的理解。

实训的组织　学生每3～5人分为一组，选择不同区域的饮食文化进行介绍。

实训提示　教师提出材料准备的要求和讲解前注意事项。

实训的成果　各组汇报，由学生和老师共同组成现场评议小组进行点评。

项目六　人间风物——中国风物特产探寻

知识目标

1. 了解中国陶瓷器的发展简史，熟悉我国玉器、陶瓷器的主要产地及特色。
2. 掌握我国三大名锦、四大刺绣特点及其主要代表作品。
3. 熟悉我国漆器、金属工艺的主要产地与特色。
4. 熟悉我国文房四宝、年画的代表作品及特色。

技能目标

1. 能够运用有关中国风物特产方面的知识为游客挑选具有鲜明地方民族特色的旅游商品。

2. 通过对本项目的学习，能够凭借已获得知识进行有关中国风物特产方面导游词的简单组织及基本讲解。

项目任务

任务 1　玉器、陶瓷器与丝织刺绣品
任务 2　漆器与金属工艺
任务 3　年画与文房四宝

▶项目六 人间风物——中国风物特产探寻

学习任务书

班级：	姓名：	指导教师：	
项目名称	“江苏‘鉴宝’观光二日游”情境模拟	模拟地点	×××
工作岗位	地陪导游、全陪导游、购物店讲解员	工作对象	某厂退休干部
工作任务	导游讲解	工作方法	情境模拟
项目背景及描述	某厂组织本单位退休干部到江苏进行“鉴宝”观光二日游，请模拟江苏某购物场所介绍以下风物特产：扬州玉雕、苏州玉雕、宜兴紫砂器、云锦、宋锦、苏绣、扬州镶嵌漆器、苏州桃花坞年画等		
项目咨询重点	中国陶瓷器的发展简史，中国玉器、陶瓷器的产地、代表及特色；中国丝织刺绣品的产地、主要代表作品及特色；中国漆器、金属工艺的主要产地与特色；中国文房四宝、年画的代表及特色		
项目分解目标	要求项目参与者将中国风物特产知识运用到导游讲解过程中，能够利用已获得知识完成任务中旅游商品的讲解工作，能够规范、自然、熟练地进行导游讲解服务		

中国是一个历史悠久的文明古国。在几千年的发展中，中华民族的先人们以自己的勤劳和智慧，创造了大量闻名于世的风物特产。这些风物特产是中华民族优秀文化的重要组成部分，也是人类的物质文明与精神文明的完美体现。中国的风物特产，不仅数量繁多，而且历史悠久，特色鲜明，制作精美，质量优异，具有民族化和大众化等特点。它和人民大众生活密不可分，从家庭摆设到日常使用，到处可以发现各种各样具有中国民族风格的手工艺品。中国人民用智慧和双手创造的奇迹，为神州大地增添异彩。

下面就请结合“学习任务书”，完成本项目的学习吧！

任务1 玉器、陶瓷器与丝织刺绣品

任务提示 本任务将引领你赏析玉器、陶瓷器与丝织刺绣品的制作工艺及主要代表!

任务先行 中国玉器、陶瓷制品的主要产地在哪里,其特色有哪些?中国三大织锦和四大刺绣的代表作品分别有哪些?

案例解读

中国玉器的发源

"玉,石之美者有五德。"起源于原始社会的中国玉器,历经朝代更迭,代代相传。其发展经历了祭祀祈福的阶段、权利富贵象征的阶段,最后走进千家万户。早在8 000年前裴李岗文化时期,业已出现随葬铲、斧、刀等石质生产工具,裴李岗文化的贾湖遗址出土了许多绿松石小型饰物和玉兵器等。在陕西南郑龙岗寺仰韶文化半坡类型墓地中,曾发现24件斧、铲、锛、凿、鏃等形制的玉器,淅川下王岗遗址也出土了少量仰韶文化的玉环和玉石坠饰。中国有着8 000年的用玉历史,3 000年的玉器研究史,形成了根深蒂固的尊玉、爱玉的民族心理。

资料来源:https://zhuanlan.zhihu.com/p/81492204

点评

中国古玉不但历史悠久,而且影响深远,玉和中华民族的历史、政治、文化、艺术的产生和发展都有着密切的关联,它影响着中华民族世世代代的观念和习俗,影响着中国历史上各朝各代的典章制度,影响着一大批文人墨客及他们笔下的辉煌巨作。鉴赏中国古代玉器,我们不但要欣赏它们的工艺价值,更要研究它们深刻的文化内涵。

一、玉器

(一)玉器概述

玉器,又称玉雕,是我国的特种工艺品之一,距今7 000年的新石器时代晚期就出现了玉质工具,玉器是从玉质工具发展而来的。广义的玉器是指以硬玉、软玉、碧玉、蛇纹石、水晶以及珊瑚等为原料而制作的工具、装饰品、祭器和陈设品等。中国的玉主要产于新疆维吾尔自治区和田市、辽宁省鞍山市的岫岩满族自治县等地,有"东有岫岩,西有和田"之说。

和田玉,产于新疆维吾尔自治区和田市。因采自塔里木盆地南缘的昆仑山中,古称昆山玉,简称昆玉。该玉属软玉,有韧性,质地细腻,光泽柔润。尤其是被称为羊脂玉的白玉,为和田玉中最佳品。故宫的清朝玉雕《〈大禹治水图〉玉山》就是用整块和田玉雕琢而成的。

中国的玉石雕刻原材料还有很多,如江苏省连云港市东海县和海南省的水晶以及台湾的珊瑚等。东海县水晶的储量、产量和质量均位居全国第一,素有“水晶之乡”“水晶王国”之称。所产水晶杂质少、品种全。

(二)中国著名玉雕

玉雕大致可分为件活(炉、瓶、茶具、人物、花卉等)和零碎活(小活,包括别针、戒指、印章、烟嘴等)两类。主要产地有北京、江苏、上海、广东、甘肃、新疆、辽宁、黑龙江等。

1. 北京玉雕

产于北京市。采用贵重而坚硬的玉石材料雕琢而成。清代不断有南方匠人到北京传艺,有些高手在北京落户,因此北京玉雕集南北技艺之长,形成了自己的独特风格。其产品造型古朴典雅,结构严谨,章法得体,生动传神,用色绝俏,工艺精湛。其价值以每件作品玉质优劣、作品质量的高低以及市场的需求而定,故有“金银有价玉无价”之谓。

2. 扬州玉雕

产于江苏省扬州市,选用优质白玉、翡翠、珊瑚、芙蓉石及岫岩石等为原料制成。制作技艺上讲究立雕、浮雕、镂空雕相结合,因材施艺,度势造型,成品雄浑古朴,圆润典雅且秀丽精细、玲珑剔透。总体风格以“南方之秀”为主,兼具“北方之雄”的独特形式。扬州地理位置优越,自古经济繁荣,百业兴旺。早在夏商时期匠人便已能识别玉石,雕琢成器;至隋唐,波斯大食的胡商携来宝石、玛瑙、象牙、猫眼等商品进行交易,更为当地琢玉技艺增辟材料来源;元代又创山子雕,将三雕技术结合为一体;清乾隆年间定玉雕为“扬州八贡”之一,供宫廷享用,如《〈会昌九老图〉玉山》《〈大禹治水图〉玉山》等均为当年扬州玉雕珍品。

3. 苏州玉雕

产于江苏省苏州市,因其加工精巧,历史悠久,素以“苏帮”而著称。始于宋代,历宋、元、明、清数代,均作为贡品进献皇室。“良玉虽集京师,工巧则推吴郡。”至晚清时期,当地玉器作坊达800余家。苏州玉雕沿用传统技艺,选材严密,设计强调因材施艺,量料取材,循其规律,讲究造型,有炉瓶、花卉、人物、禽兽、杂件等品种。

案例解读

玉文化与古代政治

中国国家的产生与玉文化国家的产生是一个十分复杂的社会现象，取决于许多因素。但通过对玉的研究明显看出，玉在中国国家产生的过程中扮演过十分重要的角色，起过极大的推动用。

1. 玉促进了文明社会的产生

玉促进了文明社会的产生，从而为国家的产生打下了基础。历史知识告诉我们，在国家形成之前，首先是文明社会的产生。文明社会所包含的现象和内容很多，比如文字的起源和应用、手工业工匠和作坊的产生、宗教和巫师的出现、工艺美术、装饰绘画及其他艺术品的大量创作和运用等。在这许许多多的文明现象中，玉器和其他文化产物相比，有过独占鳌头、特别引人注目的地位。

2. 玉意识演化成国家意识

玉的一些原始意识逐步演化成了国家意识。同任何国家产生一样，中国的国家历史也经历过由血缘氏族组织向地域组织演进、由氏族社会向古代都市演进的历程。从村落社会到村群社会再到国家政治的过程，这是国家产生的一般轨迹，其中国家意识的产生和形成是关键。玉图腾作为一个氏族和部落的象征，代表了当时人们已有了氏族、组织和地域组织的意识，而且这种意识必然要进一步发展扩大，青铜器的使用，推动了这种发展进程。当玉器的产生和对其的追求进一步发展时，人们赋予了玉器更为丰富的观念形态和内容，这些观念和内容不再是一个氏族或一个村落所独有，它大大超越了氏族地域的界线，成为相当大范围内人们共同的信仰，共同的崇拜，如玉器时代的玉璧和玉琮可广泛出土于中国的各个地域，于是便产生了国家建立之初的意识现象，这些现象在《山海经》和《尚书》中有很多描述。

3. 玉器代表政治等级

古玉器的政治价值表现在古玉器是社会等级制的物化，是古代人们道德和文化观念的载体。出土玉器基本上出自有身份和地位的大中型墓葬中，春秋战国就有“六瑞”的使用规定，6 种不同地位的官员使用 6 种不同的玉器，即所谓“王执镇圭、公执桓圭，侯执信圭、伯执躬圭、子执谷璧、男执蒲璧”；从秦朝开始，皇帝采用以玉为玺的制度，一直沿袭到清朝；唐代明确规定了官员用玉的制度，如玉带制度。

4. 玉推动社会发展

玉本身的性质推动了私有制社会的发展历程。玉由于难得和稀有，成为当时人们为数不多的奢侈品之一，是权力、地位、财富的象征。为了得到这些东西，人们开始了掠夺和占有，谁掠夺和占有得越多，谁的地位就越高。这种过程逐步演化，人与人之间就产生了奴役和被奴役的关系，于是就产生了统治与被统治的关系。

玉推动了古代国家上层建筑的发展。国家的产生需要上层建筑，上层建筑包括政治理论、思想文化意识、军队和武器。而在上层建筑的方方面面，玉都起着不可替代的作用，玉制的礼乐器、工具、仪仗器，以及葬玉等都是其重要的内容。

总之，玉与中国古代国家的产生有着十分密切的联系，主要原因在于它本身固有的强烈的两重性，即既是实用品，又是艺术品。当作为工具、器物和财富使用时，它属于经济范畴；当它作为艺术品为人们所欣赏时，就能使人联想、遐想甚至幻想。于是乎关于玉的多种神奇观念，包括符合人类善良愿望的观念、迎合统治阶级奢望的观念以及与此有关的各项习俗和规定，都统统产生出来了。玉器的产生要远早于其他材料的工艺品，它最易为上层建筑吸收和运用，客观上只有它具有较早地登上政治舞台的条件。它在当时的历史条件下，其产出数量之大，使用地域之广，运用形式之高，社会理论之丰富，确实无他物可及。因而，当古代社会各种文明最终汇成古代地域内的统一意识形态（即国家意识）时，曾经大量融进了玉文化这个内容，并在中华民族祖先形成国家的实践中发挥了重要作用。

资料来源：https://mp.weixin.qq.com/s/rVcDN-wITCD3vUZts1TaQA（有删改）

二、陶瓷器

（一）陶瓷器概述

陶瓷器是陶器制品和瓷器制品的总称。

陶器是用黏土成型，经 600 ℃～1 000 ℃的炉温焙烧而成的无釉或上釉的日用品和陈设品。陶器的发明，是人类历史上最早通过火的作用使一种物质变成另一种物质的创造性活动。陶器的出现，标志着新石器时代的开始，使人类的定居生活更加稳固。

我国当代陶器以江苏省宜兴市、广东省佛山市石湾镇、安徽省阜阳市界首市、山东省淄博市、湖南省长沙市铜官镇、云南省红河哈尼族彝族自治州建水县、甘肃省天水市、河北省唐山市等地所产最为著名。

瓷器是在陶器的基础上制成的器物，具有以下特点：第一，瓷器胎料的成分主要是高岭土，瓷胎烧结后，胎色白，质地致密，胎体吸水率不足 1%，具有透明或半透明性，叩之发出清脆悦耳之声；第二，瓷器的烧成温度必须在 1 200 ℃以上，胎釉经高温烧结后，不易脱落。

我国陶瓷制造历史悠久，早在七八千年前的新石器时代，我国的先民就已经制造和使用陶器;瓷器更是中国古代的伟大发明,早在商代就烧出原始瓷器,东汉时期烧制出真正的瓷器。经魏晋南北朝隋唐时代的发展,至宋元明清,我国制瓷业进入兴盛时期。陶瓷是中国著名的三大特产之一,从西汉开始走向世界。唐宋以来,中国瓷器大量远销世界各地,瓷器制作技艺也随之传到东西方各国。中国素有“瓷国”之称。

我国当代瓷器主要产于江西省景德镇市、湖南省株洲市醴陵市、福建省泉州市德化县、浙江省丽水市龙泉市、山东省淄博市和河北省唐山市等地。

(二)中国著名陶瓷器

1. 宜兴紫砂器

江苏宜兴被认为是中国的“陶都”。紫砂器是用质地细腻、含铁量高的特殊陶土制成的无釉细陶器,呈赤褐、浅黄或紫黑色。紫砂茶具胎壁无釉多孔,有较强的吸附力,泡茶数天后仍能保持茶香;传热慢,不烫手,耐热性能好,严寒天用沸水泡茶不必担心炸裂;造型美观,色彩古朴、淡雅,是精致的手工艺品。

2. 洛阳唐三彩

“唐三彩”是一种盛行于唐代的陶器,以黄、绿、褐为基本釉色,后来人们习惯地把这类陶器称为“唐三彩”。它以造型生动、色泽艳丽和富有生活气息而著称。迄今为止,“唐三彩”精品多出土于洛阳地区,而洛阳出产的仿“唐三彩”器物精美逼真,所以人们称其为“洛阳唐三彩”。“唐三彩”的复制和仿制,在洛阳已有近百年的历史。中华人民共和国成立后,建立了洛阳美术陶瓷厂,并设立专门机构研究“唐三彩”的制作工艺,使“洛阳唐三彩”的工艺技巧和艺术水平得以继承和发扬光大。“洛阳唐三彩”是中国传统出口商品。

3. 淄博美术陶瓷

山东淄博陶瓷生产历史悠久,汉代已能生产翠绿、栗黄、茶黄、淡绿四种颜色釉陶。现代以生产传统的名贵色釉雨点釉、茶叶末釉等美术陶瓷著称。雨点釉瓷又名油滴瓷,在黑色的釉面上均匀地布满了银白色的小圆点。圆点小如米粒,盛茶时金光闪闪,盛酒则银光熠熠,映日视之,晶莹夺目,曾有“尺瓶寸盂视为无上之品,茗瓯酒盏叹为不世之珍”之说。茶叶末釉是一种含有结晶矿物的无光釉。古人称赞说:“茶叶末 ,黄杂绿色,娇娆而不俗,艳于花,美如玉,范为瓶,最养目。”用这种釉制作的各种文具、瓶、罐,釉色纯正,古朴典雅。

4. 景德镇名瓷

江西省景德镇是我国的“瓷都”,自五代时期开始生产瓷器,至今已有千年历史。景德镇瓷器造型优美、品种繁多、装饰丰富、风格独特,以“白如玉,明如镜,薄如纸,声如磬”的独特风格驰名中外。青花瓷、玲珑瓷、粉彩瓷、颜色釉瓷并称为景德镇四大传统名瓷。其中的青花瓷，烧造历史最为悠久，位居四大名瓷之首，享有"瓷国明珠"之美誉。其主要是以色料在胚胎上描绘纹样，然后上透明釉，施釉后经 1 300 ℃左右高温一次烧成，釉色晶莹，透彻素净，明净雅致。画以墨为韵，瓷以青为贵。青花瓷，至美至纯，透着一种素净、低调而又奢华的古韵。

5. 醴陵釉下彩瓷

湖南醴陵瓷器起源于清朝雍正年间，迄今已有 250 多年的历史。该瓷器釉面犹如罩上一层透明的玻璃罩，无铅毒、耐酸碱、耐摩擦，洁白如玉，晶莹润泽，虽长期存放，花纹始终保持原来色彩。这是由于釉下彩的釉是一种很坚硬的玻璃质，它耐摩擦、耐高温、耐酸碱腐蚀，保护着画面能始终保持原来色彩。醴陵釉彩瓷是醴陵日用瓷中具有独特艺术风格的传统产品。

6. 德化白瓷

福建德化是我国白瓷著名产地，德化窑是我国古代南方著名瓷窑，因窑址位于德化县而得名。此处瓷土资源丰富，水源充足，交通运输方便，是烧制瓷器的理想之地。德化窑历史悠久，历经千年历史，在中国陶瓷史上留下了光辉的一笔，在世界陶瓷史上"中国白"一词也成了德化白瓷的代名词。

7. 龙泉青瓷

龙泉位于浙江西南部，龙泉青瓷是中国汉族传统制瓷珍品。南北朝时期，浙江龙泉人利用当地优越的自然条件制造青瓷。龙泉市境内烧制青瓷的古代窑址有 360 多处，史称龙泉窑。龙泉青瓷在南宋时达到巅峰，其烧制出的青瓷产品具有"青如玉、明如镜、薄如纸、声如磬"的特点。现代的龙泉青瓷忠实地继承了中国传统的艺术风格，在继承和仿古的基础上更有新的突破。龙泉青瓷传统烧制技艺于 2009 年 9 月 30 日正式入选联合国教科文组织人类非物质文化遗产代表作名录。

龙泉青瓷产品有两种：一种是白胎和朱砂胎青瓷，称"弟窑"。"弟窑"青瓷釉层丰润，釉色青碧，光泽柔和，晶莹滋润，胜似翡翠。有梅子青、粉青、月白、豆青、淡蓝、灰黄等不同釉色。另一种是釉面开片的黑胎青瓷，称"哥窑"。"哥窑"青瓷以瑰丽、古朴的纹片为装饰手段，如冰裂纹、蟹爪纹、牛毛纹、流水纹、鱼子纹、膳血纹、百圾碎等，加之其釉层饱满、莹洁，素有"紫口铁足"之称，与釉面纹片相映，更显古朴、典雅，堪称瓷中珍品。

三、丝织刺绣品

丝织刺绣品是以蚕丝为原料的纺织品和刺绣品的总称。刺绣起源于中国，是中国著名的三大特产之一，并于汉代之后由"丝绸之路"远销中亚、西亚、地中海沿岸各地。

(一)著名织锦工艺品

织锦,是我国古代传统的用彩色提花工艺织成的各种图案花纹的熟丝织品。南京云锦、四川蜀锦、苏州宋锦并誉为当代三大名锦。

1. 云锦

云锦,主要产于江苏省南京,因其绚丽多姿、美如云霞而得名,已有近千年的历史,始织于南北朝,形成于元代,成熟于明代,发展于清代。元、明、清三朝都指定云锦为皇室御用贡品,使云锦在制作中不惜工本代价,织锦工艺达到登峰造极的地步。清康熙、雍正年间,南京云锦生产达到高峰,云锦产量空前。2009 年南京云锦织造工艺已被列入人类非物质文化遗产代表作名录。

2. 蜀锦

蜀锦,因产于四川成都而得名,故成都有"锦城"之称。西汉时,花色品种繁多的蜀锦已行销全国。到了唐代,蜀锦已通过丝绸之路远销西方各国,通过海运外销日本。蜀锦是纯真丝织品,织造紧密坚韧,质地轻薄柔软、色泽艳丽、结构严谨、古朴典雅、牢固耐用,很适宜做衣料被面。蜀锦图案纹饰富于民族特色和地方风格,深受国内外人民欢迎,是四川重要的出口产品之一。2006 年,蜀锦织造技艺经国务院批准列入第一批国家非物质文化遗产代表性项目名录。蜀锦也是日本国家级传统工艺品京都西阵织的前身。

3. 宋锦

宋锦,产于江苏苏州,有"锦绣之冠"之美称,因始织于北宋时期而得名。最初是专供装裱书画之用,后来随着织锦艺术的不断发展,逐渐形成了用途不同、风格各异的三个大类,即大锦、合锦、小锦。

(二)中国著名刺绣

刺绣是用针引线在绣料上穿刺出一定图案和色彩花纹的装饰织物。明代上海顾名世家的刺绣品顾绣尤其闻名。江苏省苏州市的苏绣、湖南省湘绣、广东省粤绣、四川省蜀绣,既继承古老的优良传统,又有所创新,各具特色,被誉为我国四大名绣。

1. 苏绣

苏绣主要产于江苏苏州、南通一带,因产地苏州而得名。苏绣始于春秋时期,清代是苏绣的全盛时期,真可谓流派繁衍,名手竞秀。苏绣具有图案秀丽、构思巧妙、绣工细致、针法活泼、色彩清雅的独特风格,地方特色浓郁。绣技具有"平、齐、和、光、顺、匀"的特点。最能体现苏绣艺术特征的是"双面绣",使人可以从两面观赏。双面绣《猫》是苏绣现代作品的代表。绣猫要应用各种精巧针法,使猫身上的毛茸茸的毛丝形象逼真。最重要的部位是眼,常用一根丝线的 1/24,进行眼睛的镶色和衬光，使眼睛发亮有神。

2. 湘绣

湘绣是湖南省长沙市一带绣品的总称。它是在湖南民间刺绣工艺的基础上，吸取了苏绣和粤绣的精华而发展起来的刺绣工艺品，形成了自己独特的风格，强调写实，质朴而优美，形象生动。湘绣在配色上善于运用深浅灰及黑白色，加上适当的明暗对比，增强了质感和立体感，结构上虚实结合，善于利用空白，突出主题，形成了湘绣水墨画般的素雅品质。湘绣的传统题材是狮、虎、松鼠等，特别是以虎最为多见。民间有“苏猫、湘虎”之说，湘绣狮虎毛纹刚健直竖，眼球有神，今已发展到异色、异形、异面的双面全异绣。

3. 粤绣

粤绣是产于广东地区的刺绣品。据传始创于少数民族，明中后期形成特色。它以布局饱满、图案繁茂、场面热烈、用色明快，对比强烈，讲求华丽效果著称。粤绣的另一个独特现象就是绣工多为男工。粤绣题材广泛，其中以龙、凤等最具特色，充分体现了当地人民的审美情趣。粤绣多用金线做刺绣花纹的轮廓线，金银线垫绣是粤绣中具有特色的手法之一，它使绣上的景物形象并且富有立体感。粤绣的代表作有《百鸟朝凤》，形象逼真，生机盎然。

4. 蜀绣

蜀绣是以四川省成都市为中心的刺绣品的总称。蜀绣以软缎、彩丝为主要原料，其刺绣技法甚为独特，有100种以上精巧的针法绣技，如五彩缤纷的衣锦纹满绣、绣画合一的线条绣、精巧细腻的双面绣和晕针、纱针、点针、覆盖针等都是十分独特而精湛的技法。蜀绣的代表作有《蜀宫乐女演乐图》挂屏、双面异色的《水草鲤鱼》座屏、《熊猫》座屏和陈列在北京人民大会堂四川厅的巨幅作品《芙蓉鲤鱼》。

案例解读

古代丝绸之路对“一带一路”的重要启示

古代丝绸之路纵横交错、四通八达，堪称世界道路交通史上的奇迹。大大小小、难以胜数的中外交通线路，构成古代丝绸之路的“血脉经络”，构筑了古代丝绸之路的基本格局，建构了古代东西方世界相互连通的交通网络，成为亚欧大陆之间最为便捷的通道。

经过改革开放，我国经济社会发展取得令世人瞩目的成就，成为世界第二大经济体。“一带一路”倡议乘国家改革开放之势而上，顺中华民族伟大复兴之势而为，为我国更好、更持续地走向世界，融入世界，开辟了崭新路径。

古代丝绸之路深厚的历史积淀，具有重要的实践价值，它不仅是“一带一路”倡议的思想源头，而且是共建“一带一路”的行动基础。实现“一带一路”建设的宏大目标，必须在中国和沿线各国人民中形成相互欣赏、相互理解、相互尊重的人文格局，从而给“一带一路”建设提供强大的精神动力、营造和谐融洽的人文环境，使“一带一路”成为文化交流之路、文明对话之路。

资料来源：http://www.qstheory.cn/zhuanqu/2019-01/10/c_1123972141.htm（有删减）

案例解读

满绣里的工匠故事

在中国，满绣的地位也不容小觑。满族刺绣，俗称“针绣”“扎花”“绣花”，最初主要流行于满族混居的广大农村，是学习汉族刺绣后的产物。通常以家织布为底衬，以红、黄、蓝、白为主调的各种彩色丝线，用一根细小的钢针参照图案上下穿刺，织绣出各种纹样。绣品包括服饰、日用品、喜庆节令等。题材广泛，风格多样，寓意深刻，表达着满族人民对美好生活的憧憬。

2019年7月8日，黑龙江省齐齐哈尔市克东县举办的第68期满绣培训班开班，满族刺绣项目国家级非遗传承人刘雅梅为学员授课。刘雅梅说，学习满绣技艺的人必须要先了解满绣历史，只有喜欢满绣、爱上满绣才能绣出好作品。

“满绣”因其做工精细而具有较高的艺术价值，在清朝，满绣成为地位等级的标志。由于现代织印技术的发展和满绣商品化进程的相对滞后，这一绚丽的民族艺术瑰宝的发展一度走向了艰难境地。

克东县曾是金代文化重镇，满族刺绣历史悠久。刘雅梅2004年成立了克东县雅梅绣庄。这是踝关节摘除后又遇车祸造成脊椎粉碎性骨折的残疾人刘雅梅，抢救满绣技艺迈出的第一步。据了解，培养一名“描龙绣凤”的刺绣艺人需要几年时间，而满绣艺人大多来自民间，知识素养参差不齐，没有包容思想和诲人不倦精神是难以做到的。

15年间，刘雅梅凭着对满绣传承的责任担当和锲而不舍的追求，共培养3 000多名满绣从业人员，其中包括很多农村女性和残障女性。2005年，刘雅梅成立了克东县北方满绣艺术研究所，邀请省内外知名专家学者加盟，发掘整理满绣历史资源，开展抢救性记录工作。经过十几年的努力，克东县民间满绣已成为黑龙江省的一张文化名片。2011年，雅梅绣庄增资注册黑龙江满艺工艺品有限公司（以下简称“满艺公司”），之后又相继成立齐齐哈尔市富裕县满艺职业技能培训学校、齐齐哈尔满艺民族文化发展有限公司。2015年，满艺公司成为从事满绣研发、设计、培训、生产和销售的综合性文化企业，职工400多人，其中女职工占职工总数的98%，残障职工33名。

满族刺绣项目2014年被列入国家级非物质文化遗产代表性项目名录。作为该项目的代表性传承人，刘雅梅用工匠精神传承满绣。

几年来，刘雅梅带领团队创作了一批满绣精品。反映我国56个民族不同特点的《中华民族大团结卷》，2015年赴"一带一路"沿线国家巡展；2012年在哈尔滨举办的联合国官员书画作品展上，来自23个国家的42位联合国官员在满绣《和平颂》上签名留念；2014年北京APEC会议，满绣作品绣花手包、丝巾、手帕作为国礼赠送各国贵宾……

近年来，黑龙江建立了传承人队伍，打造了由国家级传承人刘雅梅、省级传承人王洪玉和刘思彤、市级传承人吕明泽和赵玉凤组成的三级传承人体系，王洪玉的《蒲岭古韵》、刘思彤的《宝鼎》、吕明泽的《旗袍》、赵玉凤的《唐卡》等满绣作品纷纷斩获国内多个奖项；开展了满绣进校园活动，编写了满绣教材，并面向中小学生开展满绣体验活动；开展基地建设，在黑龙江财经学院、黑龙江民族职业技术学院创建满绣传承基地，助力满绣走进高校课堂；推动满绣走出去，先后到美国、菲律宾、斯里兰卡等6个国家和我国港澳台地区举办展览，并现场向当地居民传授满绣技艺，同时积极参加深圳文博会、广交会、黑龙江省文博会等大型展览活动。

经过不断扬弃与更新，满绣作品普遍具有豪放、厚重的民族韵味以及黑龙江地域文化底蕴与特色，形成了丰富、粗犷的构图中蕴含细腻技艺的艺术风格，令满绣艺术更富生命力。

满绣脱贫是近年来黑龙江大力发展满绣的重要成果。克东县农民严姗姗、残障人士刘跃军等通过学习满绣技艺实现脱贫致富。在2017年持续至今的脱贫攻坚工作中，刘雅梅主动请缨，截至2019年4月底，已免费开展满绣培训班36期、培训人员1 126人、落实就业231人、帮助脱贫500人。

刘雅梅说："匠心、传承、创作、感恩，这是我对满绣始终坚持的初心。今后，我将更加努力传承满绣文化，为'一带一路'上的大美龙江增添新魅力，让更多满绣作品走出黑土地，走向全中国、走向全世界。"

资料来源：http://www.ihchina.cn/news_1_details/18913.html（有改动）

每日一练 请与同学一起交流，总结玉器、陶瓷器及丝织刺绣品的发展概况及代表特色。

任务小结 完成本任务后，请进行自我测试：介绍一下中国陶瓷器的发展简史、主要产地及特色。

任务2 漆器与金属工艺

任务提示 本任务将引领你赏析中国漆器与金属工艺的制作特色及其主要

代表。

任务先行 我国漆器制品的主要产地及特色分别是什么？金属工艺都包括哪些种类，其代表作品有哪些？

案例解读

脱胎漆器的制作方法

脱胎漆器的制作方法分为脱胎和木胎两种。脱胎是以泥土、石膏、木模等为产品的坯胎，然后用夏布（麻布）或绸布和生漆在坯胎上逐层裱褙上去，待阴干后，敲碎或脱离原胎后，留下漆布器形，再经过上灰地、打磨、漆研磨，施以各种装饰纹样，便成了光亮绚丽的"脱胎漆器"工艺品。木胎主要是用楠木、樟木、榉木等坚硬木材为坯，不经过脱胎，直接涂漆，工序与脱胎布坯相同。一件工艺品的工序多达四五十道，有的甚至达到一百多道。脱胎漆器的制作过程十分繁复：先用泥土、石膏或木模等制成内胎，以生漆作为粘剂，用夏布、绸布等逐层裱褙，连上两道漆灰料，阴干后脱去内胎，这就是脱胎漆器的雏形了；再经过填灰、上漆、打磨和阴干处理等几十道工序，这才做成半成品，漆器行话称"地底"，最后再加工配上彩漆和各种装饰，才制成脱胎漆器。

资料来源：https://jingyan. baidu. com/article/363872ec3adc3b6e4ba16fba. html（有改动）

点评

用漆涂在各种器物的表面上所制成的日常器具及工艺品、美术品等，一般称为"漆器"。生漆是从漆树割取的天然液汁，主要由漆酚、漆酶、树胶质及水分构成。用它做涂料，有耐潮、耐高温、耐腐蚀等特殊功能，又可以配制出不同色漆，光彩照人。在中国，人们从新石器时代起就认识了漆的性能并用以制器。历经商周直至明清，中国的漆器工艺不断发展，达到了相当高的水平。中国的戗金、描金等工艺品，对日本等地都有深远影响。漆器是中国古代在化学工艺及工艺美术方面的重要发明。

一、漆器

生漆自古盛产于中国，漆器制作始于六七千年以前。明隆庆年间，新安（今安徽歙县）著名漆工黄大成，将绝技传之吴越，并著成《髹饰录》一书，对漆器制作工艺的阐述极为精辟。

当代漆器主要分布于北京市、福建省福州市、江苏省扬州市、四川省成都市（雕嵌填彩）、山西省晋中市平遥县（推光）、贵州省毕节市大方县（皮胎）、甘肃省天水市（雕填）等地。

（一）北京雕漆

北京市雕漆与江西省景德镇市瓷器、湖南省长沙市湘绣并称为中国工艺美术三长。雕漆不同于一般漆器，它是在涂刷成几毫米到20多毫米厚的漆层上，加工雕刻的工艺品，是我国漆器艺术中的一个独特品种。

（二）福州脱胎漆器

产于福建省福州市，其脱胎漆器特点是质地轻巧坚牢、造型雅致大方、色泽鲜艳古朴、做工精细，还具耐热、耐酸、耐碱等优点。福建脱胎漆器多年来一直是我国著名的国际礼品和重要出口产品，被誉为“真正的中国民族艺术”。

（三）扬州镶嵌漆器

江苏省扬州市漆器历史悠久，早在战国时代就已生产，在明朝时达到全盛，成为全国漆器制作中心。其产品以镶嵌螺钿最具特色，造型古朴典雅，做工精巧细致，纹样优美多姿，色彩和谐绚丽，五彩缤纷。

案例解读

爱漆器之人怎能忽略保养？

随着时代的改变，漆器现在越来越受人们的喜爱，因为漆器制作精美、风格独特、具有较高观赏和收藏价值的艺术品，目前收藏、拍卖行情日益看好。但是漆器并不容易保护。收藏漆器应该注意什么呢？

第一防晒防熏：收藏（使用）漆器工艺品应注意避免阳光暴晒、烟熏。

第二防擦撞：移动漆器工艺品时要轻拿轻放，避免与坚硬、锐利的物体碰撞或摩擦，避免剧烈震动。远离盐、碱等对漆器工艺品有一定损害的东西。

第三防尘：漆器工艺品上有灰尘积淀，可用鸡毛掸子或柔软的毛刷轻轻清理，或用真丝清洁布擦拭。如果漆器工艺品表面不慎沾染污垢，可用棉纱布蘸取少量的碧丽珠或少许食用油轻轻擦拭干净。

第四防干防湿：避免忽干忽湿、温度忽高忽低，最好把漆器工艺品放在温度和湿度恒定的房间中。空气过于干燥，漆器容易发生断裂；温度过大，则易出现变形和脱漆。

第五防霉：收藏时特别注意避免把漆器工艺品放在离地面太近的地方，避免放置在铺设海绵的地上。因为地上湿度大，海绵的吸水力又比较强，离地面太近或久置于海绵上易使漆器工艺品发霉脱漆。

金属胎漆器，其胎质较为坚固，不易损坏，所以对此类漆器以保护漆层为主。木（或竹）胎漆器，不仅要注意保护漆层，还得注意保护胎体。

资料来源：https://www.sohu.com/a/121844098_507104

二、金属工艺品

（一）金属工艺品概述

金银器皿作为一种豪华而贵重的生活用具，在隋唐时期有着重大的发展。1957 年出土于隋代李静训墓的金丝项链和头饰，精巧华丽，标志着此时金丝工艺已成熟。唐代皇家设有金银作坊院，所产物品称为“官作”，而民间工匠所营金银器则称之为“行作”。官作因有统治者的支持，其工艺水平和生产规模明显地高于行作。唐代金银器的铸造和装饰，具有独特风采。成型以锤击和浇铸为主，其器物表面的工艺处理，主要运用切削、抛光、焊接、铆、镀、刻凿等技术。焊接又分大小焊、两次焊和掐丝焊等多种。所焊器物，焊口平直，焊缝不易发现。唐代金银器多为生活用具，主要有炉、壶、碗、盘、杯等器皿，造型优美，富有变化，纹饰生动。鲜花异兽，布满于闪闪发光的珍珠地（又称鱼子纹）上，绚烂富丽，光彩照人。其装饰技法多以毛雕、浅浮雕、鎏金及镶嵌等技术为之，反映了唐代金银细工高度的工艺水平。金属工艺是中国工艺艺术的一个特殊门类，主要包括景泰蓝、烧瓷、包金、错金、冲线错金、花丝镶嵌、斑铜工艺、锡器、铁画、龙泉宝剑、首饰、金银饰品等。

（二）主要分类

1. 景泰蓝

北京景泰蓝是驰名中外的工艺美术品之一。13 世纪由云南省传到北京市，盛于明朝景泰年间，又多用宝石蓝、孔雀蓝等蓝色珐琅釉料，因此称之为景泰蓝。由于北京景泰蓝是一种铜和珐琅相结合的工艺品，故又称“铜掐丝珐琅”。在国内外享有极高声誉，曾在 1904 年美国芝加哥世界博览会、1915 年巴拿马万国博览会上获一等奖。它和福建省福州市脱胎漆器、江西省景德镇市瓷器并称中国传统工艺“三绝”。

景泰蓝有 5 道主要制作工序：首先把紫铜片拼焊成胎，再用镊子把扁铜丝掐成各种纹样粘焊在胎上，接着把各色釉料按设计填充上去，放进炉火中反复烘烤烧结，最后进行磨光和镀金。这种工艺品晶莹夺目，金碧辉煌，具有浑厚持重、富丽典雅的艺术特色。品种有景泰蓝保健球、瓶、碗、盘、烟具、酒具、灯具、糖罐、料盒、奖杯、飞禽、走兽和各种装饰品等 60 余类。

案例解读

国家级非遗项目景泰蓝技艺传承人——李荣魁

李荣魁 1941 年出生于北京，国家级非物质文化遗产项目景泰蓝技艺的传承人，景泰蓝工艺美术大师，河北省民间工艺美术大师。1958 年开始学艺，拜师老匠人汪宝成、陆玉刚门下，后进修于“燕京书画院”和“中央工艺美术学院”，并参与林徽因、钱美华挽救景泰蓝工艺试制小组，长期从事景泰蓝的设计、生产、研发、传承及鉴定等工作。在50多年的艺术生涯中，李荣魁摘下累累硕果并形成了自己独特的艺术风格。

为了传承和发扬景泰蓝制作技艺，李荣魁曾在故宫、避暑山庄、沈阳故宫专门去对景泰蓝作品、艺术品、宫中御用品进行了考察和临摹。尤其是在故宫，一待就是8年，搜集了大批资料，对实品的全程装饰、造型进行研究。在创作过程中，结合社会发展，进行大胆创新，吸取精华、剔除糟粕，才将景泰蓝制作技艺传承下来。

资料来源：https://www.sohu.com/a/336948858_741947（有删减）

2. 烧瓷

烧瓷，又名“铜胎画珐琅”，与景泰蓝同为金属工艺中的姐妹艺术。它与景泰蓝的区别在于不用掐丝，而是在以铜制胎之后，在胎体上敷一层白釉，烧结后用釉色进行彩绘，经二、三次填彩、修正后再烧结、镀金、磨光而成。

烧瓷技艺比景泰蓝产生得要晚。现有最早的烧瓷制品为清康熙年间的制品“彩荷画盖碗”和“彩黄地缠枝牡丹唾壶”等。乾隆年间是烧瓷制作的鼎盛时期。在花纹图案上侧重于富有民族风格的装饰；在开光制作上，注重吸收中国画的技法；彩绘常用洋红、粉红做底色，视若凝霜，光亮细腻。

北京烧瓷工艺分为两大类，一类是胎体錾金配饰烧瓷，属高级工艺品；一类是无錾金配饰烧瓷，属普及品。北京烧瓷种类繁多，有瓶、盘、碗、罐、碟、盏、酒具、烟具，以及炉、鼎、爵、香熏、挂瓶、插瓶等装饰品。北京烧瓷在清代为宫廷贡品。

3. 花丝镶嵌

花丝镶嵌，又叫“细金工艺”。它是用金、银等材料，镶嵌各种宝石、珍珠，或用编织技艺制造而成。花丝镶嵌分为两类：花丝，是把金、银抽成细丝，用堆垒、编织技法制成工艺品；镶嵌则是把金、银薄片锤打成器皿，然后錾出图案，镶以宝石而成。花丝镶嵌工艺早在春秋时代就已有雏形，在明代达到高超的艺术水平。清代，花丝镶嵌有了更大的发展，名品不断涌现，很多成为宫廷贡品。

花丝镶嵌工艺以北京、成都最负盛名。北京的花丝镶嵌，以编织、堆垒见长，还常用点翠工艺，即把翠鸟的蓝绿色羽毛贴于金银制品之上，效果更佳。北京花丝镶嵌工艺品曾在东南亚举行的首饰比赛中荣获优秀设计奖。

成都的花丝镶嵌以银丝工艺为主，常以无胎成型。成都花丝镶嵌中的银烧蓝、错金银等金银工艺，都独具特色。主要工艺品种有花瓶、果盘、烟具、茶具、挂瓶、首饰等。在人民大会堂四川厅中陈列的平填银丝大挂盘《丹凤展翅》《孔雀开屏》，就是成都花丝镶嵌工艺师们的杰作。

4. 锡器

以锡为原料加工而成的金属工艺品。中国锡器始于明代永乐年间(1403—1424年),主要产于云南、广东、山东、福建等地。锡器能被广泛使用并受到人们的喜爱,正是因为锡自身的一些优秀特性。其一,锡对人体是无害的,锡制马口铁被广泛地用于食品包装,高级巧克力都是用锡纸包装的,这些都是最好的证明;其二,锡制生活器皿还有许多独特之处,锡制茶叶罐密封性好,可长期保持茶叶的色泽和芳香;其三,锡除了具有优美的金属色泽外,还具有良好的延展性和加工性能,用锡制作的各种器皿和艺术饰品能够逼真地体现每一个细节的创意,从而使得锡制工艺品栩栩如生、高雅动人。锡器的制作工艺主要有熔化、铸片、造型、剪料、刮光、焊接、擦亮、装饰、雕刻等工序,大部分是手工操作。锡器造型挺秀,加工精致,主要有餐具(碗、盘、碟等)、酒具(酒壶、酒杯、温酒具等)、茶具(茶壶、茶杯、茶叶罐等)、祭具(烛台、香炉、香台等)、文具(笔筒、笔洗等)、烟具(烟灰缸、水烟筒、烟罐等)、咖啡具、啤酒具、花瓶以及奖杯、装饰品等200多种。

长期以来,高档茶叶都是用锡器包装。锡罐储装茶叶,从古至今已被公认为茶叶长期保鲜的最佳器皿。锡是“绿色环保金属”。据金属理论分析,锡性凉,散热效果极佳,因此,较其他器皿更胜一筹。锡制酒具斟酒,夏天清凉爽口,冬天温酒导热较快,令人适意,深得饮酒者喜爱。“温酒”一直为我国传统的饮酒习俗,温酒在人体内容易散发,使人不容易醉。由于锡的热传导率高,容易加热,用锡器温酒效果极佳;而且因为锡的离子效果好,还可以增加酒的原韵味,使酒更加香甜爽口。现代人喝啤酒或葡萄酒,往往加入冰块以获得沁人心脾的凉爽感觉。而锡器由于性凉和散热效果好,可立即降低酒的温度,饮时清冽爽口。

5. 铁画

铁画,也称铁花,安徽芜湖特产,为中国独具风格的工艺品之一。铁画是以低碳钢为原料,用铁片和铁线锻打焊接成的各种装饰画。它将民间剪纸、雕刻、镶嵌等各种艺术的技法融为一体,采用中国画章法,黑白对比,虚实结合,另有一番情趣。

铁画的制作起源于宋代,盛行于北宋。清代康熙年间,安徽芜湖铁画才自成一体,并逐渐享誉四海。铁画是以铁为墨,以砧为砚,以锤代笔锻制而成。铁画的品种分为三类:一类为尺幅小景,多以松、梅、兰、竹、菊、鹰等为题材,这类铁画衬板镶框,挂于粉墙之上,更显端庄醒目。第二类为灯彩,一般由4至6幅铁画组成,内糊以纸或素绢,中燃银烛,光彩夺目,动人心魄。第三类为屏风,多为山水风景,古朴典雅,蔚为壮观。

6. 龙泉宝剑

龙泉宝剑是中国著名的传统工艺品之一,因产于浙江龙泉县而得名。相传,龙泉宝剑创始于2 000多年前的春秋战国时代。唐朝时,龙泉宝剑名声大震。诗人李白曾写下“宁知草间人,腰下有龙泉”的诗句。龙泉宝剑的制作要经过炼、锻、铲、锉、刻花、嵌铜、冷锻、淬火、磨光等28道工序。有单剑、双剑(鸳鸯剑)、长峰剑、短峰剑等几十种类。具有坚韧锋利、刚柔相济、寒光逼人、纹饰巧致四大传统特色。

龙泉宝剑名扬海内外,东南亚国家的华侨、华人,喜爱把它挂在室内或床头,既为避邪,又是装饰。

(三)我国著名金属工艺品代表

1. 清代铜鎏金麒麟

麒麟,亦作骐麟,中国古代传说中的一种瑞兽,在民间“麒麟送子”的说法曾广为流传,并传孔子即为麒麟所送。由此可见,麒麟在中国古代人的心中,具有和龙一样崇高的地位。

该铜鎏金麒麟,系用铜铸造,高183毫米,长248毫米,全身鎏金,除上面的斑斑绿锈外,其余部分仍金光闪烁;体态不仅较好地表现出传说中的麒麟形象,而且还有所发展,如有能飞的双翼等。其主要的特征是:身体像矮个麇鹿,头像猪头,口张开,下有山羊胡须,上有独角,角的中间有分叉,眼圆,双耳竖起,脊上有鱼鳍状突起,两侧有张开的翼,尾较长,末端膨大,呈火焰形,有四足,蹄为马蹄状,身上及四腿装饰云纹。其形象很生动,给人以一种快要飞起来的感觉。

2. 金錾花丝

闻名于世的“金錾花丝”工艺是中国古代宫廷工艺的杰出典范。至今已有两千多年的历史。长期以来仅限于为皇宫贵族服务。用錾刀錾出的流畅花纹和细如发丝般的金丝所编织的精美花饰,显示出宫廷工艺大师们的非凡技艺。这些精湛的手工艺品,采用黄金和天然宝石制成,是财富和权力的象征。它们以中国独有的艺术神韵和宫廷色彩,成为世界艺术宝库的珍品,也是国内外艺术博物馆和著名收藏家的珍爱。

每日一练 在学习本项任务之后,请同学们相互交流,并总结漆器与金属工艺品的主要产地及代表特色。

任务小结 完成本任务后,请进行自我测试:你是否已了解中国漆器的发展简史及主要产地?

任务3 年画与文房四宝

任务提示 本任务将引领你了解中国年画与文房四宝的相关知识。

任务先行 我国年画、文房四宝的主要代表和特色分别有哪些?

案例解读

文房四宝的形成

中国书法的工具和材料基本上是由笔、墨、纸、砚演变而来的，人们通常把它们称为“文房四宝”，大致是说它们是文人书房中必备的四件宝贝。因为中国古代文人基本上都是或能书，或能画，或既能书又能画，是离不开笔墨纸砚这四件宝贝的。

“文房”之名，起于我国历史上南北朝时期（公元420—589年），专指文人书房而言，以笔、墨、纸、砚为文房所使用，而被人们誉为“文房四宝”。文房用具除四宝以外，还有笔筒、笔架、墨床、墨盒、臂搁、笔洗、书镇、水丞、水勺、砚滴、砚匣、印泥、印盒、裁刀、图章、卷筒等等，也都是书房中的必备之品。

资料来源：https://www.sohu.com/a/252060119_100254019（有删改）

点评

文房四宝，是指中国独有的书法绘画工具（书画用具），即笔、墨、纸、砚。历史上，“文房四宝”所指之物屡有变化。在南唐时，“文房四宝”特指安徽宣城诸葛笔、安徽徽州李廷圭墨、安徽徽州澄心堂纸，安徽徽州婺源龙尾砚。自宋朝以来“文房四宝”则特指宣笔（安徽宣城）、徽墨（安徽徽州歙县）、宣纸（安徽宣城泾县）、歙砚（安徽徽州歙县）、洮砚（甘肃卓尼县）、端砚（广东肇庆，古称端州），元代以后湖笔（浙江湖州）渐兴，宣笔渐衰，改革开放后，宣笔渐渐恢复了生机。

一、文房四宝

笔墨纸砚素称文房四宝，湖笔、徽墨、宣纸、端砚，被称为文房四宝之首。

（一）湖笔

产于浙江省湖州市善琏镇。古属湖州府，故称湖笔。湖笔自元代以后取代了宣笔的地位，湖笔选料讲究，工艺精细，品种繁多，粗的有碗口大，细的如绣花针，具有尖、齐、圆、健四大特点。尖，指笔锋尖如锥状；齐，笔锋撮平后，齐如刀切；圆，笔头圆浑饱满；健，笔锋挺立，富有弹性。湖笔分羊毫、狼毫、兼毫、紫毫四大类；按大小规格，又可分为大楷、寸楷、中楷、小楷四种。湖笔被赞为“毛颖之冠”。

（二）徽墨

徽墨产于安徽省黄山市歙县和休宁县等地，因历史上属于徽州，故名。徽墨创始人是河北易州制墨名家奚氏。唐末五代奚超携子奚廷珪来到歙州，利用当地茂密的松林，总结了北方制墨的经验，改进捣松、和胶、配料等技术，制出了“丰肌腻理，光泽如漆”的好墨，南唐后主李煜赐其国姓李。宋宣和二年(1120 年)歙州改称徽州，“徽墨”之名从这一年始定。明代徽墨制造形成了以歙州地区为中心的“歙派”和以休宁地区为中心的“休派”两大派系。自清代初年开始，形成了清代墨界的四大家。道光以后唯胡开文一家，独领墨艺风骚。从此徽墨驰名天下，其特点是色泽黑润，经久不褪，素有“落纸如漆，万载存真”之誉。

(三)宣纸

产于安徽省宣城市泾县，因历史上属宣州府，故名。始产于唐代，它的原料是青檀皮。清代才掺和稻草，改变了用料比例。宣纸分生熟两种，生宣渍水渗化，作写意画最好，熟宣经过胶矾浸染，不渗化，宜于工笔，细描细写，为书画最理想的用纸。宣纸具有纸质柔韧，洁白平滑、细腻匀整，不起皱、不掉毛，不怕舒卷，抗老化、久不变色、不蛀不腐、卷折无损等特点。便于收藏，因此有“纸寿千年”的说法。安徽宣纸造纸技艺已被列入人类非物质文化遗产代表作名录。

案例解读

宣纸——中国文化的传播者

“轻似蝉翼白如雪，抖似细绸不闻声。”在千年的历史积淀中，古老的宣纸不仅是中华文化的承载者，其本身也是中华文化的重要组成部分。

宣纸具有墨韵万变、质地绵韧、光洁如玉、不蛀不腐、搓折无损等特点。清代画家松年在《颐园论画》中评论说：“宣纸纸性纯熟细腻，水墨落纸如雨入沙。”宣纸用于书写绘画，既能以水导墨，又能以水抗墨，素有“墨分五色”之誉，即一笔落纸，“焦、枯、浓、淡、湿”跃然而显，浓淡清晰、层次分明、润墨均匀。宣纸受墨后不起皱、不变形，能够层层加墨，浓淡笔痕不对流，保留浓淡笔触，富于立体感。泼墨、破墨、积墨、水墨等各种技法都能在宣纸上表现出“韵”味来。

资料来源：https://www.sohu.com/a/201219701_809344(有删减)

(四)端砚

产于广东省肇庆市，因隋在肇庆设端州府，所以称端砚。端石是一种水层岩，开采于唐，宋代已为世所重，其特点是石质细，易发墨，墨汁细稠而不滞，不易干涸。端石以紫色为主，名贵的石品有青花、鱼脑冻、蕉叶白、苏青、冰纹等。端砚贵有石眼，它是天然生长在砚石上的石核形状的眼，人们利用石眼花纹雕刻的砚台尤为名贵，有“端石一斤，价值千金”之说。端石块大的不多，故多随形雕刻，追求气韵。端砚为四大名砚之首。

案例解读

中国四大名砚

端砚、歙砚、洮砚、澄泥砚被誉为中国的四大名砚。

1. 端砚(略)

2. 歙砚

安徽省黄山市歙县、屯溪区两地制作的石砚称为歙砚。砚石主要产于今江西省婺源县龙尾山,又称龙尾砚;历史上,婺源县龙尾山属于歙州,故名。歙砚石以青色为主,名贵的石品有金星、金晕、银星、眉子、螺纹等。歙砚制作石料稀珍,开采艰难,雕刻费力,以浮雕浅刻为主,精细工整,被称为"艺林瑰宝"。

3. 洮砚

产于甘肃省甘南藏族自治州卓尼县洮砚乡。洮砚以当地临洮河绿漪石为料,砚石色泽如碧玉。洮砚以发墨快亮而耐用,蓄水持久而不耗,笔吸墨匀而护毛,书画流畅而清爽的特点闻名于世。砚常设盖,纹饰刻盖上。

4. 澄泥砚

曾产于山西省运城市绛县、晋城市一带。将澄浆泥淘洗、去除杂质,制成各样砚形坯,加上纹饰人窑焙烧而成。山西省绛县的澄泥砚最著名,制法已失传。

资料来源:http://www.wangxiao.cn/dy/2601898.html(有改动)

二、年画

年画是我国传统的民俗艺术品。木版年画出现于雕版印刷术发明之后的宋代,明代中叶起已成为一种独立的艺术形式,著名年画应运而生,清乾隆年间更为盛行。内容大多含祝福新年的意思,也有描绘农事场面等。中国的雕版印刷技艺已被列入人类非物质文化遗产代表作名录。苏州桃花坞、天津杨柳青、山东潍坊杨家埠和四川绵竹,是我国著名的四大民间木版年画产地。

(一)天津杨柳青年画

产于天津市杨柳青地区。始于明崇祯年间,到清中后期最为风行,有"家家会刻版,人人善丹青"之誉。杨柳青年画的特点:木刻水印和手工彩绘相结合,保留了民间绘画的技法,并受清代画院的影响,多取材于旧戏剧、美女、胖娃娃等,构图丰满,线条工整,色彩艳丽,人物的头脸多粉金晕染,极富装饰性。与南方著名的苏州桃花坞年画并称"南桃北柳"。

(二)苏州桃花坞年画

是我国南方流传最广、影响最大的一种民间木刻画。因产于江苏苏州桃花坞而得名，创始于明末，盛行于清雍正、乾隆年间。木版套印，内容广泛，形式多样，主题鲜明突出，色彩鲜艳夺目，线条简洁明快，形象质朴生动。主要表现吉祥喜庆、民俗生活、戏文故事、花鸟蔬果和驱鬼避邪等汉族民间传统审美内容。民间画坛称之为“姑苏版”。

（三）山东潍坊杨家埠年画

山东省潍坊市杨家埠年画，产于潍坊市杨家埠，兴起于明代，清代达到鼎盛。杨家埠年画生产分绘画、雕刻、印刷、装裱等几道工序，每道工序都极为精细准确。做法是先将画稿勾出黑线稿，贴到刨平的梨木或棠木板上，雕刻出主线版。待印出主线稿后，再分不同颜色，刻出色版，套色印刷，最后修版装裱而成。杨家埠木版年画构图完整、饱满、匀称，造型夸张、简练、粗犷、朴实。

（四）四川绵竹年画

四川绵竹年画起源于北宋，兴于明代，盛于清代。绵竹年画以彩绘见长，具有浓厚的民族特点和鲜明的地方特色。绵竹年画构图讲求对称、完整、饱满，主次分明，多样统一；色彩上采用对比手法，设色单纯、艳丽，强烈明快，构成红火、热烈的艺术效果；题材内容广泛，绵竹年画归纳起来有避邪迎祥、风俗习惯、生活生产、戏曲故事、历史人物、神话传说、讽刺幽默、花鸟虫鱼等。

每日一练 请与同学一起交流，总结我国文房四宝、年画的主要代表和特色。

任务小结 完成本任务后，请进行自我测试：介绍一下我国文房四宝之首的名称及特点。

项目小结

本项目包含三个学习任务，围绕中国玉器、陶瓷器与丝织刺绣品、漆器与金属工艺、年画与文房四宝等内容展开讲解，具体讲述了中国风物特产的代表、产地及特点等内容。通过针对性的对重点案例、每日一练、拓展链接等介绍，有助于学生学习、领悟和牢固掌握中国风物特产的系列基础知识，并把所学知识灵活应用到将来的实际工作中去，达到提升职业素养和增强岗位胜任能力的目的。

技能训练

1. 单项技能操作训练

我国有哪些风物特产？举例说明。

2. 综合技能操作训练

请选取我国比较有代表性的风物特产，查找资料，撰写一篇导游词，并能熟练讲解。

观念应用

1. 分析题

查阅资料,分析玉器在我国发展的历程。

2. 案例分析

瓷器是中国历史文化的重要组成部分,有很高的艺术收藏价值,爱好者甚多。可火爆的市场、高额的利润,致使大量仿品流入市场。要想鉴别瓷器的真伪,应注意以下四个方面:一是断代,即鉴别瓷器的相对烧造年代;二是断真伪,即辨别是仿古器还是真器;三是断优劣,即判别古瓷的质量和价值;四是断窑口,即判断瓷器的产地。

古瓷鉴定的依据主要有五个方面:一是"标准器",即以带有真实纪年的瓷器和明确纪年的墓葬遗址中出土的瓷器为"标准器",去比较不知烧造年代的瓷器;二是文献资料,在史籍中,常常有当时人直接或间接地记述当时瓷业或评述瓷器产品的史料,对古瓷鉴定有很大帮助;三是窑址的地层资料,有助于认识一个时代产品的整体面貌;四是看官窑与民窑之间的相互影响;五是考虑同时代姐妹艺术对瓷器的影响。

古瓷鉴别从器型、装饰、胎釉、制作工艺和装烧方法、款式等方面着手。器型主要看器物的形体特征;装饰主要看装饰方法、题材、构图、纹样形象、画风和彩料等方面所表现的时代特征和窑口特征等;胎釉主要根据不同窑口、不同时代因胎釉的原料选择、精制不同,所表现的产品的胎釉不同特征来加以判别;制作工艺和装烧方法主要是根据新工艺的出现和新窑具、新装烧方法的使用在产品上遗留的痕迹进行判断;款式主要是对瓷器底款的字体、笔致、排列形式、落款位置以及写款的彩料等进行鉴别。景德镇瓷器从明代永乐官窑瓷开始,就正式有帝王年号款,所以,鉴定明清御窑产品时,看款式特征是重要一环。此外,瓷器和其他艺术品一样,地方风格、个人风格融会于时代风格之中,但又是时代风格的构成因素。因此把握好我国各时代瓷器的总体艺术风格,对鉴定也是十分有利的。

资料来源:国家旅游局人事劳动教育司.导游知识专题[M].北京:中国旅游出版社,2004.

问题分析

1. 请查找相关资料,试分析瓷器在我国发展的历程。
2. 举例说明如何辨别瓷器的真伪。

实训操作

结合教师讲解,学生选取三项任务中的一项,并从网上查找资料,选取典型图片，制作 PPT，撰写讲解词，练习后进行当众讲解。

实训目标 通过搜集资料、整理和相关讲解，使学生加深对本项目内容的理解。

实训的组织 学生每 3～5 人为一组，选择不同的中国风物特产典型代表进行介绍。

实训提示 教师提出材料准备的要求和讲解前注意事项。

实训的成果 各组汇报，由学生和老师共同组成现场评议小组进行点评。

项目七　鬼斧神工——中国旅游景观览胜

知识目标

1. 了解中国各类旅游景观的概念、类别、成因；
2. 掌握中国各类旅游景观的形态特征；
3. 掌握中国各类旅游景观的代表性景观。

技能目标

1. 能够运用旅游景观知识去准确识别各类旅游景观及其特征；
2. 能够凭借已获得知识进行旅游景观导游词的简单组织及基本讲解。

项目任务

任务 1　地质地貌景观
任务 2　水体景观
任务 3　生物景观
任务 4　天象与气候景观
任务 5　中国的自然保护区、森林公园与地质公园

项目七 鬼斧神工——中国旅游景观览胜

学习任务书

班级：	姓名：	指导教师：	
项目名称	“黑龙江三日游”情境模拟	模拟地点	×××
工作岗位	地陪导游	工作对象	某旅游团
工作任务	导游讲解	工作方法	情境模拟
项目背景及描述	某旅游团到黑龙江进行“黑龙江三日游”游览，模拟涉及景点：五大连池景区、镜泊湖景区、伊春汤旺河林海奇石景区、齐齐哈尔扎龙自然保护区、漠河北极村等		
项目咨询重点	中国旅游景观的基本特征；地质地貌景观、水体景观、生物景观、天象与气候景观、中国的自然保护区、森林公园与地质公园的主要构成		
项目分解目标	要求项目参与者将中国旅游景观知识运用到导游讲解过程中：能够利用已获得知识完成任务中景点导游词的简单组织；能够规范、自然、熟练的进行导游讲解服务		

尊敬的读者：大家都外出旅游过吧？作为旅游者，你可能见识过“天下第一奇观——云南石林”的壮美，也体验过哈尔滨的“冰天雪地”，你可能欣赏过泰山的“晚霞夕照”，也领略过“人间天堂——杭州西湖”的静谧之美。可是在体验祖国大好河山的同时，你是否能够说出它们是属于旅游景观中的哪个类别吗？你是否想知道还有哪些景观也是属于这个类别吗？

下面就请结合“学习任务书”，完成本项目的学习吧！

任务1　地质地貌景观

任务提示　本任务将引领你了解地质地貌景观的概念及其构成！

任务先行 什么是地质地貌景观？地质地貌景观由什么构成？了解地质地貌景观有什么意义？要了解这些问题，请往下看！

案例解读

天然火山博物馆——五大连池

五大连池风景区位于黑龙江省黑河市五大连池市，地处小兴安岭山地向松嫩平原的转换地带，1 060 平方千米的区域内，火山林立，熔岩浩瀚，湖泊珠连，矿泉星布；14 座新老期火山群峰耸立，800 多平方千米的熔岩台地波澜壮阔，数百处自涌矿泉天然出露。新期火山喷发的熔岩，阻塞了远古河道，形成了 5 个溪水相连的串珠状火山堰塞湖，五大连池因此而得名。山川辉映，水火相容，由此构成了“世界顶级旅游资源”，被科学家比喻为“天然火山博物馆”和“打开的火山教科书”。目前，五大连池荣获世界级桂冠三项：世界地质公园、国际绿色名录、世界生物圈保护区。

资料来源：www.chinawdlc.org.cn/pages/5aa23129f6e9fa18c8c87141

点评

熔岩地貌是地下岩浆涌出地表凝固所形成的地貌。我国熔岩地貌资源丰富，是我国旅游资源的重要组成部分。

重要知识

旅游景观的含义

旅游景观是指能吸引旅游者并可供旅游业开发利用的可视物像的总称。旅游景观从总体上可以分为自然景观和人文景观两大类。自然景观通常是在某种主导因素的作用和其他因素的参与下，经长期的发育演变而形成。自然旅游景观，主要包括地质地貌景观、水体景观、生物景观、天象与气候景观等。

地貌是地球内营力和外营力共同作用的结果。按照地貌形成的不同地质条件，可以把地貌旅游资源分成花岗岩地貌、流纹岩地貌、丹霞地貌、熔岩地貌、岩溶地貌等。

一、花岗岩地貌

在我国的名山大川中，许多风景如画的山都是花岗岩山，如泰山、华山、衡山、黄山、九华山、三清山、天柱山、井冈山、五指山等。花岗岩山地景观整体形状多危峰群立，峰秀如林。峰谷相间，颇为壮观；山峰雄伟、峭拔、险峻，顶部轮廓圆滑，阳刚中蕴含着阴柔之美。

（一）花岗岩地貌的成因及特征

1. 花岗岩质地坚硬

花岗岩是地面上最常见的酸性侵入体，它质地坚硬，岩性较均一，垂直节理发育，多构成山地的核心，成为显著的隆起地形，在流水侵蚀和重力崩塌作用下，常形成挺拔险峻、峭壁耸立的雄奇景观。表层岩石球状风化显著，还可形成各种造型逼真的怪石，具有较高的观赏价值。主峰高大挺拔，周围群峰簇拥，各种奇妙的石蛋和象形石峰，共同构成花岗岩地貌的雄伟险峻，像我国自古就有“泰山天下雄”“华山天下险”之说，就是这个道理。

2. 花岗岩节理丰富

岩浆在冷凝时，体积发生收缩，岩浆侵入岩体中就形成了有规则排列的大小裂隙，地质学称其为节理。花岗岩由于节理风化、崩塌等作用，常形成峭壁悬崖、孤峰擎天、石柱林立等奇特景观，著名的如黄山莲花峰、炼丹峰和天都峰三峰鼎立，华山的东西南北中五峰相峙，天柱山的天柱峰和九华山的观普峰也非常典型。

（二）花岗岩地貌在我国的分布

中国的花岗岩山地分布广泛，集中分布在云贵高原和燕山山脉以东的第二、三级地形阶梯上。以海拔 2 500 米以下的中低山和丘陵为主，其他一些山地也有分布。中国的许多名山，如东北的大、小兴安岭，辽宁千山、医巫闾山、凤凰山，山东的泰山、崂山、峄山，陕西的华山、太白山，安徽的黄山、九华山、天柱山，浙江莫干山、普陀山、天台山，湖南的衡山、九嶷山，江西三清山，河南鸡公山，福建的太姥山、鼓浪屿、广东罗浮山，广西桂平西山、猫儿山，湖北九宫山、黄冈陵，江苏的灵岩山、天平山，天津的盘山，北京云蒙山，河北老岭，宁夏贺兰山，甘肃祁连山，四川贡嘎山，海南大洲岛、铜鼓岭、七星岭、五指山，等等，几乎全部或大部分为花岗岩所组成。其中许多已成为国家级风景名胜区和自然保护区。

二、流纹岩地貌

（一）流纹岩地貌的形成及特征

流纹岩是酸性喷出岩，由火山喷发而成的、富含二氧化硅的岩浆冷却而成的一种火山岩，因岩石上有海浪一样的波纹而称为流纹岩。因其中有许多像鸡蛋大小的石球（球泡），地质学家称这许多“石球”为“球泡结构”。它是含有气体的岩浆，溢出地表后在流动过程中，气体局部聚集，形成有空腔的球泡。

(二)流纹岩地貌在我国的分布

流纹岩岩体多节理和裂隙,经过构造上升,河流下切,重力崩塌,常常形成造型奇特的微地貌,像奇峰、异洞、幽谷、峭壁、石柱和石礅等。这些造型不仅丰富逼真,而且同一景物从不同时间、不同角度观看,还会步移景换,呈现出多种不同的形态特征。此种地貌在闽、浙沿海分布很广,以浙江乐清雁荡山最为典型。雁荡山的著名造型峰岩有灵峰、大剪刀峰、金鸡峰等。灵峰又可变幻成双手相合、雄鹰展翅、夫妻幽会等形象,故又有合掌峰、雄鹰峰、夫妻峰等名称;因为同样的缘故,大剪刀峰也有一支香、一支笔、一帆峰、天柱峰等名称。此外,还有天台山、会稽山以及西湖附近的宝石山等。

三、丹霞地貌

(一)丹霞地貌的成因及特征

丹霞地貌为红色沙砾岩在内外营力作用下发育而成的方山、奇峰、赤壁、岩洞等特殊地貌。该地貌形成的必要条件是沙砾岩层深厚,垂直节理发育。丹霞地貌的发育始于第三纪晚期的喜马拉雅造山运动,其最突出的特点是“赤壁丹崖”广泛发育,形成了顶平、身陡、麓缓的方山、石墙、石峰、石柱等奇险的地貌形态,因此种地貌最早发现于广东仁化丹霞山,此山被视为丹霞地貌的典型。

(二)丹霞地貌在我国的分布

丹霞地貌多发育在降水丰富的湿润地区,以广东省仁化县的丹霞山最为典型,故得其名。目前,中国已在21个省区发现近400处丹霞地貌,多分布在南方。广东的丹霞山是面积最大,类型最齐全、造型最丰富的地区。我国著名的丹霞地貌景观还有福建武夷山、江西龙虎山、浙江江郎山、安徽齐云山、湖南崀山、贵州赤水、甘肃张掖等。2010年8月,贵州赤水、福建泰宁、湖南崀山、广东丹霞山、江西龙虎山、浙江江郎山组成的丹霞地貌组合以“中国丹霞”为名,共同申请世界自然遗产并获批。

四、熔岩地貌

(一)熔岩地貌的成因及特征

熔岩地貌是地下岩浆涌出地表凝固所形成的地貌。因地壳断裂、新构造运动和板块运动而形成火山喷发,地下岩浆从火山口或沿火山裂隙涌出地面,随地形而流动,逐渐冷却、凝固,并散失大量气体,最后形成黑、褐、黄等颜色的熔岩塔、熔岩洞、熔岩陷谷、绳状熔岩、波状熔岩等,而最突出的为火山锥、火口湖。熔岩阻塞河道还形成了熔岩堰塞湖。熔岩岩石坚硬、多孔、比重小,可做建筑材料,用以建房,色彩斑驳很有特色。火山口有的积水成湖,有的年深日久出现了“地下森林”。此外,还形成了许多温泉。

(二)熔岩地貌在我国的分布

中国熔岩地貌主要分布在3个地带:一是环蒙古高原带,如山西大同、黑龙江五大连池,其中五大连池为重要旅游胜地;二是青藏高原带,如云南腾冲火山群,是中国三大地热区之一,气泉、温泉共有80余处,以热力强大,形态奇妙著称于世。数不清的喷气孔喷射着热水和蒸汽,整个山谷气浪蒸腾、喧嚣热闹,别是一番天地;三是环太平洋带,如长白山、台湾大屯火山群。长白山的“地下森林”(其中有的树龄已达数百年)、大屯的温泉举世闻名。

五、岩溶地貌

(一)岩溶地貌的形成及特征

岩溶地貌又称喀斯特(Karst)地貌。岩溶地貌是以碳酸盐类岩石(主要是石灰岩)为主的可溶性岩石在以水为主的内、外营力作用下形成的地貌。地面则分为“碧莲玉笋”式的岩溶孤峰和峰林、“刀丛剑树”式的石林岩溶洼地、岩溶漏斗、岩溶残丘等,地下则为“无洞不奇”的溶洞与地下河等。它们都是游览观赏价值非常高的地貌形态。岩溶作用形成千姿百态的奇石,包括钟乳石、石花、石笋、石幔、石珍珠、卷曲石、石边坝等,此外还应提及“太湖石”“上水石”。

(二)岩溶地貌在我国的分布

喀斯特地貌有各种类型,一般可以分为地表喀斯特和地下喀斯特两种,喀斯特景观有峰林、峰丛、石林、溶洞、峡谷、天坑、天生桥、地表钙华堆积、桌山等。中国是世界上喀斯特地貌分布最广泛、发育最充分、类型最齐全的国家,以广西、云贵高原最为集中。代表性景观有广西桂林山水、云南石林、贵州织金洞、贵州荔波喀斯特、重庆武隆喀斯特、重庆金佛山、重庆奉节天坑——地缝景观、四川九寨沟、四川黄龙、湖南张家界黄龙洞、北京石花洞等。

案例解读

喀斯特地貌研究先驱——徐霞客

徐霞客(1587—1641),中国明末旅行家、地理学家,名弘祖,字振之,别号霞客,南直隶江阴(今江苏江阴)人。其所处年代,探索自然、重视考察风气兴起,徐霞客顺应时代潮流,毕生从事旅行考察事业,开拓了中国古代地理学走上实地考察、研究自然规律的新方向,是中国和世界广泛考察喀斯特地貌的卓越先驱。

徐霞客对喀斯特地貌的类型、分布和各地区间的差异,尤其是喀斯特洞穴的特征、类型及成因,有详细的考察和科学记述。在广西、贵州、云南,他亲自探查过的洞穴有270多个,且都有方向、高度、宽度和深度的具体记载。并初步论述其成因,指出一些岩洞是水的机械侵蚀造成,钟乳石是含钙质的水滴蒸发后逐渐凝聚而成等。

徐霞客在中国古代地理学史上超越前人的贡献,特别是关于喀斯特地貌的详细记述和探索,居于当时世界的先进水平。

资料来源:http://cpfd.cnki.com.cn/Article/CPFDTOTAL-ZGDJ200912001020.htm

六、其他地貌

(一)雅丹地貌

雅丹地貌是新疆罗布泊地区的一种特殊的地貌形态,是一种典型的风蚀性地貌。"雅丹",源于维吾尔语,意为"有陡壁的小丘"。雅丹地貌是在尚未固结成岩的河湖相土状堆积物地区发育的风蚀地貌。系因强大的风力侵蚀和搬运作用而形成的地貌,常呈现风蚀垄脊、土墩、风蚀沟槽、洼地等形态,土墩一般高达1~10米,长20~100米,沟槽最窄的1~2米,最宽的几十米。此种地貌出现于多大风、干涸的古湖盆或湖积平原。中国新疆的罗布泊、乌尔禾与将军崖为此种地貌的典型。每当大风狂吼时,卷起漫天沙尘,日月无光,不辨方向,风声有如神哭鬼嚎,完全是一个恐怖世界。大风停息之后,风蚀垄脊、土墩、风蚀沟槽、洼地犹如城堡、街巷及各种其他形象。而当再一场大风之后,会一切都变了模样。故乌尔禾的雅丹地貌地区被称为"魔鬼城"。近年科学家研究证明,瞬时的洪水激流也是此种地貌形成的原因之一。当然,这些地区出现洪流的机会很少,但并非绝对没有。

(二)海岸地貌

海岸在地质构造运动、海浪和潮汐冲刷和堆积、生物作用和气候因素等共同作用下形成了多种形态。从总体上可分为海岸堆积地貌和海岸侵蚀地貌。

海岸堆积地貌又可分为沙砾质海岸地貌、生物海岸地貌、淤泥质海岸地貌等。其中沙砾质海岸地貌最适于海浴,沙岸若沙质纯净、沙粒粗细相宜、沙滩坡度相宜,一般都会成为良好的浴场。生物海岸则只分布于温热地带,主要在福建、广东、海南,尤其是南海诸岛,有些岛礁完全是珊瑚堆积而成。海岸侵蚀地貌形成的海蚀洞、海蚀穴、海蚀崖、海蚀蘑菇等富于观赏价值。

我国著名的海岸地貌景观有台湾野柳、海南东寨港红树林、山东成山头、河北昌黎黄金海岸等。

(三)冰川地貌

主要由冰川的侵蚀和堆积作用形成的地貌。前者有冰斗、角峰、刃脊、冰川槽谷、峡湾、羊背石等冰蚀地貌形态;后者有冰碛丘陵、终碛堤、鼓丘和冰砾扇等冰碛地貌形态。此外,冰体在融化过程中所形成的冰桌、冰桥、冰兽、冰蘑菇等也有较大观赏价值。中国西部许多高山都发育有冰川地貌,包括现代冰川。冰川地貌主要是科学考察的对象。目前已有一些以此开发为旅游区,如四川贡嘎山、甘肃祁连山、新疆阿尔泰山的喀纳斯冰川湖、天山的托木尔峰等。中国东部的一些中高山地也有冰川发育的历史,保留着很多遗迹,如庐山的冰川湖、冰川漂砾、冰川U形谷、冰斗等。

案例解读

中国最美的冰川之一——海螺沟冰川

位于四川省甘孜藏族自治州的海螺沟国家森林公园的冰川生成于大约1 600年前,地质学称其为现代冰川。它是中国著名山峰贡嘎山东坡,是一条长30.7千米的冰川峡谷。盆的边缘是中国已知最大的冰瀑布:高1 080米,宽500~1 100米。末端落入森林带内6千米,又形成冰川与原始森林共生的绝景。冰面河、冰面湖、冰下河、冰川城门洞、冰裂隙、冰阶梯、冰石蘑菇、巨大的冰川漂砾、冰川弧拱和极其宽阔的U形冰川峡谷,两侧高逾数百米的留有冰川擦痕的绝壁。海螺沟冰川最下端的海拔高度仅为2 850米,低于贡嘎山雪线1 850米,冰体厚度达100~300米。海螺沟冰川发生在距今24 930~19 700年前的末次冰期,在海螺沟中上游形成长达10千米,厚约200米的侧碛堤。之后,冰川进一步萎缩,分别于1560年、940年发育两次冰进,在海拔2 750米现代冰川前端,形成切割末次冰川冰碛物的厚约20~60米的两道终碛堤。这两次冰进的年代正好相当于中国5 000年气候变化的第二和第三次冷期,称之为新冰期。

海螺沟融原始森林、珍稀动植物、温泉、瀑布于一体,构成壮丽奇特的景观,具有知识性、趣味性、惊险性、娱乐性等特色而有别于我国和世界各国其他著名风景区。

资料来源:http://www.360doc.com/content/18/1213/10/6657566_801469540.shtml

每日一练 假如你是一名导游,你应该如何和游客朋友们介绍花岗岩地貌?

任务小结 完成本任务后,请进行自我测试:你是否能说出各种地质地貌的成因、特征及代表性景观?

任务2 水体景观

任务提示 本任务将引领你赏析水体景观!

任务先行 水体景观有哪些类别?它们的成因是什么?要了解这些问题,请往下看!

案例解读

中国最大的瀑布——黄果树瀑布

黄果树瀑布,即黄果树大瀑布。位于中国贵州省安顺市镇宁布依族苗族自治县,是世界著名大瀑布之一,以水势浩大著称。在公元1638年,明代大旅行家和地理学家徐霞客在考察大瀑布后赞叹道:"捣珠崩玉,飞沫反涌如烟雾腾空,势甚雄厉;所谓珠帘钩不卷,匹练挂遥峰,俱不足以拟其壮也。高峻数倍者有之,而从无此阔而大者。"这里也是全世界唯一一个可以从前后左右里外上下都能观赏的瀑布。巨大瀑崖上轰然坠入十七米深的犀牛滩中,声如巨雷,山鸣谷应,气度恢宏,气象万千,摄人心魄。

资料来源:http://baijiahao.baidu.com/s?id=1596329338230754226&wfr=spider&for=pc

点评

黄果树瀑布是中国,也是亚洲第一大瀑布,还是世界上最负盛名的大瀑布之一。黄果树瀑布属喀斯特地貌中的侵蚀裂典型瀑布。

水体景观是大自然风景的重要组成部分,是构景的基本元素,是大自然"灵气"之所在,各种形态的水体在地质地貌、气候、生物及人类活动等因素的配合下,形成不同类型的水体景观。我国水域面积广阔,构成水体旅游资源的海滨、河流、湖泊、瀑布、涌泉等水体类型齐全、内涵丰富,是旅游资源中的一道亮丽的风景。

一、海滨

我国海岸线总长度约3.2万千米,其中大陆海岸线北起中朝边境的鸭绿江口,南到中越边境的北仑河口,全长1.8万千米;岛屿海岸线1.4万千米。海滨处于海陆之间,属于陆地的延伸部分。蓝天、阳光、沙滩、海水(4S,即Sky、Sun、Sand、Sea)被称为最具吸引力的旅游资源。我国各地的海滨充满了特有的风韵,我国有许多海洋景观资源,从类型上来说,有海滨景观、海岛景观、海滩景观、海岸景观和海潮景观等。其中,119个国家级风景名胜区中就有三亚热带海滨、胶东半岛海滨、兴城海滨、金石滩、大连海滨、秦皇岛北戴河6处风景名胜区,此外在普陀山、鼓浪屿、青岛崂山等风景名胜区中均有海滨景观部分。

(一)大连海滨-旅顺口海滨

大连海滨-旅顺口海滨位于辽东半岛南端,包括大连海滨与旅顺口风景区。大连依山濒海,景色秀丽,气候宜人,是著名的海滨疗养、旅游和避暑胜地,是一处以山、海、礁、岛自然景观为主的风景名胜区。旅顺口是我国历史上的海上门户,著名的军港,是进行爱国主义教育的课堂。旅顺口外礁岛棋布,其中以距离旅顺区 20 多海里、面积 0.8 平方千米的蛇岛最为著名。

(二)北戴河海滨

北戴河海滨地处河北省秦皇岛市中心的西部。这里气候宜人,10 千米长、曲折的海岸线,平坦的沙质海滩,以滩缓、沙细、浪小、潮平著称。北戴河海滨海蚀地貌发育,各种形态的岩石栩栩如生,是著名的海滨避暑胜地。

(三)青岛海滨

青岛海滨位于山东半岛南部,城市依山就势,"青山、碧海、绿树、红瓦",鳞次栉比的优美建筑成为青岛独占鳌头的风光特色,青岛海滨因此也成为享誉海内外的著名旅游胜地。作为第 29 届奥运会帆船比赛的举办地,更使青岛增添多彩魅力。

(四)舟山群岛

舟山群岛位于浙江省东北部海域,是中国第一大群岛,是中国第一个以群岛建制的地级市,也是国务院批准的中国首个以海洋经济为主题的国家战略层面新区。著名岛景有海天佛国普陀山、海上雁荡朱家尖、海上蓬莱岱山等。

(五)厦门海滨

厦门位于福建东南沿岸,是一座风姿绰约的"海上花园","城在海上,海在城中"。厦门空气清新,栖息着成千上万的白鹭,形成了厦门独特的自然景观,又因为厦门的地形就像一只白鹭,所以它被称为"鹭岛"。岛、礁、岩、寺、花、木相互映衬,侨乡风情、闽台习俗与异国风情建筑融为一体,四季如春的气候更为厦门锦上添花。

二、河流

河流是一种天然的地表水流,是以一定区域的地表水、地下水或冰雪融水为补给来源,并沿着狭长的谷槽流动的水体。较小的成为溪、涧,较大的成为江、河。此外,还包括人类修建的京杭大运河等人工河流。我国长度在 1 000 千米以上的河流有 20 条,包括南方的长江及其支流汉水、嘉陵江、沅江、乌江;北方的黄河;东北的黑龙江及其支流松花江、额尔古纳河、嫩江;南部的珠江及其支流郁江等。河流具有独特的观光价值。河流与沿岸景观共同构成立体画廊似的河流风光;河流两岸易形成丰富的人文景观资源;河流最利于游客做舒缓的走廊式游船观光。

(一)长江

中国第一长河,世界第三长河,全长 6 300 多千米。它发源于青藏高原唐古拉山的主峰各拉丹冬雪山，干流所经省级行政区总共有11个，自西至东依次为青海、四川、西藏、云南、重庆、湖北、湖南、江西、安徽、江苏和上海，注入东海。长江支流和湖泊众多，旅游景观十分丰富。位于万里长江第一湾的虎跳峡是世界上落差最大的峡谷之一，具有“狂涛卷地、飞瀑撼天”的雄伟气势。

著名的长江三峡景观，西起重庆市奉节县的白帝城，东至湖北省宜昌市南津关，全长193千米。自西向东分别为瞿塘峡、巫峡和西陵峡。三峡中瞿塘峡最短，以雄伟险峻著称，有“夔门天下雄的美誉”；巫峡绵延曲折，奇峰突兀，以幽深秀丽著称，特别是巫山十二峰，千姿百态，留下了很多神奇的传说。西陵峡是长江三峡中最长的峡，以滩多水急著称。世界最大的水利枢纽工程就位于西陵峡中段。三峡景观还保留了众多的名胜古迹，如白帝城、古栈道遗迹、巴人悬棺、屈原故里、昭君故里等。

案例解读

“三峡精神”是一座精神大坝

从三峡工程正式开工建设至今，已是20余载时光。原本荒芜之地，崛起世界水电的标杆工程，彰显了科学民主、求实创新、团结协作、勇于担当、追求卓越的“三峡精神”。

作为中国自主设计、自主建造的世界上最大的水利枢纽工程，三峡工程的兴建，承载了中华民族的治水梦想；工程梦圆，也奏响了中华民族伟大复兴的时代强音。而从进行工程可行性论证，到民主表决通过方案，再到开展施工、建设，“科学民主”的“三峡精神”贯穿始终，并成为工程建设顺利推进以及保持平稳运行的重要保障。

“求实创新、团结协作”的“三峡精神”，同样闪耀在三峡工程建设的每一个细微之处。为了兴建三峡工程，从二十世纪二十年代至今，我国几代科技人员进行了艰苦卓绝的研究与勘探，倾注了大量心血、克服了重重困难。基层建设者们削山截岭，在极端艰苦的施工条件下奋战不懈，确保了工程建设的速度与质量。

一项项创新，一次次突破，举世瞩目的三峡工程揽获的100多项“世界之最”，体现了锐意创新，亦体现了“勇于担当、追求卓越”的“三峡精神”。创新往往与风险相伴，离不开担当的勇气及对于卓越的不懈追求。得益于“三峡精神”的引领，新技术、新创举层出不穷，并应用于工程建设之中，也将国内水电建设技术和管理提升到新的层次。由此形成的“三峡模式”，也已走出国门，走向世界，在全球水电工程建设领域成为“样板”。

巍然屹立的三峡工程，已是世界水电领域的一面“旗帜”；而与之相伴的“三峡精神”，已然成为决策者、设计者、工程建设者与库区人民共同缔造的一座新的

"大坝"。

资料来源:http://politics.people.com.cn/n/2014/1213/c70731-26202592.html

(二)黄河

黄河是中国第二长河,发源于青海巴颜喀拉山,全长5 464千米。其干流贯穿9省、自治区,自西向东依次是青海、四川、甘肃、宁夏、内蒙古、陕西、山西、河南、山东,注入渤海。由于河流中段流经中国黄土高原地区,因此夹带了大量泥沙,使它成为世界上含沙量最高的河流。沿着黄河旅游,可以领略到大河磅礴的气势和黄土高原的独特风光。黄河中游的晋陕大峡谷长达725千米,壁立千仞,浊浪排空,是我国最美的峡谷之一。峡谷下段有著名的壶口瀑布,有"黄河之水天上来"之势;由于泥沙量大,黄河下游河段长期淤积抬升形成举世闻名的"地上悬河"。黄河是中华民族的母亲河,历史上黄河流域长期是中国的政治、经济和文化中心,保留了众多的古代文化遗存,包括古人类遗址、古都城遗迹、帝王陵墓、宗教圣迹等,是发展历史文化旅游的理想之地。

案例解读

黄河——中华民族的母亲河

黄河文化是中华文明的重要组成部分,是中华民族的根和魂。要推进黄河文化遗产的系统保护,守好老祖宗留给我们的宝贵遗产。要深入挖掘黄河文化蕴含的时代价值,讲好"黄河故事",延续历史文脉,坚定文化自信,为实现中华民族伟大复兴的中国梦凝聚精神力量。

——习近平

黄河是我国的第二长河,中国是世界四大文明古国之一,而黄河流域产生的文明正处于古中国文明的核心地域,所以说黄河是中华文明的源头。黄河和中国人的生活息息相关,更有"河清海晏,天下太平"的说法。黄河哺育了世世代代的中国人,从大禹治水开始它就成为中国人的母亲河。

古代的黄河,河面宽阔,水量充沛,水流清澈,再加上黄河流域气候温和,水文条件优越,有利于农作物生长,先民们便定居在这里。最初黄河并不叫现在的名字,我国最古老的字书《说文解字》中称黄河为"河",最古老的地理书籍《山海经》中称黄河为"河水"。后来随着自然环境的恶化,到了西汉年间,河水中的泥沙含量逐渐增多,有人称她为"浊河"或"黄河",但未被普遍认可,直到唐宋时期,黄河这一名称才被广泛使用。

黄河是中华文明的发源地。这里是中国发现古人类最多的地方,先后有西侯度猿人、蓝田猿人、大荔人、丁村人等在此生活繁衍,揭开了古老黄河文明的序幕。中国文明初始阶段的夏、商、周三代及后来的西汉、东汉、隋、唐、北宋等几个强大的统一王朝,其核心地区也都在黄河中下游一带;反映中华民族智慧的许多古代经典文化著作,也产生于这一地区;标志古代文明的科学技术、发明创造、城市建设、文学艺术等也同样产生在这里。所以说黄河孕育了中华文明,黄河哺育了中华儿女,人们常说黄河是中华民族的摇篮,是中华民族的母亲河。

资料来源:https://www.sohu.com/a/445878401_120207613

(三)三江并流

三江并流指金沙江、澜沧江和怒江这三条发源于青藏高原的大江,在云南省境内自北向南并行奔流170多千米,穿越在崇山峻岭之间,形成世界上罕见的“江水并流而不交汇”的奇特自然地理景观。其间澜沧江与金沙江最短直线距离为66千米,澜沧江与怒江的最短直线距离不到19千米。奇特的三江并流,雄伟的高山雪峰,险要的峡谷险滩,秀丽的林海雪原,幽静的冰蚀湖泊,少见的板块碰撞,广阔的雪山花甸,丰富的珍稀动植物,独特的民族风情,旅游景观十分丰富。

(四)京杭大运河

京杭大运河是世界上里程最长、工程最大、最古老的运河,全长约1 794千米,北起北京,南到杭州,途经北京、天津、河北、山东、江苏、浙江六省市,沟通了海河、黄河、淮河、长江、钱塘江五大水系。大运河始凿于春秋时期。隋朝大运河以洛阳为中心,北达涿郡(今北京南),南至余杭。元朝翻修时弃洛阳而取直至北京。历史上,京杭大运河对中国南北地区之间的经济、文化发展与交流,特别是对沿河地区工农业的发展起到了巨大的作用。

(五)钱塘江

钱塘江是浙江省第一大河,发源于安徽省黄山市休宁县境内,流经安徽、浙江二省,古名“浙江”,亦名“折江”或“之江”,河流全长688千米。钱塘江潮被誉为“天下第一潮”,是世界一大自然奇观,它是天体引力和地球自转的离心作用,加上杭州湾喇叭口的特殊地形等诸多因素所形成的特大涌潮。

三、湖泊

湖泊是在自然地理因素综合作用下形成的,地球的内力作用和外力作用都可以形成湖盆,湖盆积水形成湖泊。我国湖泊分布广泛但又相对集中,主要集中在青藏高原、东部平原、东北平原、蒙新湖区、云贵高原等五大湖区。

(一)湖泊类型

按成因划分,湖泊主要有以下类型:

(1)潟湖:由于泥沙沉积使得浅水海湾与海洋分割而成,如杭州西湖、太湖。

(2)构造湖:由地壳运动产生断裂凹陷经储水而成,如滇池、洱海、日月潭。

(3)火山口湖:由火山喷口休眠以后积水而成,湖岸陡峭,湖水深不可测,如长白山天池平均水深204米,最深处达373米,为我国第一深水湖泊。

(4)堰塞湖:由火山喷出的岩浆、地震引起的山崩或泥石流引起的滑坡体等壅塞河床,积水成湖,如五大连池、镜泊湖等。

(5)岩溶湖:由碳酸盐类地层经流水的长期溶蚀形成岩溶洼地,积水成湖,如贵州省威宁县的草海。

(6)冰川湖:由冰川刨蚀形成的凹地积水成湖,如新疆喀纳斯湖。

(7)风成湖:沙漠中低于潜水面的丘间洼地,经其四周沙丘渗流汇集而成,如敦煌的月牙泉。

(8)河成湖:由于河流摆动而形成的湖泊,如鄱阳湖、洞庭湖等。

(9)人工湖:由人工修筑的蓄水区域,如千岛湖。

(二)我国主要的湖泊景观介绍

我国拥有大小湖泊两万多个,有各种的湖泊类型,其中较为著名的湖泊有:青海湖、鄱阳湖、杭州西湖、泸沽湖、镜泊湖、日月潭等。

1. 青海湖

青海湖位于青海省境内,古称"西海",是我国第一大内陆湖泊,也是我国最大的咸水湖。四周雪山高耸,草原如茵,拥有山、湖、草原相映成趣的壮美风光和绮丽景色。青海湖鸟岛是我国重要的鸟类自然保护区。

2. 鄱阳湖

鄱阳湖位于江西北部,是我国最大的淡水湖,与湖南洞庭湖、江苏和浙江相邻的太湖、江苏洪泽湖、安徽巢湖并称我国五大淡水湖。鄱阳湖上烟波浩渺、水草丰美,名山秀屿,比比皆是。湖中有大量长江流域的珍贵鱼类,每年还有许多珍贵的鸟类栖息在这里,被称为"白鹤世界""珍禽王国"。

3. 杭州西湖

西湖位于浙江省杭州市西面,是中国大陆主要的观赏性淡水湖泊之一,也是现今《世界遗产名录》中少数几个和中国唯一一个湖泊类文化遗产。"杭州西湖文化景观"是文化景观的一个杰出典范,极为清晰地展现了中国景观的美学思想,对中国乃至世界的园林设计影响深远。

案例解读

世界文化遗产——杭州西湖文化景观

杭州西湖位于浙江省杭州市西部,以秀丽的湖光山色和众多的名胜古迹而闻名中外,是中国著名的旅游胜地,也被誉为"人间天堂"。杭州西湖文化景观2011

年入选《世界遗产名录》，由古至今，西湖的湖光山色引得无数文人骚客吟咏兴叹。

西湖具有“三面云山一面城”的地理特征。自古以来，它的美丽就名扬天下，并为众多文学艺术作品所称颂。众多古寺宝塔、亭台楼阁、桥涵堤岸等人工景观，与自然景观浑然天成，使西湖变得更加美丽。自南宋起，西湖十景被认为是“天人合一”最理想、最经典的景观体现。

西湖的自然山水以“秀美”而著称，湖水与群山紧密相依。低缓的群山呈马蹄形环布在西湖的南、西、北三面，层叠而舒展，天际线柔和委婉，群山环抱中的湖水盈满平静。旖旎的湖光山色激发了中国古代文人无限的创作灵感，成为中国山水画的重要题材，也是历代诗词文学的描写对象，西湖自然山水由此承载了丰富的历史文化内涵。

资料来源：https://www.sohu.com/a/347909560_120341734（有删减）

4. 镜泊湖

镜泊湖位于黑龙江省牡丹江市，是中国最大的火山堰塞湖。镜泊湖以湖光山色为主，兼有火山口地下原始森林、地下熔岩隧道等地质奇观，以及以唐代渤海国遗址为代表的历史人文景观。吊水楼瀑布是镜泊湖一道亮丽的风景。

5. 喀纳斯湖

喀纳斯湖位于新疆阿勒泰地区，是典型的冰川湖泊。湖面海拔 1 375 米，湖形如弯月，最深 188 米。湖面碧波万顷，群峰倒映，还会随着季节和天气的变化而时时变换颜色，是有名的“变色湖”。这里是我国唯一的南西伯利亚区系动植物分布区，既具北国风光之雄浑，又具江南山水之娇秀。

6. 长白山天池

长白山天池坐落在吉林省东南部，是中国和朝鲜的界湖，还是松花江、图们江、鸭绿江三条大江的源头。长白山天池位于长白山主峰火山锥体的顶部，海拔 2 100 多米，是我国最大的火山口湖，也是中国最深的湖泊。湖周峭壁百丈，环湖群峰环抱。这里气候多变，常有蒸汽弥漫，瞬间风雨雾霭，宛若缥缈仙境。

7. 日月潭

日月潭是台湾最大的天然湖泊，由玉山和阿里山之间的断裂盆地积水而成。以潭中拉鲁岛为界，北半湖形如日轮，南半湖状似上弦之月，因名日月潭。日月潭四周青山环抱，山峦层叠，水映着山，湖面宛似一个巨大的碧玉盘。形成“青山拥碧水，明潭抱绿珠”的美丽景观。清代文人曾作霖说它是“山中有水水中山，山自凌空水自闲”。

四、瀑布

瀑布是自然山水结合的产物,具有声音美、色彩美、形态美的特点。我国国土辽阔,地质构造复杂,成瀑条件优越,南北各地有众多的、举世闻名的、不同类型的瀑布,最为著名的有黄果树瀑布、黄河壶口瀑布、黑龙江吊水楼瀑布,并称“中国三大瀑布景观”。

(一)瀑布成因

1. 山崩、断层等地壳运动

由于地壳的运动,造成了很陡的岩壁,河流经过这里,自然就飞泻而下。瀑布在地质学上叫跌水,即河水在流经断层、凹陷等地区时垂直地从高空跌落。

2. 熔岩堵塞

火山顶端留下的火山积水成湖,湖水溢出。火山喷出的岩浆或是由地震引起的山崩堵塞了河道,形成了天然的堤坝,提高了水位高度,水流溢出。

3. 岩石因素

(1)组成河床底部的岩石软硬程度不一致,被河水冲击侵蚀得厉害,形成陡坎,坚硬的岩石则相对悬垂起来,河水流到这里,便飞泻而下,形成了瀑布。也可以说,河水在河道中奔流,遇到河床的陡坎时,便跌下来,形成了瀑布。

(2)在石灰岩地区暗河流过的地方,地势高低陡然变化,或者暗河陡然变化,或者暗河从陡峻的山崖涌出。例如尼亚加拉瀑布,它是尼亚加拉河水翻过白云石的岩壁,直落入下面的一个大水池里,翻滚流飞的水流无休止地浸蚀页岩,淘空了白云岩的岩洞,一块块的白云岩崩落而下,使得悬崖永远陡峭。

4. 冰川因素

古代的冰川切入山谷之中,使两侧形成悬崖峭壁,成为“U”形谷,后来被河流占据,水流在深浅差异很大的谷地交接流过,瀑布由此产生。

5. 地形因素

河水在河谷中奔流,遇上了陡峭的地形,流水跌下来就形成了瀑布。地势越陡,水量越大瀑布越壮观。在河流注入海洋处的海岸,如果海岸被破坏的速度很快的话,原来高出海面的河底会“悬置”海岸上,形成瀑布。

(二)我国的瀑布景观介绍

在我国的瀑布景观中,较为著名的有黄果树瀑布、庐山的三叠泉瀑布、雁荡山的大龙湫瀑布、九寨沟的树正瀑布、镜泊湖的吊水楼瀑布、黄河壶口瀑布、长白山瀑布等。

1. 黄果树瀑布

黄果树瀑布位于贵州省安顺市。周围岩溶广布，河宽水急，重峦叠嶂。黄果树瀑布以其雄奇壮阔的大瀑布、连环密布的瀑布群而闻名海内外。它是由18个风韵各异的大小瀑布组成的，享有“中华第一瀑”之盛誉。

2. 壶口瀑布

壶口瀑布位于陕西省宜川县和山西省吉县之间的黄河之上，滚滚黄河水至此，300余米宽的洪流骤然被两岸所束缚，上宽下窄，在50米的落差中翻腾倾涌，河水似从巨大无比的壶中倾出，故名“壶口瀑布”。它是我国水流量最大的瀑布。

五、泉水景观

泉是地下水的天然露头，当含水层或含水通道出露于地表时，地下水便涌出成泉。其中，含有一定数量的多种矿物质、微量元素、有机体和气体，或具有较高水温，能影响人体生理作用的泉称为矿泉。水温超过当地平均气温的泉称为温泉。我国是世界上矿泉分布最多的国家，全国已经发现矿泉1 700多处。它们大多具有治疗疾病、强化机体功能的作用。我国台湾、西藏、云南等火山、岩浆活动的地区及花岗岩分布区，矿泉广泛分布，它们均已成为重要的旅游资源。

我国也是世界上温泉最多的国家，全国查明的各种温泉有2600多处，根据水温的高低，可分为微温泉(25~33 ℃)、温泉(34~37 ℃)、热泉(38~42 ℃)、高热泉(43~99 ℃)、沸泉(100 ℃以上)等几种。从泉水中矿物质的含量来划分，小于1克/升的为淡水泉，超过此标准的为矿泉。就温泉而言，广东从化、内蒙古阿尔山、巢湖半汤温泉、南京汤山及福州的温泉等，都是著名的天然浴池。我国还有一些值得观赏的间歇泉，如拉萨羊八井间歇泉，最高温度可达92 ℃，喷发时可升起40~50米的蒸汽，景色极为壮观。

每日一练 在学习本项任务之后，请同学们相互交流一下，并总结水体景观的分类及主要特征，并列举几处典型的水体景观。

任务小结 完成本任务后，请进行自我测试：你是否已了解水体景观的分类及其主要代表？

任务3 生物景观

任务提示 本任务将带领你赏析生物景观。

任务先行 生物景观分为哪几类？生物景观对旅游有什么影响？

案例解读

中国植物活化石——银杏

银杏(Ginkgo biloba L.),为银杏科、银杏属落叶乔木。银杏为落叶大乔木,胸径可达4米,幼树树皮近平滑,浅灰色,大树之皮灰褐色,不规则纵裂,粗糙;有长枝与生长缓慢的距状短枝。幼年及壮年树冠圆锥形,老则广卵形;枝近轮生,斜上伸展(雌株的大枝常较雄株开展)。叶互生,在长枝上辐射状散生,有细长的叶柄,扇形,两面淡绿色,无毛。在长枝上散生,在短枝上簇生。它的叶脉形式为"二歧状分叉叶脉"。

银杏生长较慢,寿命极长,从栽种到结果要二十多年,四十年后才能大量结果,寿命达到千余岁,现存3 500余年大树仍枝叶繁茂果实累累,是树中的老寿星。

银杏最早出现于3.45亿年前的石炭纪。曾广泛分布于北半球的欧、亚、美洲,中生代侏罗纪银杏曾广泛分布于北半球,白垩纪晚期开始衰退。至50万年前,发生了第四纪冰川运动,地球突然变冷,绝大多数银杏类植物濒于绝种,在欧洲、北美和亚洲绝大部分地区灭绝,只有中国自然条件优越,才奇迹般地保存下来。所以,被科学家称为"活化石""植物界的熊猫"。

资料来源:https://zhidao.baidu.com/question/14560748.html

点评

银杏为中生代孑遗的稀有树种,系我国特产,仅浙江天目山有野生状态的树木,生于海拔500~1 000米。银杏是植物中的"活化石",被列为国家一级保护植物,有较高的科研、旅游观赏价值。

生物旅游资源是自然旅游资源中极具有生命力的、最富有特色的类型。从旅游资源的角度上看,具有旅游价值的主要是植物和动物。动植物作为自然界的生命现象,既是人类生存最重要的自然物质基础,同时也是美化、活化、净化人类环境的主角。

一、植物旅游景观

植物是山水的肌肤,风景的容颜。除了美化环境外,植物还以其独特的魅力吸引着游客。植物旅游资源有的是在自然保护区、植物园的基础上被开发利用,还有一些具有地方特色植物的游览地更为游客所喜爱。

人们通常把植物分为木本和草本。木本植物可分为乔木和灌木两种,乔木有明显主干,一般较高大、粗壮;灌木无明显主干,呈丛生状态。草本则分一年生、二年生及多年生草本。植物中最多见的要数种子植物了。种子植物分两类:一类只开花、结种子,但不结果实,即种子裸露,没有果实包裹的,叫裸子植物,如桦、杉、柏等;另一类是被子植物,开花、结果,种子包裹在果皮之中,如常见的桃、李、杏、梨等,我国有被子植物25 000种,仅次于马来西亚和巴西,排世界第三。裸子植物240余种,占世界的30%,还有数千种珍稀树木和花卉,西方人称中国是“园林之母”。

(一)珍稀植物

自地球上出现生命以来,植物物种自始至终都处于不断变化之中,新的物种不断产生,有些物种不断灭绝。有些生物物种在地质历史时期曾广泛分布且数量众多,但由于遭受恶劣变化的环境影响,只有为数极少的植物物种幸存下来且只分布在狭窄的地段,我们称其为“活化石”植物。随着环境的变迁,有的植物甚至不能自然繁殖而濒临灭绝。这些珍稀濒危植物是人类保护的主要对象,同时这些植物具有极高的旅游价值,如已被列为国家一级保护植物,有“活化石植物”之称的银杏、银杉、珙桐、水杉等。这些珍稀濒危植物是人类重点保护对象,既具有科学价值,又具有旅游观赏价值。

(二)观果植物

观果植物的最大特色体现在果实的色彩、形态、美味等3个方面。果实的颜色具备大自然七彩之色。观赏果实的色彩以红、紫为贵,如苹果、桃、李、荔枝、山楂、樱桃等,黄色次之,如橙等。果实的形状大小不一,有的大如篮球,有的小如指甲,有的为圆形,也有的为自己独特的形状,如梨形。论其味道,甜、酸、苦、涩,各具风味,且大多数果实富含人体所需的营养物质和微量元素,备受人们青睐。集色、形、味于一体而享誉世界的十大名果为:榴梿(果中之王)、西瓜(瓜中上品)、中华猕猴桃(超级水果)、梨(百果之祖)、苹果(记忆之果)、葡萄(水晶明珠)、柑橘(美味佳果)、香蕉(长腰黄果)、荔枝(果中皇后)、波罗蜜(微花巨果)。

(三)观叶植物

叶是植物的生命之源,其品格体现了创造与奉献。观叶主要观叶色,虽叶之本色为绿色,但大自然中不少植物叶色随季节变化呈现出极高的观赏价值,即称之为观叶植物;不少植物终年生长着似花而不是花的彩叶,尤为美丽,古人也有“看叶胜看花”的诗句。夏去秋来,不少落叶树种的植物叶色渐变为红黄,极为艳丽,细可分为红、红紫、黄、橙黄等色,其中尤以红色最具观赏价值。我国历来就有深秋赏红叶之传统,北京香山红叶是闻名世界的一大美景。

(四)观形植物

观形植物最主要的美感体现在树冠外形上。树冠是树木外形线所包围的部分,其形态有尖塔形、柱形、伞形、卵形、球形、杯形、波形、下垂形等,实际上植物极富形态变化，形态美表现在植物整体造型、树冠造型及枝、叶、花、果等的造型方面，如松柏挺拔傲然，姿态厚重，竹子潇洒而清丽，杨柳婀娜多姿，芭蕉挥洒大度等。

二、动物旅游景观

我国动物资源十分丰富，群种复杂。一些野生动物不仅具有经济、科学、文化教育等多方面的研究意义，而且其本身的体态色彩和发声等都具有很好的美学观赏价值，从而深受旅游者的喜爱。我国脊椎动物有3 000多种，兽类420种。其中，哺乳动物占世界的11.2%；两栖及爬行类520种，占世界的8%。

（一）观赏动物

动物是自然界的宝贵财富，拥有灵活多样的特色造景功能，是重要的旅游资源。动物不同的形态外貌、生活习性、活动特点、鸣叫声音，可供观赏娱乐，同时，人类还可开展狩猎、垂钓等旅游活动。主要的观赏动物有东北虎、长颈鹿（观形），坡鹿（观色），孔雀、大熊猫（观态），夜莺、百灵、弹琴蛙（听声）等。

另外，有一些由动物个体因某种原因而聚集形成的特殊动物群，既是地学工作者等科考人员进行科学研究的对象，又是非常具有观赏性的旅游吸引物，如大连近海的蛇岛、青海湖的鸟岛、台湾高雄的蝴蝶谷、海南陵水县的猴岛、西沙和南沙等处的珊瑚岛等。

（二）珍稀动物

珍稀动物指野生动物中具有较高社会价值、现存数量又极为稀少的珍贵稀有动物。我国幅员辽阔，动物特产种属多。国家一级保护动物有68种，包括大熊猫、金丝猴、白鳍豚、白唇鹿、扭角羚、东北虎、华南虎、野骆驼、亚洲象、藏羚羊、扬子鳄、丹顶鹤、褐马鸡等，其中有些还是我国所特有的。大熊猫、金丝猴、白鳍豚和白唇鹿被称为我国四大国宝动物。

案例解读

民众环保意识提升，青海野生动植物资源不断丰富

青海省是中国第一个国家公园体制试点省份，位于青藏高原东部，是世界上高海拔地区生物多样性、物种多样性、基因多样性、遗传多样性最集中的地区，也是高寒生物自然物种资源库。

近年来，青海省不断开展野生动植物保护宣传，常态化组织全省14.5万名生态管护员在野生动物重点分布区、自然保护区和国家公园野生动物重要栖息地开展“清山、清套、清夹、清网”活动，广泛传播野生动物与人和谐共生的生态文明理

念。依法加强野生动植物栖息地建设,有效保护各类保护地内野生动物重要栖息地的完整性、原真性。严厉打击滥捕乱猎等违法犯罪活动,有效遏制破坏野生动植物违法犯罪行为。

据统计,青海省分布野生植物约有3 000余种,脊椎动物605种,国家一级重点保护野生动物26种,国家二级重点保护野生动物69种,青海省重点保护野生动物47种。

资料来源:https://www.sohu.com/a/453187005_120207624

每日一练 自己试着和同学一起交流,总结我国生物景观的分类有哪些。

任务小结 完成本任务后,请进行自我测试:你是否已掌握我国的主要植物景观和动物景观?

任务4 天象与气候景观

任务提示 本任务将带领你赏析奇妙的天象与气候景观!

任务先行 什么是天象?什么是气候景观?要了解这些问题,请往下看!

案例解读

中国自然奇观——吉林雾凇

松花江,作为黑龙江在中国境内的最大支流,它不仅是中国七大河之一,也可以称得上东北人的母亲河。在松花江上,有这么一座小岛,每逢冬季,便成为无数摄影师和游客争相打卡的地方——吉林雾凇岛。

雾凇岛,位于吉林省吉林市龙潭区乌拉街满族镇,小镇上以韩屯、曾通屯等村落为赏雾凇的代表,是雾凇最为集中的地方,也是观赏和拍摄最佳地。尤其是曾通屯,素有“赏雾凇,到曾通”的说法。

吉林雾凇早有闻名遐迩,但雾凇岛的雾凇更是其中的佼佼者,每年12月下旬到次年2月底,沿江的垂柳挂满了洁白晶莹的霜花,江风吹拂银丝闪烁,景色既狂野又美丽。雾凇,并不是吉林独有,在庐山、黄山、三清山等地也有冬日赏雾凇之景。但最有名的且令人更为向往的还是吉林雾凇岛,“吉林雾凇天下奇”。

资料来源:https://new.qq.com/rain/a/20201126a00ana00(有删减)

点评

雾凇是冬季北方的一大美景。是在潮湿、低温的气候条件下,雾气在低于0 ℃时附着在物体上面直接凝华生成的白色絮状凝结物。吉林雾凇独具丰韵,让络绎不绝的中外游客赞不绝口,同时吉林雾凇对自然环境、人类健康也做出了很大的贡献。

天象，是指日月星辰在天幕上有规律的运动现象。天象是古代中国星占家对天空发生的各种自然现象的泛称。现代通常指发生在地球大气层外的现象。如太阳出没、行星运动、日月变化、彗星、流星、流星雨、陨星、日食、月食、极光、新星、超新星、月掩星、太阳黑子等。一个地方瞬时或短时间的气象状况，即为天气。一个地区多年天气的综合状况，即为气候。大气的密闭性，以及气象因素的变化性与气候的地区差异性，使得气象气候对自然环境与人类生活具有无所不在、无时不有的极其深刻的影响与制约作用。

一、天象景观

（一）日出、日落与月色景观

观赏日出、日落是人们旅游活动中极为动人的一个项目。但日出、日落景观只有在天地交界的地平线处才能看到，因此，海滨或山顶是最理想的观日出、日落的地方。

我国著名的观景地有泰山日观峰、峨眉山金顶、北戴河鹰角亭等。日出日落均有霞景相伴，霞景有朝霞和晚霞。“夕阳无限好”也是美好享受，如西湖“雷峰夕照”、泰山“晚霞夕照”，庐山天池亭是夕阳景观最佳观赏之地。

在我国诗词歌赋中，对月亮的描写不胜枚举，无论中秋圆月还是弯弯残月，文人雅士都赋予它生命。如西湖十景中的“平湖秋月”“三潭印月”，岳阳的“洞庭秋月”，避暑山庄的“梨花伴月”，无锡的“二泉映月”，都以月亮为主题，除让游人欣赏月色迷人的自然美景外，还反映了造园者寄情山水日月之情。

（二）极光景观

极光出现于星球的高磁纬地区上空，是一种绚丽多彩的发光现象。极光产生的条件有三个：大气、磁场、高能带电粒子，这三者缺一不可。来自太阳的带电粒子到达地球附近，地球磁场迫使其中一部分沿着磁场线集中到南北两极。当它们进入极地的高层大气（>80 km）时，与大气中的原子和分子碰撞并激发，能量释放产生的光芒形成围绕着磁极的大圆圈，即极光。

黑龙江省漠河县地处大兴安岭山脉北麓，黑龙江上游南岸，位于北纬53.5°的高纬度地带，是中国北疆唯一可以看到极光现象的地方。在这里，北极光虽然一年四季都出现，然而唯有在每年的夏至前后9天内容易看到。因为在夏至前后，漠河经常出现万里晴空的天气，北极与漠河之间没有云阻隔。

在有中国“北极村”之称的漠河县，除“北极光”外还有另一个天然奇景——极地“白夜”。“白夜”现象也以夏至前后半个月最甚，每晚只有子夜时分一两个小时，天色稍微昏暗一些，随后又是朝霞似锦，旭日高悬，黑夜变成了“白夜”。白夜的存在为看极光提供了有利条件。此时节的漠河气候温和，天气晴朗，是人们最佳的旅游观光季节。每逢夏至,前来观赏“北极光”和“极昼”的游人络绎不绝。目前,每年6月18日—22日,漠河县都要举办“大兴安岭漠河北极光旅游节”。

(三)日食、月食景观

在自然现象中,日、月食可以被列为最著名之列了。在我国也有天狗吃月亮的传说。发生日全食是因为太阳靠近月球轨道与地球轨道的一个交点,而同时月球在距此点最近的点上。发生日环食是因为太阳靠近月球轨道与地球轨道的一个交点,而同时月球在距此点最远的点上。食既从初亏开始,就是偏食阶段了。月亮继续往东运行,太阳圆面被月亮遮掩的部分逐渐增大,阳光的强度与热度显著下降。当月面的东边缘与日面的东边缘相内切时,称为食既。此时整个太阳圆面被遮住,因此,食既也就是日全食开始的时刻。

之所以会发生日全食,是因为存在一种神奇的对称性。太阳的直径是月亮的400倍,而它距地球的距离正好也是月亮的400倍。因此,当月亮完全处于地球和太阳之间时,对那些完全处于月亮阴影中的人来说,太阳的表面便被完全遮挡了。太阳变成了黑色,只留下一个金色的光环,天空变成了靛青色。

月食是自然界的一种现象,当太阳、地球、月球三者恰好或几乎运行在同一条直线上时(地球在太阳和月球之间),太阳到月球的光线便会部分或完全地被地球掩盖,产生月食。

月食的时候,对地球来说,太阳和月球的方向相差180°,所以月食必定发生在“望”(即农历十五前后)。要注意的是,由于太阳和月球在天空的轨道(分别称为黄道和白道)并不在同一个平面上,而是约有5°的交角,因此只有太阳和月球分别位于黄道和白道的两个交点附近,才有机会形成一条直线,产生月食。当整个月球进入地球的本影之时,就会出现月全食。

二、气象、气候景观

气象因素是最活跃、最富于变化,以非实体为主的构景因素。除冰雪、云海、佛光、蜃影之类景观可用作相对突出的旅游吸引因素外,云雾、天光更多是以非实体的形式作为实体景观的背景和借景。

在大的气候背景作用下,我国的气象景观丰富多彩。故有古联云:“沧海日、赤城霞、峨眉雪、巫峡云、洞庭月、彭蠡烟、潇湘雨、广陵涛、庐山瀑布,合宇宙奇观,绘吾斋壁;少陵诗、摩诘画、左传文、司马史、薛涛笺、石军帖、南华经、相如赋、屈子离骚,收古今绝艺,置我山窗。”

(一)云雾、云海景观

云雾是大气中一种水汽凝结景象。由这类气象因素构成的景观,以湿润的南方及东部沿海地区较为普遍,尤以山区为佳。当气温下降时,空气中所含的水蒸气凝结成小水滴,浮在靠近地面的空气中称为雾。云雾在名山胜景中极为奇妙,当潮湿气流沿山坡上升到一定高度时,水汽冷却凝结形成坡地雾,形成云雾景观,它与山景相映成趣,使群山富有生命,使游人心潮起伏。新安江江面的雾景即被称为新安江的三绝之一,“草堂烟雾”也被作为关中八景之一。

云海是指在一定条件下形成的云层,并且云顶高度低于山顶高度,当人们在山顶俯瞰漫无边际的云,如临大海之滨,波起峰涌。黄山“四绝”之一即云海。观黄山云海以宿雨初晴时最好,这时地面水分丰富且蒸发容易,云量最大;同时,雨后的山区处于高气压的控制下,受上空逆温层的影响,云块既不易消散也不能上升,一般稳定在几十米至1 500米。黄山云海分为南海、北海、东海、西海和天海,登天都峰、莲花峰和光明顶,可纵观黄山五海,神韵无限。此外,峨眉山、齐云山、阿里山的云海也都享誉中外。庐山的瀑布云、苍山的玉带云、三清山的响云及泰山的云海玉盘都是云中奇景。轻纱般缥缈的雾景在山中、水面都常出现。

(二)雾凇、雨凇景观

雾凇、雪松奇景以冬季的北方,尤其东北较为普遍。四季分明的亚热带地区,尤其山区的冬季也都有这类美景。

雾凇俗称“树挂”,是在潮湿、低温的气候条件下,雾气在低于0 ℃时附着在物体上面直接凝华生成的白色絮状凝结物。它集聚包裹在附着物外围,漫挂于树枝、树丛等景物上。我国雾凇出现最多的是吉林省吉林市。

雨凇是在低温条件下,小雨滴附着于景物之上冻结的半透明、透明的冰层与冰块。雨凇的产生,必须是低层空气有逆温现象,小水滴从上层气温高于0 ℃的空气中下降至下层气温低于0 ℃的空气中,处于过冷却状态,过冷却水滴附着在寒冷的物体表面,立即冻结成雨凇。雨凇冬季常见于湿润的南方山区,峨眉山、九华山、衡山、庐山等都是雨凇的多发地,漫山遍野的常绿树林被雨凇包裹成水晶玻璃世界,格外美丽。因此,雨凇又与云海、日出、夕阳、佛光、蜃景合称为“天象六景”。

(三)冰雪景观

冰雪是纬度较高地区的寒冷季节或海拔较高的高山地区才能见到的气象景观。我国江南在冬季寒潮来临之际才可能降雪。降雪往往使大自然形成银装素裹的冰雪世界,如果配以高山、森林等自然景观,可构成奇异的冰雪风光。

在我国,许多冬季下雪的地区都有一些著名的雪景,如“关中八景”之一的“太白积雪”、长沙的“江天暮雪”、燕京八景之一的“西山晴雪”、“西湖十景”之一的“断桥残雪”、东北的“林海雪原”等都是著名的雪景。冰雪本身除了作为观赏旅游对象外,还可开发成各种体验、度假、休闲性质的景观,常用于发展冰雪体育运动和冰灯、冰雕节庆旅游活动。如冰城哈尔滨,自1985年以来,每年1月5日都要举行冰雪节。冰雪节期间举办冬泳比赛、冰球赛、雪地足球赛、高山滑雪邀请赛、冰雕比赛、冰上速滑赛、冰雪节诗会、冰雪摄影展、冰雪图书展、冰雪电影艺术节、冰上婚礼等。冰雪节已成为哈尔滨重要的旅游吸引物。

案例解读

哈尔滨冰雪大世界

中国哈尔滨冰雪大世界始创于1999年,是由黑龙江省哈尔滨市政府为迎接千年庆典神州世纪游活动,凭借哈尔滨的冰雪时节优势,推出的大型冰雪艺术精品工程,展示了北方名城哈尔滨冰雪文化和冰雪旅游魅力。

2019年12月23日,以"冰雪共融 欢乐同行"为主题的第二十一届哈尔滨冰雪大世界园区正式开园。本届冰雪大世界占地面积60万平方米,用20多万立方米的冰雪打造出了一座"冰雪梦工厂",园区共计21个冰雪景观群,冰雪赛事、冰雪娱乐等活动连续不断。园区进一步升级景观,首次打造东西向600米主轴线,设置东西两大舞台结构;主塔首次采用"双子塔"设计,气势恢宏;利用"冰雪+科技",采用充气膜加喷射复合冰的方式建造环形冰雪餐吧;首次将冰建的观景功能与娱乐功能相结合,设置单车城堡、滑梯城堡、迷宫城堡、生肖城堡四大主题城堡;首次引入互动灯光控制技术,提高了动态灯光比例,实现人与景观的互动、景观光效与声效的互动、光效与游客运动的互动首次实现园区主要景观的灯光联动。

第二十一届哈尔滨冰雪大世界传承了经典并不断创新,为来自世界各地的游客打造冰雪乐园。园区内有包括白冰车、红冰车、冰上十二生肖、冰爬犁在内的20余种冰上娱乐项目。

中国哈尔滨冰雪大世界,是哈尔滨旅游业发展的一张闪亮的名片。它向世人展示了北方名城哈尔滨的冰雪文化和冰雪旅游独有的魅力。

资料来源:https://baijiahao. baidu. com/s? id=1653793405436033300&wfr=spider&for=pc(有改动)

(四)烟雨景观

烟雨是指像烟雾那样的细雨,在特定地理环境和人们的心境下,观赏和品味降雨过程也有无穷韵味,如诗如梦。雨景常常给文人墨客以创作灵感。欣赏雨景,首先是欣赏雨给整个风景带来的一种朦胧美,使人联想到"犹抱琵琶半遮面"的名句。其次,赏雨景,其色彩的单纯也常常使游赏者为之动容。雨幕笼罩下的山水风光,往往会失去其本来的色彩,而出现几种极其素净、淡雅的单色,好像是传统绘画中的水墨画,完全靠墨色的浓淡、深浅、层次来表现景物的美。赏雨听声又是雨景的一大趣味。江南园林中,利用雨点敲打植物叶片(主要是芭蕉、荷叶等大叶植物)而发出轻重、快慢、缓急的声音之景非常之多,甚至在竹楼、竹亭这样的建筑之内,聆听屋面上多变的雨声也不失为一景。

我国著名雨景有江南烟雨、巴山夜雨等。江南烟雨是指江南地区春秋季降落的丝丝细雨,呈细雨霏霏、烟雾缭绕景象。"巴山夜雨"现象是指渝陕交界大巴山地的山间谷地,气温高、湿度大,谷地中湿热空气不易扩散,夜间降温后湿热的空气上升使水汽凝结而出现的细雨蒙蒙的景象。此外,峨眉山的"洪椿晓雨"、湖南的"潇湘烟雨"、蓬莱的"漏天银雨"等,都极具观赏价值。

(五)佛光景观

佛光又称宝光,其景观为外红内紫排序的七色光环围绕着中心的人或物的影像,犹如传说中佛和菩萨"真相"的显露,又似西方人心目中宝石周围的光环。中国人称其为佛光,西方人称其为宝光。佛光是大气中光通过折射、衍射而形成的一种奇幻景观。

在山区,佛光常出现在观测者的前方或前下方。佛光出现的条件为太阳的高度不大;观测者的前方要有云雾,天空晴朗无风,云雾层稳定;太阳、观测者与云雾排列在一条直线上,观测者位于中间。此时,人影投在前方的云幕上,若云滴间的空隙满足了光波衍射的现象发生的要求,奇观便呈现在观测者的面前。光环的大小与云滴间空隙的直径成反比,即满足衍射发生的空隙直径越小,光环的直径越大,反之越小。佛光出现的次数、光环美丽的程度,因云雾日的多少,空气湿度的大小以及大气的稳定程度而不同。

峨眉山有"峨眉宝光""金顶祥光"之誉。"峨眉佛光"之所以著名,是由于峨眉山云雾天数多、空气湿度大、风速小,因此佛光现象出现的次数最多,色彩也最鲜艳。据记载,峨眉山金顶每年可以出现七八十次佛光现象。最佳观景点在金顶的舍身崖,最佳观景时在上午日出后半小时至九点左右,下午三点后至日落前一小时。此外,著名的佛光景观地还有庐山、泰山、黄山、五台山等。

(六)蜃景景观

蜃景和海市蜃楼,是大气光学现象。光线经过不同密度的空气层后发生显著折射,使远处景物显示在半空中或地面上的奇异幻景。

蜃景分"上现蜃景""下现蜃景"和"侧现蜃景"等类型。"上现蜃景"和"侧现蜃景"是水面上空出现的海市蜃楼,成正像。"上现蜃景"易出现在有逆温气层的水面上。渤海和黄海北部沿海以及江河、大湖的水面曾多处发生海市蜃楼现象。如辽宁大连,河北北戴河,山东蓬莱、长岛等,出现的时间一般在春夏之交,其中以"蓬莱仙境"最为著名。世界上"侧现蜃景"景观最著名的是日内瓦湖。

"下现蜃景"多出现在夏季的干旱地区,特别是沙漠地带。白天,因地面剧烈增温,近地面空气受热上升,出现空气密度下低上高的垂直递增现象,为"下现蜃景"的形成提供了最佳条件。

案例解读

中国已成为新的全球气候治理格局中的“引领者”

全球气候变化问题不仅是环境问题,也是经济和政治问题。气候问题的复杂性与紧迫性要求世界各国调整政策和发展方向,建立积极有效的全球合作机制并共同应对。对于中国而言,积极应对气候变化是广泛参与国际事务、体现大国责任的具体表现,更是实现可持续发展的内在需要,尤其是逐步改变以煤为主的能源结构和促进产业结构转型升级、加强国内环境治理的迫切要求。

中国始终是全球气候治理的贡献者、全球生态文明建设的引领者、《巴黎协定》落实的行动派。从“碳达峰”到“碳中和”,欧盟将用 71 年,美国将用 43 年,日本将用 37 年,而中国给自己规定的时间只有 30 年。欧盟、美国、日本所用的时间分别是中国的 2.4 倍、1.4 倍和 1.2 倍。作为世界上最大的发展中国家,中国将用最短时间实现从“碳达峰”到“碳中和”,这充分体现了中国的大国担当。

2021 年,中国宣布将大力支持发展中国家能源绿色低碳发展,不再新建境外煤电项目,这是中国为应对全球气候变化采取的又一重大举措,也是中国为促进全球绿色复苏做出的又一积极贡献。今后中国将继续自主提高气候行动力度,为全球应对气候变化做出更大贡献。

资料来源:https://www.sohu.com/a/289514588_808781(有改动)

每日一练 自己试着和同学一起交流,总结天象与气候景观的类型及典型代表。

任务小结 完成本任务后,请进行自我测试:你是否已了解天象与气候景观的分类?是否掌握了相应天象与气候景观的典型代表?

任务 5 中国的自然保护区、森林公园与地质公园

任务提示 本任务将明确自然保护区、森林公园、地质公园的概念,并带领你赏析中国自然保护区、森林公园、地质公园的发展!

任务先行 什么是自然保护区?我国有多少处森林公园和地质公园?要了解这些问题,请往下看!

案例解读

云南石林世界地质公园

云南石林世界地质公园位于云南省昆明市石林彝族自治县境内,占地总面积 400 平方千米,特级保护区 44.96 平方千米,一级保护区 62.10 平方千米,二级保

护区 107.21 平方千米，三级保护区 135.73 平方千米。海拔 1 500 ~ 1 900 米之间，距省会昆明 78 千米，素有“天下第一奇观”“石林博物馆”的美誉。

云南石林保存和展现了最多样化的喀斯特形态，高大的剑状、柱状、蘑菇状、塔状等石灰岩柱是石林的典型代表，此外还有溶丘、洼地、漏斗、暗河、溶洞、石芽、钟乳、溶蚀湖、天生桥、断崖瀑布、锥状山峰等，几乎世界上所有的喀斯特形态都集中在这里，构成了一幅喀斯特地质地貌全景图。

资料来源：https://www.soho.com/a/390683009_99896316（有删减）

点评

云南石林是我国地质公园中的佼佼者，石林因其发育演化的古老性、复杂性、多期性和珍稀性及景观形态的多样性，成为世界上反映此类喀斯特地质地貌遗迹的典型范例。

一、自然保护区

（一）自然保护区的概念及设立条件

1. 自然保护区的概念

自然保护区，是指对有代表性的自然生态系统，珍稀濒危野生动植物物种的天然集中分布区和有特殊意义的自然遗址等保护对象所在的陆地、水体或者海域，依法划出一定面积予以特殊保护和管理的区域。

2. 自然保护区的设立条件

根据《中华人民共和国自然保护区条例》第十条规定，凡具有下列条件之一的，应当建立自然保护区：

（1）典型的自然地理区域、有代表性的自然生态系统区域以及已经遭受破坏经保护能够恢复的同类自然生态系统区域；

（2）珍稀、濒危野生动植物物种的天然集中分布区域；

（3）具有特殊保护价值的海域、海岸、岛屿、湿地、内陆水域、森林、草原和荒漠；

（4）具有重大科学文化价值的地质构造、著名溶洞、化石分布区、冰川、温泉等自然遗址；

（5）经国务院或者省、自治区、直辖市人民政府批准，需要予以特殊保护的其他自然区域。

（二）自然保护区的等级及区域划分

1. 自然保护区的等级

自然保护区分为国家级自然保护区和地方级自然保护区。国家级自然保护区指在国内外有典型意义，在科学上有重大国际影响或者有特殊科学研究价值的自然保护区。地方级自然保护区指除国家级自然保护区外，其他具有典型意义或者重要科学研究价值的自然保护区。

2. 自然保护区的区域构成

（1）核心区。

核心区是自然保护区内保存完好的天然状态的生态系统及珍稀、濒危动植物的集中分布区。该区非经省级以上人民政府有关自然保护区行政管理部门批准，禁止任何单位和个人进入，一般也不允许进入从事科学研究活动。

（2）缓冲区。

缓冲区是在核心区外围划定的一定面积的区域。这里只准进入从事科学研究和观测活动。

（3）实验区。

实验区指缓冲区的外围区域。这里可进入从事科学实验、教学实习、参观考察、旅游及驯化、繁殖珍稀、濒危野生动植物等活动。

（三）我国的自然保护区

在我国第一届全国人民代表大会第三次会议上，与会代表提出要继续保护我国的自然环境和自然资源，并建议设立自然保护区。1956 年 10 月，在全国第七次林业会议上，根据人大提案提出了《狩猎管理办法（草案）》和《天然森林禁伐区（自然保护区）划定草案》并通过批准了在广东省肇庆市建立以保护南亚热带季雨林为主的我国第一个自然保护区，由此开创了我国自然保护区建设的新纪元。截止到 2018 年 6 月，我国自然保护区已有 474 个。其中，面积最大、海拔最高的自然保护区——三江源自然保护区。所谓三江源，就是指长江、黄河和澜沧江的源头地区，它位于我国青海省境内。三江源地区素有“中华水塔”之美誉，它还是世界上高海拔地带生物多样性最为集中的地区，有藏羚羊、藏野驴等野生动物 70 多种。位于四川岷江上游、成都市西北卧龙县的卧龙自然保护区，是以保护高山生态系统及大熊猫、金丝猴、珙桐等珍稀物种为主的国家级自然保护区。保护区除大熊猫、金丝猴外，还有牛羚、云豹、白唇鹿、雪豹、绿尾虹雉、金雕、斑尾榛鸡、小熊猫、猞猁、灵猫等珍贵动物，是一座天然的动物园。卧龙自然保护区已被联合国教科文组织列为世界生物圈保护区。

案例解读

湿地飞歌尽在扎龙国家自然保护区

黑龙江扎龙国家级自然保护区是中国最大、世界闻名的湿地，位于齐齐哈尔市东南26千米处。总面积21万公顷，为亚洲第一、世界第四，也是世界最大的芦苇湿地，1987年4月国务院批准为国家级自然保护区，被列入中国首批“世界重要湿地名录”。

这里芦苇沼泽广袤辽远，湖泊星罗棋布，苇草肥美，鱼虾丰盛，环境幽静，风光绮丽，是鸟类繁衍的“天堂”，也是使人流连忘返的“乐园”。保护区内栖居鸟类269种，其中鹤的种类多，数量大，颇为世人瞩目。世界现存鹤类15种，中国有9种，扎龙保护区就有6种，成为驰名中外的“鸟的乐园、鹤的故乡”，被誉为“世界大湿地、中国鹤家乡”。这里一年四季都可以游湿地生态美景，赏丹顶鹤野化放飞。

中国第一位环保烈士徐秀娟，也被誉为“仙鹤姑娘”。1964年10月16日出生于黑龙江省齐齐哈尔市一个满族渔民家庭，一个养鹤世家。徐秀娟小时候常帮着父母喂小鹤，潜移默化中也爱上了丹顶鹤。1987年9月16日为寻走失的天鹅溺水牺牲。以她的事迹谱写的歌曲《一个真实的故事》曾被广泛传唱。

资料来源：https://www.sohu.com/a/278426714_618052

二、森林公园

（一）森林公园的概念

森林公园是以森林自然环境为依托，具有优美的景色和科学教育、游览休息价值的一定规模的地域，经科学保护和适度建设，为人们提供旅游、观光、休闲和科学教育活动的特定场所。

（二）森林公园的设立条件及类型

建立森林公园，应当具备以下条件：

（1）森林景观具有特色或者在生态、历史、学术方面具有保护和科学文化教育价值；

（2）具有一定的旅游开发价值；

（3）面积不小于200公顷，森林覆盖率不低于60%（具有特别开发价值的除外）；

（4）森林资源权属清楚，界线明确，具有林地林权证。

森林公园分国家、省和县（市）三级。国家森林公园指森林植被具有一定区域代表性，自然景观特别优美，观赏、科学、文化价值较高，享有较大知名度的森林公园。目前除张家界国家森林公园由国务院委托国家计委批复外，国家森林公园均由国务院林业主管部门批准建立。省、县（市）级森林公园分别由相应的地方政府林业主管部门批准建立。森林公园依据其主要自然景观，可划分为以下类型：

（1）山岳型，如湖南张家界、陕西太白山等。

（2）湖泊型，如浙江千岛湖、河南南湾等。

(3)火山型,如黑龙江火山口、内蒙古阿尔山等。

(4)冰川型,如四川海螺沟。

(5)草原型,如河北木兰围场、内蒙古黄岗梁等。

(6)沙漠型,如甘肃阳关沙漠、陕西定边沙地等。

(7)温泉型,如广西龙胜温泉、海南蓝洋温泉等。

(8)海滨型,如河北秦皇岛海滨、山东鲁南海滨等。

(9)海岛型,如山东长岛、福建平潭海岛等。

(10)城郊型,如上海佘山、安徽琅琊山等。

(三)我国的森林公园

我国的森林公园建设起步较晚,1982 年 9 月,经原国家计委批准同意,在湖南省大庸县(现湖南省武陵源区)张家界林区建立了我国第一个森林公园——张家界国家森林公园。从全国范围看,我国已基本形成了以国家森林公园为骨干,国家、省和县(市)级森林公园相结合的森林公园体系。目前,我国国家级森林公园达 897 处。据初步测算,2018 年国家级森林公园接待游客量超过 10 亿人次,旅游收入近 1 000 亿元,其中近 1/3 的森林公园免费向公众开放,服务游客近 3 亿人次。除张家界外,我国著名的森林公园还有:五台山国家森林公园、琅琊山国家森林公园、千岛湖国家森林公园、西双版纳原始森林公园、海螺沟冰川森林公园、白云山国家森林公园、天门山国家森林公园等。

案例解读

张家界国家森林公园

张家界国家森林公园位于湖南省西北部张家界市境内。1982 年 9 月 25 日,经中华人民共和国国务院批准,将原来的张家界林场正式命名为“张家界国家森林公园”,也是中国第一个国家森林公园。

张家界的砂岩峰林地貌是一种独特的地貌形态和自然地理特征,发育于泥盆系云台观组和黄家磴组,峰林集中分布区面积 86 平方千米。它是在特定的地质构造部位、特定的新构造运动和外力作用条件下形成的一种举世罕见的独特地貌。在园内有 3 000 多座拔地而起的石崖,其中高度超过 200 米的有 1 000 多座,金鞭岩竟高达 350 米,个体形态有方山、台地、峰墙、峰丛、峰林、石门、天生桥及峡谷、嶂谷等。公园以世界上独一无二的砂岩峰林地貌景观为核心、以岩溶地貌景观为衬托,兼有成型地质剖面、特殊化石产地等大量地质遗迹,构成独具特色的砂岩峰林地貌组合景观。主要景点有金鞭溪、袁家界、杨家界等。

1992 年 12 月,因奇特的石英砂岩大峰林被联合国列入《世界自然遗产名录》,2004 年 2 月被列入世界地质公园。

资料来源：https://baike.baidu.com

三、地质公园

地质公园是以具有特殊地质科学意义，稀有的自然属性、较高的美学观赏价值，具有一定规模和分布范围的地质遗迹景观为主体，并融合其他自然景观与人文景观而构成的一种独特的自然区域。既为人们提供具有较高科学品位的观光旅游、度假休闲、保健疗养、文化娱乐的场所，又是地质遗迹景观和生态环境的重点保护区、地质科学研究与普及的基地。中国的地质公园建设，是响应联合国教科文组织建立“世界地质公园网络体系”的倡议，贯彻国务院关于保护地质遗迹的任务，由自然资源部主持，于2000年开始进行的一项工作。

(一)世界地质公园的评定标准

联合国教科文组织提出了能够纳入到世界地质公园保护体系的标准有5条。满足以下5条可以向联合国教科文组织申请世界地质公园评选，通过评选的资源可以收录到《世界地质公园名录》中。

(1)边界及价值标准：有明确的边界，有足够的面积。区域内有特殊科学意义，稀有和美学价值的地质遗迹，还有考古、生态、历史或文化价值。

(2)政府主导标准：应受到政府统一管理和保护，有政府明确的公园区域，有保护科学，合理利用的公园发展规划，该规划应该与当地经济发展规划相协调。

(3)促进地方发展标准：有利于地方经济、文化、环境的可持续发展，可以改善当地居民的生活条件和环境，加强周边居民对地质公园的认同，促进当地文化的发展。

(4)教育标准：发挥教育功能，促进与之相关的各学科的文化知识教育、可持续发展教育、环境教育、培训和研究。

(5)法制化管理标准：应处于独立司法权的管辖之下。政府应制定适合该地质公园发展条件的法律，依法对公园进行管理。

(二)世界地质公园的申报及评定

属于联合国成员国的国家政府才有资格向联合国教科文组织申报世界地质公园，联合国教科文组织将按照特定的程序和标准对申报项目进行最终的评定。

1. 申报

由联合国成员国的国家政府组织世界地质公园的申报材料，内容和要求必须符合联合国教科文组织的标准。如果成员国没有能力独立完成填写，可以向联合国教科文组织地学处、地质公园国际咨询委员和其他专家寻求帮助。材料完成后，由国家政府出面，向联合国教科文组织地学处提交完整的地质公园申报材料。

2. 初审

联合国教科文组织地学处审查申请报告的内容和支持性材料；若文件不全，还要补充。由专家组评选，联合国教科文组织总干事在与国际地质对比计划科学执行局协商后，提名国际地质公园专家组的人选。

3. 现场考察

经过初审的申报项目由专门的评审专家小组对申请的地质公园进行现场评估，专家的旅费、住宿费和当地交通费，通常由地质公园所在国承担。

4. 决议

通过现场考察的世界地质公园申报项目，将纳入到世界地质公园名录中，统一保护和技术支持。

（三）我国的国家地质公园

截至 2019 年 10 月，国家林业和草原局和原国土资源部已正式命名国家地质公园 217 处，授予国家地质公园资格 56 处，批准建立省级地质公园 300 余处。

云南石林地质公园位于云南省昆明市石林彝族自治县境内，建园于 1931 年的石林公园，1982 年被国务院列为中国首批国家级风景名胜区之一，是我国著名的旅游胜地，也是世界闻名的喀斯特地区之一，被人们赞誉为“天下第一奇观”。五大连池先后荣获了世界地质公园、世界生物圈保护区、中国矿泉水之乡、中国著名火山之乡等称号。此外，我国著名的地质公园还有雁荡山、丹霞山、云台山、兴文石海、泰宁、翠华山、伏牛山、腾冲火山和张家界等。

案例解读

中国的世界地质公园

一座地质公园，一部地球历史。我国是世界上地质遗迹资源丰富、分布地域广阔、种类齐全的少数国家之一，拥有着千姿百态的地貌景观，其中，地质公园这种地质资源记录了地球沧海桑田的变迁，见证了中国地质遗迹的保护与发展，留存了这片国土上最珍贵的地球印记。

2020 年 7 月 7 日，在法国巴黎召开的联合国教科文组织执行局第 209 次会议，中国推荐申报的湖南湘西、甘肃张掖两处地质公园正式获批联合国教科文组织世界地质公园称号。至此，我国世界地质公园数量升至 41 处，占全球 161 处的四分之一，居世界首位。

（1）奇松怪石瀑布云海——黄山世界地质公园；（2）飞流峡谷山峰瀑泉森林——庐山世界地质公园；（3）断崖飞瀑幽谷清泉——云台山世界地质公园；（4）群山耸峙层峦叠嶂——嵩山世界地质公园；（5）色如渥丹灿若明霞——韶关

丹霞山世界地质公园;(6)断崖瀑布锥状山峰——云南石林世界地质公园;(7)三千奇峰八百秀水——张家界世界地质公园;(8)山秀水幽泉奇石怪洞异——五大连池世界地质公园;(9)雄奇险秀幽奥旷——雁荡山世界地质公园;(10)山峰平地拔起丹崖峭拔奇特——泰宁世界地质公园;(11)草原森林冰臼石林——克什克腾世界地质公园;(12)石海洼地漏斗溶洞——兴文世界地质公园;(13)裂谷构造红岩嶂谷——王屋山-黛眉山世界地质公园;(14)稀有恐龙蛋化石群——南阳伏牛山世界地质公园;(15)低山丘陵熔岩台地——镜泊湖世界地质公园;(16)火山文化海蚀崖洞——雷琼世界地质公园;(17)深沟峡谷悬崖峭壁——泰山世界地质公园;(18)远古人类群英荟萃——房山世界地质公园;(19)丹山碧水崖墓之谜——龙虎山世界地质公园;(20)千年盐都恐龙之乡——自贡世界地质公园;(21)沙漠戈壁峡谷胡杨林——阿拉善世界地质公园;(22)深谷秘境奇石王国——秦岭终南山世界地质公园;(23)山海川岛湖林洞——宁德世界地质公园;(24)块状岩溶洞穴沉积——乐业凤山世界地质公园;(25)古脊动物化石宝库——天柱山世界地质公园;(26)国际大都会中的地质公园——中国香港世界地质公园;(27)花岗岩微地貌天然博物馆——三清山世界地质公园;(28)山势高峻河谷深切——神农架世界地质公园;(29)奇特地质如画风光——延庆世界地质公园;(30)风花雪月石共存——大理苍山世界地质公园;(31)千壑之宗万水之源——昆仑山世界地质公园;(32)洞穴峡谷天生桥天坑——织金洞世界地质公园;(33)雅丹戈壁沙漠湿地绿洲——敦煌世界地质公园;(34)内涵丰富特色浓郁——可可托海世界地质公园;(35)火山王国温泉圣地——阿尔山世界地质公园;(36)汇峰林潭瀑于一地——黄冈大别山世界地质公园;(37)奇峰挺立峡谷幽深——四川光雾山-诺水河世界地质公园;(38)山水田林佛统一体——九华山世界地质公园;(39)云山雾海溪流飞瀑——沂蒙山世界地质公园;(40)集红秀峻奇绝古于一身——湘西世界地质公园;(41)集雄险奇幽美于一身——张掖世界地质公园。

每日一练 自己试着和同学一起交流,总结我国著名的自然保护区、森林公园与地质公园有哪些。

任务小结 完成本任务后,请进行自我测试:你是否已明确了自然保护区、森林公园与地质公园的概念?是否掌握了我国有哪些有代表性的自然保护区、森林公园与地质公园?

项目小结

本项目包含五个学习任务,围绕地质地貌景观、水体景观、生物景观、天象与气候景观、中国的自然保护区、森林公园与地质公园等内容展开讲解,具体讲述了地质地貌景观、水体景观、生物景观、天象与气候景观的特点及在我国的主要分布，讲述了中国的自然保护区、森林公园与地质公园的发展历程等。通过针对性的对点案例、每日一练、拓展链接等介绍，有助于学生学习、领悟和牢固掌握中国旅游景观的系列基础知识，并把所学知识灵活应用到将来的实际工作中去，达到提升职业素养和增强岗位胜任能力的目的。

技能训练

1. 单项技能操作训练

我国有哪些地质地貌景观？举例说明。

2. 综合技能操作训练

请选取我国的有代表性的生物景观和天象与气候景观，查找资料，撰写一篇导游词，并能熟练讲解。

观念应用

1. 分析题

从地图上找出我国的一些著名河流，查阅资料，指出这些河流的成因。

2. 案例分析

镜泊湖，位于黑龙江省牡丹江市宁安市境西南部，距宁安市 50 千米（东经 129°0′5″，北纬 42°2′），海拔 351 米。远在 1 000 年前的唐代，居住在这里的满族先民——靺鞨人称镜泊湖为忽汗海，辽称扑鹫水，金称必尔腾湖，清初宁古塔流入以湖水照人如镜而命名为镜泊湖。

镜泊湖是火山熔岩堰塞湖。湖的出口处，由玄武岩构成陡峻的峭壁，湖水由上冲泻而下，形成一个宽约 30 多米、落差 20 多米的镜泊湖瀑布，俗称“吊水楼”。镜泊湖于 1982 年被国务院首批审定为国家级重点风景名胜区，2006 年被世界教科文组织评为世界地质公园（园区规划面积 1 400 平方千米）。2008 年被国际休闲产业协会、联合国国际生态安全合作组织、中国国际名牌协会评为中国十佳休闲旅游胜地，2010 年被国家旅游局评为国家 AAAAA 级旅游区。

资料来源：https://baike.baidu.com/item/%E9%95%9C%E6%B3%8A%E6%B9%96/662683

问题分析

1. 湖泊的成因有哪些？
2. 查找资料，写一篇关于镜泊湖的导游词。

实训操作

结合教师讲解，学生选取五项任务中的一项，并从网上查找资料，选取典型图片，制作 PPT，撰写讲解词，练习后进行当众讲解。

实训目标 通过搜集资料、整理和相关讲解，使学生加深对本项目内容的理解。

实训的组织 学生每 3 ~ 5 人分为一组，选择不同的旅游景观典型代表进行介绍。

实训提示 教师提出材料准备的要求和讲解前注意事项。

实训的成果 各组汇报，由学生和老师共同组成现场评议小组进行点评。

参考文献

[1] 罗钢,刘象愚. 文化研究读本[M]. 北京:中国社会科学出版社,2000.
[2] 李天元. 旅游学概论[M]. 天津:南开大学出版社,2014.